福特基金会资助项目研究及资助出版

国家211重点学科建设成果

农户信贷、农村中小企业融资与农村金融市场

何广文　冯兴元　林万龙　李莉莉
杨　菁　张　群　李瑞峰　著

中国财政经济出版社

图书在版编目（CIP）数据

农户信贷、农村中小企业融资与农村金融市场/何广文等著 .—北京：中国财政经济出版社，2005.9

ISBN 7－5005－8580－2

Ⅰ.农…　Ⅱ.何…　Ⅲ.①农村信用－研究－中国②乡镇企业－融资－研究－中国③农村金融－金融市场－研究－中国　Ⅳ.F832

中国版本图书馆 CIP 数据核字（2005）第 102635 号

中国财政经济出版社 出版

URL：http：//www.cfeph.cn

E－mail：cfeph @ cfeph.cn

社址：北京市海淀区阜成路甲 28 号　邮政编码：100036

发行处电话：88190406　财经书店电话：64033436

北京牛山世兴印刷厂印刷　各地新华书店经销

787×960 毫米　16 开　14 印张　222 000 字

2005 年 11 月第 1 版　2005 年 11 月北京第 1 次印刷

印数:1—3000　定价:32.00 元

ISBN 7－5005－8580－2/F·7469

（图书出现印装问题,本社负责调换）

前　言

2003年开始，在福特基金会的资助和研究生重点课程建设、教材建设以及教学方式方法改革项目推动下，我们以“正规金融机构的小额信贷、农民收入与缓解农村贫困”为题，对以农村信用社为主体的正规金融机构的小额贷款及其关联问题进行了研究。研究主要涉及：(1) 农村信用社小额信贷的制度绩效、问题；(2) 农村信用社小额贷款在农户收入增长和缓解贫困方面的作用；(3) 农村信用社经营机制转轨对农户小额贷款行为的影响及其政策选择；(4) 农村金融机构经营机制的完善研究；(5) 农村信用社在区域（或社区）经济发展中的作用。

在研究过程中，研究小组首先进行了理论上的准备，然后在浙江和宁夏进行了农户和农村信用社调研，为了使得研究结论更有力和更趋近于真实，研究小组还利用其他机会在江苏张家港市、重庆武隆县、山西长治、河南汝州、贵州六枝特区和兴仁县进行了相关问题的专题调研和开展了专题研究。

中国农村正规金融机构的小额信贷运作及其发展，不仅与中国农村正规金融系统的改革、农村发展、农民增收和农村贫困的缓解密切相关，而且与中国农村非正规金融的发展息息相关。随着调查和研究的深入，研究小组更进一步地领会到了这些方面对中国正规金融机构小额信贷发展的重要意义。因此，研究小组在研究中，除了围绕论题从实证出发进行案例的研究以外，还从系统论出发对农村金融改革、农村信用社改革、民间金融问题等进行了系统研究，进而构成了本书的成果资源。

本书第一章由李瑞峰执笔，参与调研和研究者包括何广文、张群、刘述坤、李敏、蒋俊朋；第二章由李莉莉执笔，参与调研和研究者还包括何广文、冯兴元、杨菁；第三章由张群执笔，参与调研和研究者还包括何广文、冯兴元、新望、李人庆；第四章由杨菁执笔，参与调研和研究者还包括何广文、冯兴元、李莉莉、李瑞峰、李敏、蒋俊朋；第五章由李莉莉执笔，参与调研和研究者还包括何广文、李瑞峰、张群、刘述坤、李敏、蒋俊朋；第六章由何广文、曹远征研究并撰写；第七章是在林万龙主持下实现的，参与研究者包括苏保忠、涂凯彪、孙翠清、文彩云。

就研究小组在课题执行期间的研究成果而言，是丰厚的。但是，研究小组在课题执行期间更重要的收获还在于研究能力的极大提高，以及对政策的理解能力和参与公共政策研究的意识的提高。为此，我们对福特基金会的支持表示衷心的感谢。

何广文

2005 年 7 月 10 日

目　　录

第一章 农户融资需求状况及其特征分析

——浙江、宁夏案例

一、样本农户的基本情况

本文所使用的数据来自于2003年8月在浙江和宁夏两个省对291户农民的调查资料，其中，浙江3个乡的126户和宁夏3个乡165户的农户资料。通过对这两个省农户的调查，我们可以对这些样本农户的基本特征有一个大体的了解。

在我们调查的农户中，最小的家庭规模只有1人，而最大的家庭人口是12人，农户的平均家庭规模是4人；家庭中12岁以上的劳动力最小的家庭中只有1人，最大的家庭有8人，农户家庭中平均的劳动力是2.5人；在样本农户中，年龄最小的户主20岁，最大的户主是73岁，样本农户的平均年龄是43.64岁；在样本农户中有13.4%的农民没有上过学，上学最长的是13年，样本农户的平均受教育年限是5.76年。

两省的情况也存在一定的差异，家庭规模、家庭劳动力、户主年龄宁夏都相对浙江要小，户主的受教育程度在两地之间也存在差异，宁夏样本农户的平均受教育年限要低于浙江，浙江样本农户平均受教育年限为6.38年，而宁夏平均为5.28年，相差1年（见表1－1）。

（一）年龄结构

所调查农户的年龄分布是：30岁以下的占13.75%，60岁以上的占6.53%，30～60岁的农户所占比例基本相当，其中，30岁到40岁这一年龄档的比例稍偏大一点，占到了全部农户的33.33%。

表 1－1 样本农户的基本特征

项目		最小值	最大值	各自均值	两省均值
家庭人口（人）	浙江	1	12	4.2	4.08
	宁夏	1	7	4.0	
家庭劳动力（人）	浙江	1	8	2.6	2.52
	宁夏	1	6	2.5	
户主年龄（岁）	浙江	23	67	46.46	43.64
	宁夏	20	73	41.48	
户主学龄（年）	浙江	0	13	6.38	5.76
	宁夏	0	12	5.28	

浙江、宁夏两地农户年龄结构存在一定的差异，浙江样本农户 51～60 岁年龄段的农户占了较大的比例，达到 32.54%，而宁夏此年龄段的农户只占 15.76%。这主要的原因是，浙江农户中年轻人外出打工的比例较高，外出打工的农户达到了 29.37%，而宁夏外出的农户比例仅仅为 23.4%，要低于浙江近 6 个百分点（见表 1－2）。

表 1－2 样本农户户主的年龄结构

年龄		30 岁以下	31～40	41～50	51～60	60 岁以上
全部样本	户数	40	97	68	67	19
	比例	13.75	33.33	23.37	23.02	6.53
浙江	户数	5	36	35	41	9
	比例	3.97	28.57	27.78	32.54	7.14
宁夏	户数	35	61	33	26	10
	比例	21.21	36.97	20.00	15.76	6.06

以上这种差异的存在就决定了长期工作在农村的农户在两个样本点之间存在很大的不同，浙江农村农民外出打工的比例较高，使得农村只剩下“386199”部队，而宁夏农户外出打工的比例不高，大部分中青年人都在农村就业。

（二）家庭结构

随着我国社会的进步，农村家庭也逐渐地向小型化发展，家庭规模基本呈现一种倒 U 型的分布，在所有的样本农户中，家庭人口是 1 人的只有 2

户，占0.69%，家庭人口是7人及以上的家庭是10户，占3.44%，人口是6人的有21户，占7.22%，其余家庭规模为2~5人的小中型家庭有258户，占所有样本农户的88.66%。

（三）从事行业结构

在所调查的农户中，有230户的家庭参与从事非农业生产，占79.04%，这是一个相当大的比例，给我们一个信号，传统的依赖农业来获取收入，其空间是相当有限的，农民逐渐认识到这一点，使越来越多的人参与到非农产业中来。

两个样本点的农户参与非农产业的情况存在一定的差异，浙江有90户参与了非农产业，占浙江样本农户的71.43%；宁夏有140户农户参与了非农产业，占宁夏样本农户的52.83%。由此可知，浙江地区农民参与非农产业的积极性要大于宁夏地区的农民。

对所有从事非农产业的农户来说，具体的行业类型也表现出一定的差异性，除了一些人是县乡村干部、教师、医生这些特殊的行业以外，其他的农户主要从事的非农产业有外出打工、经商、在本地企业做工等；在所有从事非农产业的农户中有34.02%的农户参与了外出打工这一非农产业，是农民选择最多的一个方式；有31.62%的农户参与了经商，是农民的第二大选择方式；其他的各种非农产业，农民参与的积极性不高，占3%~6%之间。说明农户在从事非农生产的时候，普遍接受的方式是外出打工和经商。

两个样本点的农户参与非农产业的类型也表现出与总体的一致性，外出打工和经商是农户所选择的主要的非农产业类型。但是，在两者之间，仍然存在一定的差异性，浙江农户外出打工和经商的农户比例要远远大于宁夏；在本地企业工作的农户比例，浙江是13.49%，也远远大于宁夏的7.92%，这主要是浙江作为发达地区，本地的民营企业较多，可以为当地的农户就业提供一定的机会（见表1-3、表1-4）。

表1-3　　户主主要从事的行业

可多选	粮食作物	经济作物	养殖	非农业生产	外出打工	无劳动能力
户次	207	52	116	135	41	2
比例	71.13	17.87	39.86	46.39	14.09	0.69

表 1-4 农户家庭成员从事非农产业状况

可多选		外出打工	经商	在企业工作	教师、医生、县乡村干部	其他
全部样本	户数（次）	99	92	38	16	6
	比例	34.02	31.62	13.06	5.50	2.06
浙江	户数（次）	37	37	17	4	2
	比例	29.37	29.37	13.49	3.17	1.59
宁夏	户数（次）	62	55	21	12	4
	比例	23.40	20.75	7.92	4.53	1.51

二、正规农村金融市场供求状况及特征分析

农村经济的发展离不开资本的投入和积累，哈罗德—多吗模型也说明，在假定不存在技术进步的前提下，资本是影响经济增长的关键因素。不仅如此，根据 Mckinnon（1973）和 Shaw（1973）的观点，资金的配置机制和丰裕程度对一地区的资本形成有着直接的影响，进而影响到这一地区的经济增长。而长期以来，农村经济的发展受到了资金紧缺的严重制约，相对于其他生产要素（土地、劳动力等）而言，资本要素在农村经济发展过程中的供求状况非常复杂，常常表现为资金稀缺和资金外流并存。当然造成这一状况的原因是多方面的，有人就这一问题提出许多疑问："是农民对资金的需求不足，还是农村金融机构的资金供应不足，抑或二者兼有？"要想了解农村金融市场的总体状况，就必须对市场主体的供求特征和现状进行全面的了解，需要从农村金融市场主体的金融需求和金融供给两个角度进行详细分析。

从农村金融主体的需求角度来分析农村金融的发展状况，实际上是对农户的融资行为进行研究。农户融资行为（融入和融出资金行为）与农户的财产状况、所从事的产业类型及规模、农民的收入增长强度等有着直接的关系。

从农村金融主体的供给角度分析农村金融的发展状况，实际上是对金融机构提供金融服务行为的研究。与金融机构提供金融服务相联系的一个内容是金融机构的经营业绩，作为一个金融机构，追求利润是其发展的必然。金融机构在提供金融服务的同时，能否实现其经营业绩的最优是决定金融供给的一个非常重要的内容。

现阶段农村金融市场的供求状况，较以前已经发生了很大的变化，特别是20世纪90年代中期以来随着我国在农村金融市场的一系列改革，其中包括组织体系和业务等方面的改革，农村金融的服务有了很大的改善，主要有三类金融服务机构：农业发展银行、中国农业银行和农村信用合作社，但是由于各类机构都有自己独特的业务范围。农发行主要承担政策性业务，基本不与农户发生信贷关系；农业银行由于商业化的驱使，大量收缩县（市）以下的分支机构，目前在农村金融上主要的金融机构是农村信用社。截至2002年10月末，全国农村信用社农业贷款余额5 782亿元，其中农户贷款余额4 433.5亿元。

根据现状，本文分析的重点是正规金融机构提供的金融服务和农户的金融需求，主要分析目前正规金融市场上主要的金融服务机构信用社的金融服务和农户金融需求特征和现状，以及进一步完善供求矛盾的政策建议。

（一）农户融出资金市场供求状况及特征

农户的融出资金行为也即农户的剩余处置方式，主要有以下几种：储蓄、手持现金、生产投资、金融投资（如保险、股票、债券等）等。

在调查的样本农户中有274的农户都选择了储蓄这种剩余处置方式，占全部样本的94.16%，有仅仅17户选择手持现金、投资等其他的剩余处置方式，占全部样本的5.84%。说明有相当多的农户都愿意将剩余首先用于储蓄，而仅有少量的农户把剩余另作它用。

当然决定农户选择不同的剩余处置方式的因素是多方面的，随时提取（方便性）是一个非常重要的影响农户选择储蓄方式的因素，获取利息收入在农户选择储蓄方式的行为中具有很小的影响力，因为定期存款的利息要明显高于活期存款，如果农户选择储蓄是为了获得利息收入的话，那么应该有更多的人选择定期存款，但是从我们的调查中发现，仅有20.27%的农户选择了定期存款，而有79.73%的农户选择了活期存款。

显然，农户选择对剩余的处置时，有其他更为重要的影响因素，通过我们的调查，农户对剩余选择存入银行或信用社主要是因为在这些金融机构存款更安全和方便，在需要时可以随时取出；这些金融机构离农民相对较近，可以方便农户进行存贷款。如果农村有信用站，有73.88%的农户愿意在信用站存款，从这些方面可以看出，大部分的农户都愿意把剩余存放在正规金融机构进行储蓄是出于安全性和方便性的考虑。

1. 农户储蓄状况分析。金融促进经济发展的一个重要功能就是储蓄动员。在农村经济的发展过程中，农村金融机构对农民的储蓄动员同样相当重要，改革开放以前，我国经济的货币化程度不高，农民的现金收入很低，造成农民的储蓄相对较低；自从改革开放以来，我国经济的货币化程度在不断地提高，农民收入中来自于现金收入的比例在不断增加，农民在金融机构的储蓄余额在不断扩大，这时，农村金融机构在动员农民储蓄方面发挥了积极的作用（见图 1-1）。与过去相比，目前农民的生活有了很大的改善，金融机构的储蓄动员功能应得到进一步的发挥，金融机构只有聚积了大量的农民储蓄才能加大对农村经济的资金投入，来增加在经济中的资本积累，推动农村经济的快速发展。当然，金融机构聚积储蓄功能的发挥往往受到许多因素的影响，农民的储蓄意愿会受到各种因素的影响，如收入和利率等，从我们的调查来看，农民储蓄对利率表现得不够敏感，储蓄的利率弹性较低，许多农民对金融机构的存款利率高低并不清楚，可见绝大部分农民并没有把存款作为一种获取收益的手段，而是另有其他的考虑。我们对农户在储蓄意愿的调查结果如下，可以让我们更进一步地了解农户储蓄需求的特殊性（见表 1-5）。

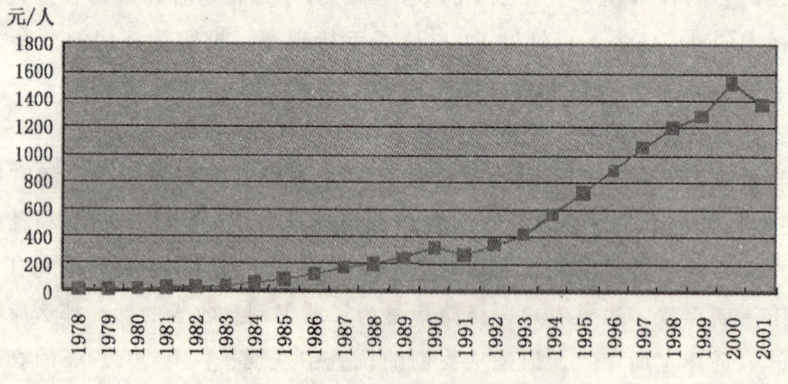

图 1-1 农户人均储蓄存款余额变化情况

表 1-5 农户储蓄意图

储蓄意图分类	生活应急	子女教育费用	购买生产资料和耐用消费品	有固定目的的投资	建房	结婚	防老	安全
户次	83	83	70	31	30	9	6	4
比例	28.52	28.52	24.05	10.65	10.31	3.09	2.06	1.37

注：调查农户可以就这一问题做出多种选择。

由调查结果可以看出，大多数农户的储蓄是一种预防性的储蓄，如为了应付生活中的应急、天灾人祸等不确定性风险。排在第一位的是生活应急和孩子教育费用两个方面，生活应急是由于对未来预期的不确定性所造成的，尤其在我国目前的各种社会保障措施基本没有渗入到农村的情况下，农民为了应付来自生活中的各种不确定性风险不得不将剩余的部分首先用于对这一风险的预防；应付子女教育费用也是农民首先要考虑的问题，随着我国教育体制的改革，不同级次教育的学校所要求学生交纳的费用也较以前有了较大的提高，这对于一个农民家庭来说是一个非常沉重的负担，每一个家庭必须在每年就学生的费用做一个合理的安排，如果年终有剩余的话，首先要考虑下一年子女的教育费用。

通过对农户储蓄原因的调查发现，利率并不是主要影响农户储蓄的因素，还有其他的因素在影响着农户的储蓄行为，大部分农户出于安全和方便的考虑都将剩余存放在正规金融机构进行储蓄，而农户储蓄资金的主要用途是为了应付生活中的应急和子女教育等。了解了农户的储蓄行为就可以更好地了解农村金融机构的储蓄动员状况，为进一步激励金融机构动员储蓄，加大对农村的资金投入和推动农村经济的发展提供参考。通过前面的分析可以看出，金融机构能否提供方便和安全的金融服务对农户储蓄行为会产生较大的影响。因此，在未来农村金融机构的储蓄业务创新方面，应把重点放在如何能为农户提供更加方便的储蓄方式和渠道，特别是由于目前信用社的利率主要由人民银行规定，虽然实行的是浮动利率，但也是在一定限制条件下的浮动，在这种情况下，从利率方面进行储蓄动员的空间并不大，基于方便农户基础上的储蓄业务将受到更多农户的青睐。例如，在浙江部分地区农村信用社实行储蓄存单的业务，许多农户并不需要花费许多时间到信用社去进行储蓄，只需要在有储蓄需求的时候到代办员那里用现金交换存单就可以了，大大地方便了农户进行储蓄。

就目前而言，由于资金的外流现象的存在，相对于农户的贷款现状的紧迫性而言，农户储蓄现状的紧迫性受到的关注较少。从目前的趋势来看，农户受剩余处置和储蓄动因的惯性影响，农户在金融机构的存款不会有较大的波动。农户储蓄会随着收入的提高呈现上升的趋势（表 1-6），由表 1-6 可以看出，随着收入等级的提高小额的储蓄在减少而大额的储蓄在增加。可见，随着收入的上升，农户存款总量会继续提高，农户的储蓄额与农村经济的发展水平和农民的收入状况有着直接的关系。

表 1-6　不同收入等级的储蓄状况

农户占比	低等收入水平	中等收入水平	上等收入水平
1 000 元以下	84.00	52.63	28.42
1 000 ~ 3 000	12.00	12.87	12.63
3 000 ~ 5 000	0.00	5.85	10.53
5 000 ~ 10 000	0.00	18.13	10.53
10 000 以上	4.00	10.53	37.89
合　计	100	100	100

总之，安全性、方便性和灵活性等因素是影响农户选择储蓄作为剩余处置方式的主要变量，如果正规金融机构能够提供安全、方便和灵活的金融服务，则农户就愿意将剩余首先用于储蓄（正规金融机构），而并非选择其他的剩余处置方式。

然而，在农户选择了储蓄这一剩余处置方式后，更多的是为了应付未来生活中的许多不确定性风险，而不是作为获取利息的投资方式。由于储蓄的利率弹性较小，收入因素成为在量上对农户储蓄产生重要影响的最主要因素，从表 1-6 也可以看出这一情况。

2. 农户生产投资状况分析。在样本农户中只有 62 户在近三年进行过生产性的投资，占所有农户的 21.31%，主要的生产投资性质是有管理权的合伙投资、集资入股和个人投资。

3. 农户金融投资状况分析。农户可选择的金融投资品种主要有债券、股票和保险投资等，但是，由于我国资本市场并不发达，对农村居民的吸引力还不高，而且，由于农民收入水平和投资意识低下也使得农户很少购买债券和股票等金融产品，农民对此的需求还没有显现出来。

相反，保险是农民比较关注的一种金融产品，有 64.26% 的农户对保险存在一定的潜在需求，同时有 89 户曾经购买了保险，占样本农户的 30.58%。投资的保险品种主要是家庭财产保险、医疗保险、人身保险、人寿保险、养老保险等。

通过调查发现农户最需要的保险品种主要有以下几种：医疗保险、养老保险、财产保险和种植业保险，其他保险品种的需求相对较少，如人身保险、林果业保险和畜禽保险等。除了不了解所需保险的 41.92% 的农户外，在农户的潜在保险需求中，医疗保险的需求比例最大，达到了 32.65%；其次是养老保险占到了17.18%，财产保险占到了11.68%。

农户对各个保险品种的需求程度反映了农户所面临的困境，医疗保险排在了第一位，近几年农户“因病致贫”和“因病返贫”的现象不断出现。在农户的整个生命周期，医疗费用支出会对农民的生活产生毁灭性的打击，因此，所有样本农户对医疗保险的潜在需求排在了所有品种的第一位，由此可见，农户对其需求的迫切性。

两个样本点之间，不存在明显的差异，反映的趋势是一致的（见表1－7）。

表1－7　　农户对保险的潜在需求状况

可多选		医疗保险	养老保险	家庭财产保险	种植业保险	人身保险	林果业保险	畜禽保险	不了解
全部样本	户次	95	50	34	16	6	4	4	122
	比例	32.65	17.18	11.68	5.50	2.06	1.37	1.37	41.92
浙江	户次	44	26	15	9	1	1	4	51
	比例	34.92	20.63	11.90	7.14	0.79	0.79	3.17	40.48
宁夏	户次	51	24	19	7	6	3	0	70
	比例	30.91	14.55	11.52	4.24	3.64	1.82	0.00	42.42

同时我们也应该注意到，尽管农户对保险产品存在较大的需求，但是，许多农户和保险公司之间仍然存在严重的信息不对称问题，如果出现了保险事故，仍然有57.04%的农户对能否得到保险公司的赔付这一情况不了解。不仅如此，已经参加保险的89户农户中，仍然有24.72%的农户对这一情况不了解。

（二）农户融入资金市场供求状况及特征

尽管不甚明显，但金融发展对于经济增长十分重要的原因主要体现在金融机构的职能上。金融机构在经济的发展中主要发挥以下职能：动员储蓄（否则，动员储蓄的渠道将十分有限）；配置资本（特别是为生产性投资融资）；监督经理人员（以便所配置的资本用于原定用途）；转移风险（通过加总风险而减少风险，并且使愿意承担较多风险者有这种机会）。

金融机构如何将动员到的储蓄通过合理的资本配置方式投入到农村经济中是非常重要的，金融机构影响储蓄—投资转化率，进而影响农村经济的增长。与金融的资本配置相关的农户行为是农户贷款，我们有必要进一步了解农户现阶段的贷款行为及金融需求特征，为金融机构进一步发挥资本配置职能提供依据。

农户的贷款需求往往受到多种因素的影响，随着我国宏观经济的发展和农村经济体制的变革，我国农民生活水平较以前有了很大的提高，伴随着农村经济的变革和发展，农户从事的产业类型发生了较大的变化，农户经营活动的变化对农村金融服务产生了新的需求，现阶段农村金融贷款方面的需求呈现出许多新的特征。

农户贷款需求仅仅构成了金融市场发展的一个方面，供给和需求是对应的，我们也需要从供给的角度分析金融机构对农户贷款的提供，以进一步了解目前农村金融市场上存在的资金紧缺和资金外流现象的真正原因。

在我们的调查中发现，2001～2003 年 8 月，一共有 180 户农户获得过贷款，共获得过 352 笔贷款，总金额为 281.95 万元。

1. 农户参与信贷市场的可获得性得到增强。2000 年在人民银行的推动下，我国大部分地区的农村信用社开展了小额信用贷款和小组联保贷款业务，同时还开展了信用户、信用村、信用镇建设等一系列相关活动。这些业务的推行大大简化了农户贷款的手续，更大程度地方便了农户，也解决了长期困扰农户贷款的抵押和担保能力弱的困境，使农户贷款的可获得性有了较大的提高。截至 2002 年 10 月末，全国农户小额信用贷款余额 777.18 亿元，比年初增加 450.63 亿元，增幅为 138%；农户联保贷款余额 291 亿元，比年初增加 173 亿元，增幅 146.6%。全国 90%以上的农村信用社开办了农户小额信贷，50%以上的农村信用社开办了农户联保贷款，两者合计受益农户总数达 6 000 多万户，占有贷款需求农户数的 49%，占全部农户数的 25%①。

从我们的调查发现，农户参与正规信贷市场的可获得性在不断提高，2001 年获得贷款的农户比例是 30.24%，2002 年较 2001 年有了较大幅度的提高，达到了 42.27%，2003 年的数据并不是全年的数据，而是 8 个月的数据。但是按数据显示的趋势来看，2003 年全年的数据要大于 2002 年的数据。这些都充分说明，近几年农户更多地参与了农村正规信贷市场，而且可获得性在逐年提高。

从所调查的两个省的情况来看，农户参与信贷市场在两者之间存在一定

① 《中国农村信用合作》2003 年 1 期。

的差异，浙江农户参与信贷市场的比例要大于宁夏，从2001年到2003年几乎每年都是如此。从2001～2003年的总体情况来看，3年中有61.86%的农户曾经获得过正规贷款，宁夏农户在3年中有59.39%的农户曾经获得过贷款，浙江有65.08%的农户曾经获得过贷款，浙江也高于宁夏（见表1-8）。

表1-8　2001～2003年农户参与正规信贷市场的状况

贷款户比例	2001年	2002年	2003年
浙江	30.95	45.24	46.03
宁夏	28.48	40.00	38.18
总体	30.24	42.27	41.24

2001～2003年8月期间，在所有样本农户中，有61.85%的农户从信用社获得过贷款，有17.87%农户在3年中获得了3笔贷款，有2.41%的农户在3年中获得了4笔贷款，表明有20.28%的农户平均每年都可以获得至少1笔贷款，由此可见，小额信贷和联保贷款的实施使农户的融资处境有了很大的改善（见表1-9）。

表1-9　2001～2003年贷款农户获得的贷款笔数

项　目	1笔	2笔	3笔	4笔
户数	74	47	52	7
比例	25.43	16.15	17.87	2.41

2. 农户参与信贷市场的信心不断增强。前面分析了农户目前获得贷款的现实情况，那么农户对现状的评价如何呢？通过对所有农户的调查，有84.88%的农户觉得现在比以前更容易从信用社获得贷款，有7.56%的农户认为与以前相比没有任何的变化，4.47%的农户认为现在获得贷款比以前更困难，有3.09%的农户不了解现在的贷款状况。由此可见，有相当的农户对目前信用社信贷给予了高度的评价。

在两样本点之间，浙江农户对贷款的难易程度给出了更加高度的评价，有88.89%的农户认为现在更容易过的贷款；而宁夏有81.82%的农户同意此结论，低于浙江6个百分点（见表1-10）。

农户对未来贷款的信心来自于对现状的分析，从前面的分析可知，农户对信贷现状具有高度的评价。根据我们调查的样本，截至2003年8月，所有曾经获得过贷款的农户中，占总数56.01%的农户认为将来可以获得正规贷款，只有2.75%的农户认为未来不能获得贷款；在所有未获得贷款的农户中，占总数26.12%的农户认为可以在未来获得正规贷款，只有5.5%的农户认为不能获得贷款。

表1-10　农户获得贷款难易状况的主观判断

项　目		较容易	难易程度未变化	更难	不了解
全部样本	户数	247	22	13	9
	比例	84.88	7.56	4.47	3.09
浙江	户数	112	7	5	2
	比例	88.89	5.56	3.97	1.59
宁夏	户数	135	15	8	7
	比例	81.82	9.09	4.85	4.24

总之，包括曾经获得贷款和未曾获得贷款的所有农户中，在未来的贷款需求中，一共有82.13%的农户认为可以在未来获得正规贷款，有9.62%的农户不能确定是否可以获得贷款，只有8.25%的人认为不能获得正规贷款。由此可见，农户对正规贷款的评价在逐渐提高，虽然有许多农户未曾获得贷款，但是他们对未来的贷款的获得仍然信心十足（见表1-11）。

表1-11　三年中农户参与正规信贷市场的现状及未来评价

贷款户比例	获得贷款			未获得贷款		
项　目	未来能得到贷款	未来不能	不能确定	未来能得到贷款	未来不能	不能确定
浙江	25.77	1.72	0.69	11.34	1.37	2.41
宁夏	30.24	1.03	2.41	14.78	4.12	4.12
总体	56.01	2.75	3.09	26.12	5.50	6.53

总之，农户对信用社贷款的评价越来越高，无论是农户现在的主观判断，还是未来的理性考虑都显示出农户对信用社贷款的获得充满了信心，80%以上的农户都认为现在比以前更容易获得贷款，且未来可以从信用社获得贷款。

3. 农户贷款的额度在不断扩大。农户贷款的额度与当地经济发展水平和农户所从事的产业都有直接的关系，但是从总体上来讲，从我们的调查可知，获得正规信贷的农户不仅可获得性得到了较大的提高，而且贷款的额度在逐年扩大。2001年获得正规贷款农户的户均贷款额度是4 964元，2002年提高到了8 657元，2003年达到了9 668元。

在两个样本地之间，浙江农户获得的贷款额度要低于宁夏，平均低于1 000元以上（见表1－12）。

表1－12　　2001～2003年农户户均所获贷款额度

金额（元）	2001年	2002年	2003年
浙江	4 868	7 757	9 301
宁夏	5 043	9 414	10 011
总体	4 964	8 657	9 668

4. 农户参与信贷市场的积极性不断提高。从前面的分析可知，农户贷款可获得性和信心的提高，主要的原因是小额信贷的实施。2000年，农村信用社开展了农户小额信用贷款和联保贷款，尽管在初期农村信用社显得有些被动，但在央行的大力推动下，农信社的小额信贷项目在2002年得到了长足的发展，大部分地区的农村信用社都开展了小额信贷和小组联保贷款等业务，小额贷款和联保贷款是借鉴国际相关的业务操作和中国农村的具体实际相结合而产生的农村金融业务创新。这一创新业务大大地克服了农户抵押和担保能力弱的困难，较以前相比，农户贷款的可获得性有了很大的改善。在我们所调查的农户中，2001～2003年期间有61.85%的农户在信用社这一正规金融机构获得了贷款。

在小额信贷的实施中，许多农户都愿意在信用社贷款，在我们的调查中发现，在农户家庭急需资金时，有57.73%的农户愿意首先选择信用社作为主要的贷款渠道，有41.24%的农户愿意首先选择亲戚、朋友等私人借款方式作为主要的融资渠道，把信用社作为首选融资渠道的农户比例排在第一位，说明小额信贷的实施提高了农户的贷款积极性，使农户更倾向于向正规金融机构获得贷款。

两个样本点之间存在一定的差异，浙江农户把信用社作为首选机构的比例要低于宁夏，相反，把私人借贷作为首选的比例要高于宁夏，这也从另一个角度验证了这样一个事实——浙江地区私人借贷比较活跃，人们在急需资金时更愿意通过民间获得资金（见表1－13）。

5. 农户信贷需求的满足度得到提高。农户贷款可获得性、积极性、信心的提高和完善，仅仅是从覆盖面的角度改善了农户信贷的处境，但是，农户所获贷款能否满足程度的分析是另一个层面的问题。

在样本农户中，有150户农户曾经获得过信用社的信用评级，并且授予了信用额度，126户没有获得信用社的信用评级，15户不能提供准确的信息（见表1-14）。

表1-13　　农户愿意选择的首要融资渠道

主要渠道		信用社	私人借款	农行
全部样本	户数	168	120	3
	比例%	57.73	41.24	1.03
浙江	户数	69	56	1
	比例%	54.76	44.44	0.79
宁夏	户数	99	64	2
	比例%	60.00	38.79	1.21

表1-14　　农户评级和贷款的满足状况

<table>
<tr><td>指标</td><td colspan="2">评级 150</td><td colspan="4">未评级 126</td><td>不清楚</td></tr>
<tr><td rowspan="3">项目</td><td rowspan="3">满足</td><td rowspan="3">不满足</td><td rowspan="3">未贷款</td><td colspan="3">获得贷款 45</td><td rowspan="3"></td></tr>
<tr><td colspan="2">资料全 30</td><td rowspan="2">资料不全</td></tr>
<tr><td>满足</td><td>不满足</td></tr>
<tr><td></td><td>111</td><td>39</td><td>81</td><td>15</td><td>15</td><td>15</td><td>15</td></tr>
</table>

在150户获得授信额度的农户中，有39户对现有额度并不能满足，111户可以满足；在126户没有评级的农户中，有45户获得过贷款，81户从来没有获得过贷款。在45户获得贷款的农户中，有30户是资料全面的，30个农户中，15户信贷得到满足，信贷可获得性在100%以上，其他15户的信贷不能满足。

在39户不能满足需要的评级农户中，有23户具有详细的资料，下面就这23户对所获授信额度不满的农户的信贷可获得性进行详细的分析。我们用农户所能获得的信贷最大额度定义为其信贷能力，把农户在现有条件下希望获得的信贷额度定义为期望信贷额度，把二者的比值定义为农户的信贷可获得率（见表1-15）。即农户的信贷可获得率=信贷能力/期望额度=授信额度/期望额度。

表1-15　　获得评级的农户信贷可获得率分析

样本编号	乡名	村名	授信额度	期望贷款额度	信贷可获得率%
15	永昌	洪大唐	10 000	50 000	20.00
31	永昌	朱村	2 500	3 000	83.33

续表

样本编号	乡名	村名	授信额度	期望贷款额度	信贷可获得率%
41	永昌	朱村	2 000	10 000	20.00
46	永昌	朱村	10 000	50 000	20.00
50	香溪	吴村	30 000	50 000	60.00
64	香溪	吴村	10 000	50 000	20.00
74	香溪	朱山	5 000	50 000	10.00
77	香溪	朱山	2 000	100 000	2.00
88	马涧	溪源	15 000	20 000	75.00
105	马涧	溪源	5 000	50 000	10.00
125	马涧	马坞	30 000	50 000	60.00
140	渠口	渠口	30 000	100 000	30.00
141	渠口	渠口	10 000	40 000	25.00
148	渠口	渠口	3 000	40 000	7.50
149	渠口	渠口	5 000	20 000	25.00
161	渠口	金桥	30 000	78 000	38.46
171	渠口	金桥	5 000	6 000	83.33
198	渠口	金桥	10 000	20 000	50.00
213	前进	前卫	5 000	50 000	10.00
217	前进	前卫	10 000	50 000	20.00
239	前进	关渠	10 000	30 000	33.33
246	高庄	远景3队	30 000	50 000	60.00
248	高庄	远景3队	30 000	100 000	30.00

23个样本农户中，信贷可获得率在10%以下的农户占8.7%，在10%~29%的农户占43.48%，30%~49%的农户占17.39%，50%以上的农户占30.44%。可知，绝大部分的农户的信贷可获得率都很高，30.44%的农户的信贷可获得率在50%以上，47.83%的农户的信贷可获得率在30%以上（见表1-16）。

表1-16　　农户贷款可获得率的分布状况

信贷可获得率%	0~9	10~29	30~49	50以上
户数	2	10	4	7
比例	8.70	43.48	17.39	30.44

总之，在所有农户中，信贷可获得率为100%的有126户，占所有农户的43.3%。信贷可获得率在50%以上的农户占到了45.7%[①]。

6.农户信贷需求与农户的经济活动有关。农户融资行为与农户经济活动的产业类型及规模、农户收入增长的强度等直接相关。相对于改革开放以前，农民生活有了很大的改善，农民的收入有了很大的提高，收入的提高和生活水平的提高对农户信贷需求类型会产生一定的影响，农户的信贷需求主要有以下几个方面：农业生产性信贷（购买化肥、牲畜等）、非农生产性信贷（经商、运输等个私活动）、消费性信贷（日常开支、婚丧嫁娶、子女教育、医疗支出、住房消费等）、其他（如偿还贷款等）。这些不同的用途对信贷的需求积极性、额度会产生不同的影响。

不同的经济活动对农户贷款的积极性、可获得性、满足度、信贷额度等都会产生完全不同的影响。

不同的经济活动对农户参与信贷市场积极性的影响是不同的，从我们的调查可知，现阶段农户减少了对消费性贷款的需求，而加大了生产性贷款的需求。在生产性贷款中，例如，从事养殖业的许多农户为了扩大规模，在这一方面的贷款需求比例加大；同时，也有相当比例的农户从事非农产业，如经商、运输等，为了应付资金的投入和周转，农户往往对贷款产生了一定的需求。

在调查中发现，2001～2003年有61.85%的农户在信用社获得过贷款，在所有获得贷款的农户中，各个农户所从事的产业有所不同，农户贷款的目的也有所区别。2001年在所调查的获得贷款的农户中有90户农民获得了贷款，2002年有140户农民获得了贷款，2003年有122户农民获得了贷款。通过对获得贷款的农户的调查分析，2001～2003年农户贷款的用途中，获得的生产性贷款比重较大，超过了用于生活方面的贷款额度，农户获得的非农业生产性贷款的比重也大于生活性贷款。数据最为完整的2002年，在获得正规贷款的农户中，农业生产性贷款占71%，非农生产性贷款占19%，消费性贷款占8%，其他贷款占了2%。生产性贷款远远大于消费性贷款，农业生产性贷款仍然大于非农产业的贷款。

从两个样本点的区别来看，宁夏作为西部地区的代表，其消费性贷款的农户占比较大，要大于发达地区的浙江。相反，浙江的生产性贷款比例较大，大于西部地区的宁夏（见表1－17）。

---

① 包括126户100%的和7户50%以上的，一共133户。

表 1－17　　　　农户不同贷款用途的贷款状况

		样本点	农业生产性贷款	非农业生产性贷款	消费性贷款	其他贷款
2001	户数占比 90	浙江	78.95	15.79	5.26	0.00
		宁夏	63.04	26.09	8.70	2.17
		平均	70.24	21.43	7.14	1.19
2002	户数占比 140	浙江	81.36	13.56	3.39	1.69
		宁夏	62.96	23.46	11.11	2.47
		平均	71	19	8	2
2003	户数占比 122	浙江	69.49	15.25	13.56	1.69
		宁夏	57.14	22.22	15.87	4.76
		平均	63.11	18.85	14.75	3.28

不同的经济活动对农户信贷额度需求是不同的，在样本农户中，各个农户贷款的目的是不同的：有的农户融资是为了解决临时的生活困难和大额的生活需求如建房、子女学费、婚丧嫁娶等；有的农户是为了扩大农业生产性的投入；而有的农户是为了进行非农业生产。不同的贷款目的和用途所需要的贷款额度是有区别的，从下面的表格可以看出，从事非农业的生产投入所需要的贷款额度相对较大，从事农业生产性贷款的额度次之，生活性贷款额度相对较小（见表 1－18）。

表 1－18　　　　不同用途的贷款额度差异　　　　单位：元

项　目	非农业生产性贷款	农业生产性贷款	生活性贷款	其他贷款
2001 平均贷款额度	7 300	4 015	4 166	0
2002 平均贷款额度	15 107	7 202	5 800	4 000
2003 平均贷款额度	18 230	7 590	6 444	5 000

7. 农户的信贷需求在地区之间存在差异。农户贷款需求的积极性、可获得性、满足度、信贷额度等在地区之间的表现往往是不同的。我国经济发展在地区之间存在严重的不平衡性，特别是在农村地区，这种地区经济发展的不平衡性表现得更加突出，所以，农户在正规信贷市场上的金融需求由于地区间的经济发展差距、基础设施建设差距、经济结构特点等不同而表现出巨大的差异性。例如，信贷的可获得性在浙江和宁夏之间就存在一定的差异，浙江农户的信贷可获得性比宁夏要高。

8. 农户在偿还贷款方面表现出良好的信用。在我们调查的农户贷款中，大部分的农户都表现出了良好的信用，对所获得的贷款表现出积极的还款意愿。在 2001 年所获得的 90 笔贷款中，有 92.22%的贷款已偿还，只有 7.78%的贷款未偿还；2002 年所获得的 140 笔贷款中，除了 30 笔未到期的贷款外，占 21.43%，有 72.86%的贷款已偿还，只有 5.71%的贷款未偿还；2003 年所获得的 122 笔贷款中，除了 62 笔（50.82%）未到期且未偿还的贷款外，有 60 笔（49.18%）的未到期贷款已经偿还。从这些数据来看，现阶段农户对所获贷款的偿还情况良好（见表 1－19)。

表 1－19　　2001～2003 年 7 月所获贷款的偿还情况

		已偿还贷款	未偿还贷款	未到期贷款	合　计
2001 年	笔数	83	7	0	90
	比例	92.22	7.78	0	100
2002 年	笔数	102	8	30	140
	比例	72.86	5.71	21.43	100
2003 年	笔数	60	0	62	122
	比例	49.18	0.00	50.82	100

三、正规农村信贷市场供求矛盾得以缓解的因素分析

农村信贷市场供求矛盾的解决涉及到许多利益相关主体的行为，包括政策制定者、监管者以及金融服务的供求双方（本文主要指信用社和农户)。不同主体的不同行为直接影响着农村信贷市场的供求状况，以及整个农村金融市场的发展。不同利益主体的行为主要通过政策、规则、金融业务、金融技术、机构内部运作机制等表现出来。

从前面的分析可知，样本农户参与信贷市场的积极性、可获得性和满足度都得到了一定的提高和改善，各利益主体在其中发挥了积极的作用，他们通过在政策、技术和机构建设等方面的改进和创新为正规农村信贷市场供求矛盾的缓解做出了一定的贡献。

（一）包括政策在内的宏观规则的改进

在传统农村金融理论的指导下，过去许多发展中国家过分强调政府的作

用，政府通过贴息贷款的方式为农村地区提供信贷供给，政府的过分干预破坏了农村金融市场的秩序，信贷市场的供求矛盾仍然没有得到很好的解决。

随着农村金融理论的不断发展，以及世界上许多成功金融机构的出现，为农村金融市场的改善和发展提供了理论和实践上的参考。人们越来越注意到，政府干预农村金融市场所带来的无效性。目前，更加强调政府应通过政策的制定来创造稳定的宏观环境，通过制订规则来监管金融机构，而不是直接干预金融机构的经营管理。

不断改进和完善包括政策在内的宏观规则，按市场原则促进农村金融市场的发展，减少政府的过多直接干预。随着我国经济向市场机制的转轨，我国农村金融的市场化和规范化也在不断推进。例如，利率市场化的改革、多元化的金融机构体系的构建等。

1. 利率市场化的改革。长期以来，我国在金融领域实行的是金融抑制政策，造成了信贷配给现象的出现，利率被严重扭曲，不能客观反映资金的供求状况，降低了金融机构配置资源的效率。

随着我国经济的转轨，我国整个金融的改革都在按照市场化原则向前推进，农村金融市场作为整个金融体系的重要组成部分，也在不断地按照市场化的机制进行改革和完善，最为重要的是在农村地区实行的利率市场化改革。

2. 多元化信贷主体服务体系的构建。长期以来，我国政府对农村金融市场的干预较多，而且这种干预更多的是直接的、命令式的，对农村金融市场的金融机构的进入进行了严格的限制，在1979年之前，在农村金融市场上，基本上只有农村信用社一家金融机构提供金融服务；1979年农业银行恢复成立，信用社划归农业银行管理，在农村金融市场上形成了农业银行和信用社共同为农村提供金融服务的金融机构，但实际上，农村信用社只是农业银行的基层机构；20世纪90年代中期以来，我国在组织体系方面对农村金融进行了一系列的改革，形成了目前农村信用合作社、农业银行、农业发展银行并存的农村金融体系，它们分别服务于不同的领域，在满足金融需求方面表现出了一定的层次性。

同时，在90年代初我国还引入了主要为低收入群体提供信贷服务的小额信贷机构，丰富了我国农村金融供给体系。

（二）信贷技术的引进和创新

现阶段农村金融市场供求矛盾得以缓解的主要原因是信用社引入了符合

农户需求特征的信贷技术，部分解决了长期以来制约农户信贷需求的障碍。

1. 引入了替代抵押和担保的小额信贷技术。农户小额信用贷款是信用社以农户的信誉为保证，在核定的额度和期限内发放的小额信用贷款。农村信用社在对农户进行贷款发放前要成立农户信用评定小组，其小组成员以信用社人员和农户代表为主，同时吸收村党支部和村委会成员参加。信用社要建立农户信用评定制度，并根据农户个人信誉、还款记录、所从事生产经营活动的主要内容、经营能力、偿债能力等指标制定具体的评定办法。农户信用评定小组要根据农户信用评定制度和具体的评定办法对农户进行信用评级。信用社可以根据农户的信用评定等级，核定相应等级的信用贷款限额，发放贷款证（卡）。持有贷款证（卡）的农户可以凭贷款证（卡）及有效身份证件，到信用社营业网点直接办理限额内的贷款。

小额信贷通过抵押替代的方式解决了长期以来困扰农户的抵押和担保难问题，大大地释放了农户的贷款积极性，这一信贷方式主要建立在农户的信用基础上，而且对信用进行了不同的等级分类，不同信用程度的农户会获得不同的信用等级，农户的信用决定了其所获贷款的额度，这会激励农户自身不断完善自己的信用状况以获得更高信用等级的贷款。

农户小额信用贷款采取“一次核定、随用随贷、余额控制、周转使用”的管理办法，这一措施大大地方便了农户的贷款需求，同时随用随贷、余额控制的方式也表现出了灵活的优点，避免了层层审批所带来的麻烦。

2. 实施降低信用社信息获取成本和还款风险的小组联保技术。没有直系亲属关系的农户在自愿基础上组成联保小组，信用社对联保小组成员提供的贷款称为农户联保贷款。

农户联保贷款的基本原则是“多户联保、按期存款、分期还款”。农户联保贷款的实施使农户能在自愿的基础上结成小组，在这一过程中由于其他小组成员存在连带责任，农户可以有效地排除信用差的成员进入该小组，大大降低了信用社在农户信用方面的信息获取成本，农户联保贷款的有效运作可以达到信用社和农户的“双赢”效果。

自人民银行推出农户联保贷款以来，大大提高了农户的贷款可获得性，使许多农户从中受益，据人行兰州中心支行课题组在2003年的调查，甘肃省截至2002年11月末，全省农村信用社农户联保贷款余额3.6亿元，较年初增加2.6亿元，增幅260%；截至10月底，全省共有548家信用社开办了农户联保贷款，占农村信用社总数的36.9%，共有13.6万农户获得了农户联保贷款（人行兰州中心支行课题组，2003）。

3．实行了降低信用社风险的信用村镇建设活动。信用村镇建设是在小额信贷的基础上发展起来的，为保证贷款安全，改善农村信用环境，由农村信用社信贷管理人员、村党支部和村委会负责人以及农户代表共同组织信用评定小组，对农户信用进行评级，并在此基础上开展了以县乡村三级党政组织为主导的信用村、信用乡（镇）创建活动。

2002年9月底，全国农村信用社已对7 428万户农户建立了经济档案，其中4 298万户农户被评为信用户。全国共评定信用村41 214个，评定信用乡镇1 548个。创建信用乡、信用村、信用户活动，培养和提高了广大农民的致富观念和信用意识，民间高利借贷活动和逃废信用社债务现象明显减少，带动了农村两个文明的建设①。

信用村镇的建设提高了农户还款积极性，激励了农户对自己的信用完善和整个信用文化的建设，大大地提高了信用社的贷款质量。

① http://www.pbc.gov.cn/quanwenjiansuo/index.asp 2002年。

第二章　重庆市武隆县农村中小企业融资调查报告*

一、调查背景与方法说明

根据重庆市武隆县经济委员会的一份报告（2002），在分析企业发展的制约因素中，企业资金周转困难是其发展面临的主要瓶颈之一。本次企业融资问题实地调查主要是为了深入了解企业的融资和金融机构的运作情况及问题，以求提出可能的政策建议。

本报告以企业融资需求调查分析为主，以供给面分析为辅。企业调查采用了访谈和问卷相结合的方式。内容分为四部分：(1) 企业基本情况；(2) 企业融资情况；(3) 银行信贷情况；(4) 民间借贷情况。其中核心部分为企业融资、银行信贷和民间借贷。信贷部分中还涉及贷款的信用保证方式（如抵押、担保等）。问卷中部分采取结构化的选择填充样式，部分采用一般提问样式。前者需要填写。

截至 2003 年 10 月底，武隆县乡镇企业总数为 234 户，其中工业企业 210 户①。相对而言，武隆县企业数目较少。本课题组在县域内选择了 10 个农村中小企业作为访谈对象。本报告并不采用国家统一规定的中小企业或者大型企业定义标准，这种标准是过分人为划分，而且这种划分不适合于不同的地区，只是笼统的划分。在每一个县域，去除少数规模最大的企业，其他

---

* 本报告系中国社会科学院 B 类重大课题《中国农村中小企业融资与内生金融创新研究》的子报告之一。课题主持人为冯兴元。作者为中国农业大学经济管理学院博士候选人李莉莉。

① 资料来源：武隆县经济委员会。

企业都可以作为中小企业成为本调研的对象。

二、武隆县企业发展总体情况

武隆县企业发展起步始于1992年到1993年，其特征主要表现为政府承办，行政主导，非市场化的操作。从1998年开始，企业逐步朝着市场化运作发展。近年来，武隆县大力推进“工业富县”战略，工业经济形势不断好转，运行质量不断提高，发展后劲明显增强。政府设立了工业发展基金，由财政每年出资100万元，作为目标考核的奖励基金和新上项目的前期运作费用。同时，2003年10月30日，武隆县又成立了中小企业担保中心，财政出资500万元，企业实行会员制，由企业入会缴纳会费共同形成基金，预计总规模可达700万元，如果银行按照1:5贷款，贷款总规模可达3 500万元。风险损失的分摊则采用担保中心承担60%、银行承担40%。这部分基金主要针对技术改造贷款、流动资金贷款需求担保。这样，为农村中小企业的发展提供了强有力的支持。从2002年武隆县经济委员会的相关文件中获知，2002年武隆县全年完成90年不变工业总产值51 269万元，按可比价格计算，比上年增长15.3%，其中国有及年销售收入500万元以上非国有工业企业（简称规模以上工业企业）完成工业总产值19 239万元，增长20.3%。通过大力发展非公有制经济，国有工业企业完成产值2 456万元，集体工业企业完成产值3 991万元，分别比上年下降29.2%和12.8%，而股份制工业和其他混合所有制工业得到快速发展，完成产值12 479万元和32 343万元，分别比上年增长35.1%和19.0%，成为全县工业经济发展的主导力量。

武隆县农村中小企业主要是以资源型工业、劳动密集型工业为主，主要集中于小水电、建材（水泥）、制药、矿产（煤）、小化工等行业。

三、企业调查结果

本课题在武隆县一共调查了10家企业，其中白马镇2家，羊角镇4家，城关镇1家，江口镇2家，巷口镇1家[①]。调查是在随机抽样基础上进行的。这9家中，最早的一家在1962年成立，最晚在2002年成立。

（一）企业类型结构

从企业登记类型看，国有企业2家，有限责任公司5家，股份有限公司1家，另外2家为私营企业（见表2-1）。实际上除了2家国有企业以外，其他所有这些企业都是符合国际通行口径的私人企业。股份合作制企业在所有制分类上属于集体企业，但实际上属于私人所有。受调查企业中共有4家企业在成立后改制过，其中2家分别于1998年和2001年从乡镇集体经济改制为有限责任公司，1家于1998年从国有企业改制为股份有限公司，1家于2000年从国有企业改制为有限责任公司。

表2-1 被调查企业的企业登记类型分布情况

企业登记类型	企业个数
国有企业	2
有限责任公司	5
股份有限公司	1
私营企业	2
合计	10

（二）被调查企业行业分布

所调查企业所处行业分布是5家生产制造业，包括3家食品加工、1家水泥生产和1家化工原料和制品生产，另外5家分别为：2家国有企业是发电和垃圾处理，1家商业服务业、1家房屋建筑和1家牲畜养殖。

（三）被调查企业从业人数结构

从各企业从业人数来看，所有被调查企业从业人员在500人以内，其中将近90%在200人以内（见表2-2）。

① 相对于东部发达地区，处于西部省份的武隆县企业数量较少，通常一个乡镇内只有有限数量的企业，因此调查中选取企业所处乡镇较为分散。

表 2－2　　被调查企业从业人数情况（2002 年底）

企业从业人数（个）	企业数（家）	累积百分比（%）
<10	1	10
10～50	4	50
51～100	2	70
101～200	2	90
201～500	1	100

（四）被调查企业资产规模（见表 2－3）

表 2－3　　被调查企业的资产规模（2002 年底）

企业总资产（万元）	企业数（家）	累积百分比（%）
≤100	0	0
101～500	4	40
501～1 000	1	50
1 001～3 000	1	60
≥3 000	4	100

（五）企业发展的首要制约因素

在问及企业发展的首要制约因素时（可多选），6 家企业回答是缺乏资金，1 家回答是税收负担问题，1 家企业回答是技术力量不足以致产品层次低，3 家回答是政府的行政干预问题，1 家回答是区位环境存在约束，1 家回答是人员管理水平低（见表 2－4）。根据一家企业介绍，当前的政府不但没有给予支持，反而千方百计地对企业进行干预，成为制约该企业发展的首要因素。比如上级政府部门支持该企业发展的 30 万元资金被当地政府截留，不能及时拨付到企业。由于该企业是外来企业，其所面临的投资环境紧张、当地政府存在着排外倾向，当地有关政府部门经常到企业找材料、检查卫生等，企业难以招架。

表 2－4 表明了当地企业发展的首要制约因素主要为缺乏资金问题，同时政府的行政干预问题也约束着企业的发展。而对于一些企业，诸如税收负担问题、技术力量不足的问题、区位环境问题、人员管理水平问题也是其发

展所面临的制约因素。

表 2－4　　企业发展的首要制约因素

企业数（家）	企业发展的首要制约因素（企业可选择多项）
6	缺乏资金
1	税收负担问题
1	技术力量不足，产品层次低
3	政府的行政干预问题
1	区位环境约束
1	人员管理水平低

（六）被调查企业的税负情况

在10家被调查企业中有8家企业对此做出了回答，其中2家认为企业税费负担较轻，3家认为一般，2家认为较重，1家认为很重（见表2－5）。认为企业的税负较轻的两家企业主要是因为其中的一家生产的产品属于支农物资，可以免税，另一家是因为屠宰税的取消。

表 2－5　　企业税费负担

企业数（家）	税费负担
0	很轻
2	较轻
3	一般
2	较重
1	很重

（七）被调查企业的初始资金结构

在可得到数据的9家企业中，初始资金的构成全部由自有资金构成的有3家企业，5家企业的自有资金占比达10%～49%，1家不到10%（见表2－6和表2－7）。

在9家企业中，除了3家企业完全依赖自有资金，其余6家企业都在银行或农村信用社获得了贷款，同时还有2家同时得到了政府资金的支持。而民间借贷在这里的发展并不活跃，从曾参与民间借贷的3家企业中可以看到，其民间借贷渠道主要是亲友之间，或通过私自组织职工入股的方式，民间有组织的金融活动较少。同时，亲友间的借款大多并不收取利息，期限也没有事前确定，而亲友间有息的借款也大多参照银行利率，并没有出现高息借款。

表 2-6　　武隆企业初始资金的规模和结构汇总表

<table>
<tr><th rowspan="2">企业编号</th><th rowspan="2">所在乡镇</th><th rowspan="2">成立时间</th><th rowspan="2">企业发展初始资金（万元）</th><th colspan="4">来源结构（%，合计 100%）</th><th colspan="4">其中民间借贷</th></tr>
<tr><th>自有资金</th><th>银行/农信社贷款/</th><th>政府扶持</th><th>民间借贷</th><th>来源</th><th>金额（万元）</th><th>期限（年）</th><th>月利率（%）</th></tr>
<tr><td>01</td><td>羊角</td><td>2000</td><td>100</td><td>100</td><td>—</td><td></td><td>—</td><td>—</td><td>—</td><td>—</td><td>—</td></tr>
<tr><td rowspan="2">02</td><td rowspan="2">白马</td><td rowspan="2">1962</td><td rowspan="2">500</td><td rowspan="2">36</td><td rowspan="2">10</td><td rowspan="2">20</td><td rowspan="2">34</td><td>职工入股</td><td>—</td><td>—</td><td>—</td></tr>
<tr><td>亲友</td><td>—</td><td>1</td><td>无息/同期贷款利率</td></tr>
<tr><td>03</td><td>羊角</td><td>1979</td><td>60</td><td>33</td><td>67</td><td></td><td>—</td><td>—</td><td>—</td><td>—</td><td>—</td></tr>
<tr><td>04</td><td>城关</td><td>2002</td><td>5 193</td><td>9.6</td><td>13.4</td><td>77</td><td>—</td><td>—</td><td>—</td><td>—</td><td>—</td></tr>
<tr><td>05</td><td>白马</td><td>1992</td><td>830</td><td>12</td><td>88</td><td></td><td>—</td><td>—</td><td>—</td><td>—</td><td>—</td></tr>
<tr><td rowspan="2">06</td><td rowspan="2">江口</td><td rowspan="2">2000</td><td rowspan="2">500</td><td rowspan="2">30</td><td rowspan="2">64</td><td rowspan="2">—</td><td rowspan="2">6</td><td rowspan="2">亲友</td><td>11</td><td>—</td><td>0</td></tr>
<tr><td>19</td><td>—</td><td>建行利率</td></tr>
<tr><td>07</td><td>羊角</td><td>1982</td><td>—</td><td>—</td><td>—</td><td>—</td><td>—</td><td>—</td><td>—</td><td>—</td><td>—</td></tr>
<tr><td>08</td><td>羊角</td><td>1998</td><td>—</td><td>100*</td><td>—</td><td>—</td><td>—</td><td>—</td><td>—</td><td>—</td><td>—</td></tr>
<tr><td>09</td><td>江口</td><td>2002</td><td>70</td><td>30</td><td>50</td><td>—</td><td>20</td><td>亲友</td><td>14</td><td>—</td><td>0**</td></tr>
<tr><td>10</td><td>巷口</td><td>2001</td><td>80</td><td>100***</td><td></td><td>—</td><td>—</td><td>—</td><td>—</td><td>—</td><td>—</td></tr>
</table>

* 该企业由家庭小作坊发展而来，初始资金数额已无据可考，然而家庭小作坊经营对于风险规避的偏好，因此认为其初始资金全部由自有资金构成。

** 该企业介绍，从亲友处借款实际分为两种情况，一种是无息，另一种是在还款时适当的多还一些，由出借人决定是否收下多出本金的款项，但借款时并不讲明需要支付利息，这主要是根据亲属程度决定的。因此，此处认为利率为 0。

*** 该企业在建立之初有其他合伙人，但是合伙人的资金是由企业主出借的，因此认为初始资金中自有资金为 100%。

表 2-7　　初始资金中的自有资金比重

企业数	初始资金中的自有资金比重
3	100%
0	50% ~ 99%
5	10% ~ 49%
1	不到 10%

从问卷的该项调查中可以看出，企业在发展之初还是可以从银行或农村信用社等金融机构中获得贷款的，并且这种金融机构贷款的可得性在一定程度上排挤了民间金融的发展。但是，结合武隆县企业发展的总体情况分析及问卷中其他项目的结果，笔者更倾向于这样的结论：民间金融的不活跃在一定程度上也抑制了农村中小企业的蓬勃发展。解释如下：

1. 武隆县企业数量十分有限，这可以从我们调查选取的样本数量及其地域的分散程度上见其一斑。根据 2002 年武隆县统计年鉴，截至 2002 年底，武隆县全部工业企业单位个数为 824 个，其中国有及年销售收入 500 万元以上非国有工业企业 18 个，500 万元以下非国有企业及全部个体工业 301 个，非独立核算工业企业（产业活动单位及个体）505 个。如果仅核算独立核算企业，那么这个人口近 40 万县的企业单位数仅 319 个。同时从重庆市各区市县乡镇企业增加值及人均数排序中可以看出，2002 年武隆县乡镇企业增加值排序为 36 位，人均数排序为 34 位，均处于落后位置[①]。

2. 从样本企业的初始所有制状况分析（见表 2-8），6 家初始资金包含银行或农村信用社贷款的企业其发展之初的所有制类型分布如下：2 家由集体企业转制而来，2 家为国有企业，1 家为有限责任公司，1 家为私营企业。因此，我们认为企业初始的所有制类型在一定程度上与其获得银行或农信社贷款之间存在一定的相关关系。并且这 2 家获得银行或农信社贷款的非国有或集体企业在获得正规金融机构贷款的同时，都同时从民间金融渠道获取了资金，因此，也可以看出正规金融机构对国有、集体企业之外其他所有制企业的贷款是十分有限的，而民间金融的不活跃在一定程度上确实抑制了这些企业的发展。

3. 在样本企业关于“企业发展的首要制约因素”问题的回答中，60%的企业回答是缺少资金（见上述关于“企业发展的首要制约因素”的分析）。可见正规金融机构的资金并没有满足企业发展的需求，而民间金融的不发达也没有提供相应的补充。

（八）被调查企业的总资产结构

在 8 家有效样本中，被调查企业现有总资产结构呈现如下特点（见表2-9）：

---

① 重庆市各区市县总数为 40 个，武隆县上述两个指标分别排在第 36 位和第 34 位，显然发展极其落后。资料来源：《2002 年武隆县统计年鉴》。

表 2-8　　企业所有制类型与初始资金来源结构对比

<table>
<tr><th rowspan="2">企业编号</th><th colspan="2">企业所有制类型</th><th colspan="4">初始资金来源结构（%，合计 100%）</th></tr>
<tr><th>初始</th><th>现在</th><th>自有资金</th><th>银行/农信社贷款</th><th>政府扶持</th><th>民间借贷</th></tr>
<tr><td>01</td><td>有限责任公司</td><td>有限责任公司</td><td>100</td><td>—</td><td></td><td>—</td></tr>
<tr><td>02</td><td>集体企业</td><td>有限责任公司</td><td>36</td><td>10</td><td>20</td><td>34</td></tr>
<tr><td>03</td><td>集体企业</td><td>有限责任公司</td><td>33</td><td>67</td><td></td><td>—</td></tr>
<tr><td>04</td><td>国有企业</td><td>国有企业</td><td>9.6</td><td>13.4</td><td>77</td><td>—</td></tr>
<tr><td>05</td><td>国有企业</td><td>国有企业</td><td>12</td><td>88</td><td></td><td>—</td></tr>
<tr><td>06</td><td>有限责任公司</td><td>有限责任公司</td><td>30</td><td>64</td><td>—</td><td>6</td></tr>
<tr><td>07</td><td>国有企业</td><td>股份有限公司</td><td>—</td><td>—</td><td>—</td><td>—</td></tr>
<tr><td>08</td><td>私营企业</td><td>私营企业</td><td>100</td><td>—</td><td>—</td><td>—</td></tr>
<tr><td>09</td><td>私营企业</td><td>私营企业</td><td>30</td><td>50</td><td>—</td><td>20</td></tr>
<tr><td>10</td><td>国有企业</td><td>有限责任公司</td><td>100</td><td></td><td>—</td><td>—</td></tr>
</table>

表 2-9　　被调查企业的总资产结构

<table>
<tr><th rowspan="2">企业编号</th><th rowspan="2">总资产(万元)</th><th colspan="4">资金来源结构</th><th colspan="5">其中银行贷款</th><th colspan="4">其中民间借贷及其他</th></tr>
<tr><th>自有资金（%）</th><th>银行贷款（%）</th><th>民间借贷（%）</th><th>其他</th><th>金融机构名称</th><th>贷款额(万元)</th><th>期限（年）</th><th>年利率（%）</th><th>抵押担保等情况</th><th>来源</th><th>金额（万元）</th><th>期限（年）</th><th>年利率（%）</th></tr>
<tr><td>01</td><td>800</td><td>100</td><td>—</td><td>—</td><td>—</td><td>—</td><td>—</td><td>—</td><td>—</td><td>—</td><td>—</td><td>—</td><td>—</td><td>—</td></tr>
<tr><td rowspan="2">02</td><td rowspan="2">300</td><td rowspan="2">45</td><td rowspan="2">45</td><td rowspan="2">4.5</td><td rowspan="2">4.5</td><td rowspan="2">农信社</td><td>50</td><td>1</td><td>7.31</td><td rowspan="2">厂房、设备抵押</td><td rowspan="2">亲友</td><td>3</td><td>1</td><td>0</td></tr>
<tr><td>23</td><td>1</td><td>10.8</td><td>5</td><td>1</td><td>7.31</td></tr>
<tr><td rowspan="3">03</td><td rowspan="3">4 563</td><td rowspan="3">31.8</td><td rowspan="3">68.2</td><td rowspan="3">—</td><td rowspan="3">—</td><td rowspan="3">农行</td><td>1 800</td><td>1</td><td>5.49</td><td rowspan="3">厂房、设备抵押</td><td rowspan="3">—</td><td rowspan="3">—</td><td rowspan="3">—</td><td rowspan="3">—</td></tr>
<tr><td>500</td><td>1</td><td>2.88</td></tr>
<tr><td>360</td><td>3</td><td>5.49</td></tr>
<tr><td>04</td><td>4 500</td><td>—</td><td>—</td><td>—</td><td>—</td><td>—</td><td>—</td><td>—</td><td>—</td><td>—</td><td>—</td><td>—</td><td>—</td><td>—</td></tr>
<tr><td rowspan="2">05</td><td rowspan="2">3 300</td><td rowspan="2">31.7</td><td rowspan="2">68.3</td><td rowspan="2">—</td><td rowspan="2">—</td><td rowspan="2">农行</td><td>1700</td><td rowspan="2">1～5</td><td>5.49</td><td rowspan="2">厂房和设备抵押</td><td rowspan="2">—</td><td rowspan="2">—</td><td rowspan="2">—</td><td rowspan="2">—</td></tr>
<tr><td>350</td><td>6.327</td></tr>
<tr><td>06</td><td>3 000</td><td>100</td><td>—</td><td>—</td><td>—</td><td>—</td><td>—</td><td>—</td><td>—</td><td>—</td><td>—</td><td>—</td><td>—</td><td>—</td></tr>
<tr><td>07</td><td>6 000</td><td>—</td><td></td><td></td><td></td><td></td><td></td><td></td><td></td><td></td><td></td><td>—</td><td>—</td><td>—</td></tr>
<tr><td rowspan="2">08</td><td rowspan="2">500</td><td rowspan="2">70</td><td rowspan="2">30</td><td rowspan="2"></td><td rowspan="2"></td><td rowspan="2">农信社</td><td>100</td><td>4</td><td>8</td><td rowspan="2">厂房及设备抵押</td><td rowspan="2">—</td><td rowspan="2">—</td><td rowspan="2">—</td><td rowspan="2">—</td></tr>
<tr><td>10</td><td>1</td><td>—</td></tr>
<tr><td>09</td><td>120</td><td>59.1</td><td>29.2</td><td>11.7</td><td>—</td><td>农信社</td><td>35</td><td>3</td><td>6.5</td><td>厂房押押</td><td>亲友</td><td>14</td><td>无约定期限</td><td>0</td></tr>
<tr><td rowspan="2">10</td><td rowspan="2">450</td><td rowspan="2">69</td><td rowspan="2">31</td><td rowspan="2">—</td><td rowspan="2">—</td><td rowspan="2">农信社</td><td>40</td><td>1</td><td>6.3125</td><td rowspan="2">厂房、设备抵押</td><td rowspan="2">—</td><td rowspan="2">—</td><td rowspan="2">—</td><td rowspan="2">—</td></tr>
<tr><td>100</td><td>3</td><td>6.825</td></tr>
</table>

*企业 02 资金来源结构为流动资产来源结构，固定资产来源 100% 为自有资金。企业 03 资金来源结构为固定资产来源结构，流动资产 100% 来自银行贷款。**企业 04、07 在该问题的回答中为无效样本。

1. 大多数被调查企业更多地依赖自有资金，而非外部资金。8家企业中，自有资金比率大于50%的有5家，其中自有资金比率达100%的有2家，另3家企业的自有资金比率也在30%～50%之间。

2. 农业银行和农村信用社在本地的企业融资中发挥关键作用。8家企业借入了共12笔银行贷款，贷款机构为农业银行和农村信用社，其中农行贷款5笔，农信社贷款7笔，而其他国有商业银行在本地的贷款很少。这说明在本地县域经济中，农业银行和农村信用社成为仅有的两家为企业发展提供贷款服务的金融机构。6家有贷款企业中有2家同时借入了民间信贷资金。

3. 被调查企业中，有1家利用过国家的扶贫贷款，这是因为武隆县属于贫困县。没有企业通过发行股票债券融资。企业没有发行股票债券在中国属于正常现象，发行的是极少数。除了企业本身的原因之外，其他最重要的原因是我国在上市和发债方面一直实行向国有企业倾斜政策，民营企业属于被歧视的对象。

4. 在所调查企业中，只有2家企业利用了民间借贷，并且民间借贷主要是通过亲友间获得的，而且大部分属于无息贷款，部分有息贷款也是参照银行利率，没有高息贷款出现。

借入民间借贷资金的企业的情况分为以下几种：一是企业抵押资产和担保来源有限，所获得正式金融机构贷款额只占所需资金总额的一部分，企业为此还需要借入部分民间信贷资金。二是企业缺乏抵押资产和担保来源，实力小，不得不借入民间信贷资金。三是企业在需要应急资金时，需要借入民间信贷资金，这与民间信贷灵活性强、手续简便有关。

5. 没有利用民间借贷的企业主要是因为：其一，如果企业可以凭借其抵押资产或者担保（或部分信用）从银行获得足额贷款，一般不利用民间借贷，因为民间借贷资金规模一般比较散、小，满足不了大额贷款需求。其二，民间借贷发展落后，除了亲友间的相互借贷形式之外，没有其他渠道获取民间借贷资金。

6. 企业获得贷款与所有制形式有一定的相关性（参见上述“被调查企业的初始资金结构”的分析）。

7. 无论企业大小，银行贷款的可得性与企业到底有多少可抵押资产和是否有担保来源有关。资产规模较小企业不是一定借不到银行贷款，只要有抵押或者担保，银行就有可能放贷。被调查的有贷款企业均被要求提供抵押和担保，银行极少提供信用贷款额度。

（九）正式金融机构和非正式金融的信贷可得性

正式金融机构贷款可得性的指标是企业实得贷款额与企业对贷款的需求额的比例。样本企业关于“正式金融机构贷款需求可得性”的调查结果如下（见表2－10）：

1. 可得性较高，包括两种情况：一是企业本身目前没有新的贷款需求，认为已有贷款已经完全满足了需要（3家企业）；二是企业当前的贷款需求确实100%获得了满足（2家企业）。

2. 可得性较低，在40%以下（3家企业，其中1家企业认为其从正规金融机构贷款的可得性仅在20%～30%之间）。这种情况主要是出现在规模较小的企业或者是难以提供更多抵押担保的企业中。

3. 1家企业以前没有贷款，目前有贷款需要，但难以确定是否会得到满足。

表2－10　企业目前从正式金融机构获得贷款支持大约占当时所需贷款资金的比例

企业数目	目前从正式金融机构获得贷款约占当时所需贷款资金的比例（a）
3	不需要贷款
1	需要，但 a = 0
1	0 ≤ a < 30%
2	30% ≤ a < 40%
2	a = 100%

非正式金融信贷可得性的指标是企业实得民间借贷资金额与企业对民间借贷资金的有效需求额的比例。从样本企业的调查中，仅有3家企业从民间渠道获取资金，并且大多是从亲友间借款，其中1家企业曾利用过职工入股获取资金，本地民间金融很不发达，非正式金融信贷只是正式金融信贷的一种补充。可得性的衡量在此已失去意义。

（十）信用评级及其好处

在10家企业中，有5家企业没有参加企业信用评级，5家参加过评级。信用评级一般由各信贷机构的下设评级机构进行，评级机构对被评级企业收取一定的费用。未参加企业信用评级的企业有以下几种情况：一是因为企业规模较小，或处于刚起步阶段，没有参加评级；二是因为企业之前没有贷款；三是因为企业主没有参与信用评级的意识。

5家参加过评级的企业信用等级情况及其认为能获得的实惠如下（见表2-11）：5家企业中只有1家信用评级位B级，这主要是因为其刚刚开始参与信用评级，其他4家企业的信用等级均在2A级以上。对“信用评级的实惠”的回答中，首先是所有参与过评级的企业均认为其最重要的优惠是“简化了评审程序”；其次是“在需要时贷款需求得到满足”。没有一家企业因此获得了银行授信额度。

表2-11　　参与评级企业信用等级及其认为所获得的实惠

企业编号	信用等级	获得AA级及以上评级所获得的实惠（可作多项选择）
03	B	
05	AAA	简化评审程序，更容易得到银行贷款，在需要时贷款需求得到满足
06	AA	
07	AAA*	
10	AAA	

*企业07的信用等级为4~5年前评定的，目前没有信用等级。

（十一）贷款关系

6家有贷款的企业，其贷款关系（允许多项选择）主要为农业银行和农村信用社，其中2家企业与农业银行，4家企业与农村信用社。从表2-12中可以看出，与农业银行发生贷款关系的企业资产规模较大，2家企业的资产规模均在3 000万元以上，而与农村信用社发生贷款关系的企业资产规模较小，4家企业的资产规模均小于500万元。这种情况的出现并不是样本选取的问题，这个问题在与农村信用社员工的访谈中也得到了证实，这些员工也承认，企业规模扩大之后，这种开户和信贷关系“跳槽”到国有商业银行的现象非常普遍，而原因主要是农村信用社不能满足企业发展壮大后的贷款需求和汇划结算要求，因此规模较大的企业大多转向国有商业银行。

表2-12　　贷 款 关 系

企业编号	总资产（万元）	金融机构名称	贷款总额（万元）	贷款次数（次）
02	300	农信社	73	2
03	4 563	农行	2 660	3
05	3 300	农行	2 050	2
08	500	农信社	110	2
09	120	农信社	35	1
10	450	农信社	140	2

（十二）银行等金融机构愿意贷款给本企业的原因

当问及"您认为银行等金融机构愿意贷款给贵企业的原因"时，2家企业因为当前没有贷款而未填写答案。8家企业做出了回答。可以看到，如果按照做出相应回答的企业数从大到小来排序（见表2－13），足够财产抵押和担保为第一大原因（有7家企业），其次为公司以往的信用（有4家企业）和公司规模与实力（有2家企业）。贷款用途说明与计划书、老板的为人与经营能力以及诸如经营效益等因素对企业获得贷款有一定的作用，有1家企业认为与银行的私人关系对企业获得贷款也有所帮助，但不是主要原因。

表2－13　　银行等金融机构愿意贷款给本企业的原因

银行等金融机构愿意贷款给本企业的原因是（可选择多项）	选择的企业数
公司规模与实力	2
公司以往的信用	4
足够财产抵押和担保	7
贷款用途说明与计划署	1
老板的为人与经营能力	1
与银行的私人关系	1
其他*	1

*有1家企业选择了该项，认为企业的经营效益对企业获得贷款有一定的作用。

（十三）企业难以获得金融机构贷款的因素

在问及"企业难以获得金融机构贷款的因素是什么"（最多选最重要的两项）时，有2家有贷款的企业未作回答，其他8企业作了答复。如果按照做出相应回答的企业数从大到小来排序（见表2－14），其中最重要的因素是没有合格的抵押资产（有6家企业）；其次是资信状况不符合银行要求（有4家企业）。另外有1家企业认为国家的信贷政策也是企业难以获得金融机构贷款的因素之一，1家企业认为缺乏必要的人际关系或特殊关系人也会增加企业获得贷款的难度。

（十四）贷款信用保证方式

贷款信用保证方式在上述表2－9中已经列出，从中可以看到，有贷款的6家企业中，全部是利用了厂房及设备抵押的方式从金融机构获得了贷款。

表 2-14　企业难以获得金融机构贷款的因素

企业难以获得金融机构贷款的因素有（最多选最重要的两项）	选择的企业数
融资成本过高	0
国家信贷政策	1
难以获得第三方担保	0
资信状况不符合银行要求	4
没有合格的抵押资产	6
缺乏必要的人际关系或特殊关系人	1
手续繁琐、效率太低	0
其他	0

从调查中发现，银行一般只按可抵押资产价值的70%提供抵押贷款，按可抵押设备价值的50%提供抵押贷款。企业对这种一刀切的做法有许多的意见，比如有些企业的设备属于世界上最先进的设备，而有些设备则已经十分落伍了，这样全部按50%价值发放抵押贷款明显不利于拥有先进设备的厂商。另外一方面，企业对提供产品存货质押贷款和其他质押贷款的要求比较强烈，而银行在这方面提供的服务有限。但从银行方面看，如果企业主有一定规模的个人资产，银行更愿意接受企业主一家的个人资产抵押，因为个人的借贷需要承担无限责任，较之于有限责任，银行收回贷款本息反而更有保障。

（十五）企业未来借贷需求

企业回答了“在您家和您的企业经济可承受能力下，若能任意选择，在现有利率下，是否愿意贷款?”的问题。从调查结果看，绝大多数企业有着借贷需求。有2家企业没有贷款需求，其原因为：企业04发展进入平稳阶段，暂无资金需求；企业09没有扩大规模意图，目前资金已经满足需求。另外有1家企业没有回答，其原因是是否需要资金由领导决定，目前还没有计划（见表2-15）。

从未来有贷款需求的7家企业的问卷回答来看，这些贷款需求呈现如下特点：

1. 贷款用途分别是：增加固定资产投资（3家企业），用于流动资金（销售属于流动资金范畴，有3家企业），1家企业借款用途待定。

2. 所需贷款规模一般与未来投资需求相关，企业对贷款规模的选择比较审慎，大多根据未来投资需求确定贷款规模，关注贷款的成本和收益。

表 2－15 企业未来借贷需求

企业编号	在您家和您的企业经济可承受能力下，若能任意选择，在现有利率下，是否愿意贷款？①是②否	你会贷款多少（万元）	年利率（%）	贷款期限：如果你能自由选择，你认为贷款期限多长比较合适？（月）	不借原因或者借的原因
01	①	1 500	现行	12	用于厂房购置
02	①	按需求	＜10%	12	流动资金
03	①	5 000	现行	36	增加固定资产
04	②	—	—	—	没有需求
05	—	—	—	—	是否需要资金由领导决定
06	①	450	现行	12～24	用途待定
07	①	130～150	＜8%	24～36	补充流动资金
08	①	400～500	现行	24	扩大销售
09	②	—	—	—	目前资金已经满足需求
10	①	200	现行	36	固定资产投资

3. 各企业所填写的未来所需贷款可接受的年利率大多以现行利率为准（5家企业），只有2家企业给出了具体最高可接受利率（分别为10%和8%），这两种利率也仅等于或略高于正式金融机构贷款利率。但是从企业访谈中可以得出，企业对于贷款利率并不十分关心，更关心的是贷款的可得性①。

4. 企业的未来贷款期限选择：贷款企业大多与贷款用途相关，用于固定资产投资的企业，希望贷款期限在36个月左右，即需要中长期贷款，这与其分年回收投资成本有关；而用于流动资金用途的企业，希望贷款期限为12个月，或者在长一些，这样更利于其资金周转。

（十六）企业主的民间借贷情况

在被调查企业中，只有3家企业曾经从民间渠道获得资金，其主要是通过亲友间进行资金的借贷，有1家企业通过职工入股方式筹集资金。

从企业主的访谈中，多数企业主曾经和亲友间有过资金借贷关系，但是

① 这也是为什么许多企业在回答该问题时填写现行利率的原因。

这只是私人之间的资金来往。

从3家曾参与民间借贷的企业的借款情况分析（参见上述表2-9），多数亲友间的资金借贷是无息贷款，只有少部分情况，即当亲友的资金也是从金融机构贷款得来的情况下，企业才按照金融机构贷款利息支付给亲友利息。

在问及“您是否向其他个人、民间金融组织借入过款?”时，有3家企业回答“有”，即上述3家企业，都是通过亲友间的借贷。问其原因，主要是“更方便”。

（十七）本地民间借贷总体情况

当问及“就您所知，一般情况下，当地民间（私人）借贷是否有息?”，大多企业认为亲友间的借贷是“无息”，而其他情况是“有息”。当问及“月息率最高是多少、最低是多少”是，企业回答的范围大多围绕着现行金融机构利率，最高为1分。

据调查，当地不存在“互助会”、“标会”之类的名称不一的互助会。

四、武隆县金融运作情况与货币政策环境

（一）正式信贷机构运作情况

武隆县的信贷机构主要为农业银行、建设银行、农业发展银行、农村信用社。近年来的存贷比一直在100%以上，2003年10月底存贷比为117.67%，比之前几年有所降低（见表2-16）。

企业存款占总存款的比例在24.1%左右。企业贷款（含基本建设贷款）占总贷款的比例这3年来呈下降趋势，从2000年底的66.87%降至2003年10月底的52.23%。2003年10月底企业贷款（含基本建设贷款）与企业存款的比例为255.04%。从数额上看，这一比例说明了信贷机不仅把企业存款总额用在了企业贷款，而且把更多的资金投入到企业融资当中。这与武隆县近年来的“工业富县”战略是密不可分的。但是，与2000年底企业贷款（含基本建设贷款）与企业存款的比例相比，这一比例一直是走低的趋势，

可能的解释是：随着近年来金融体制的改革，商业银行和农村信用社更加注重风险收益管理，对企业贷款的投入更加理性化了。

尽管武隆县金融机构信贷比近年来一直在100%以上[①]，然而，正如上文的分析，武隆县农村中小企业依然面临着贷款难的问题，而且农村中小企业对正式金融机构贷款有着大量的有效需求。供求之间的缺口很大。

表2-16　　武隆县全县金融机构信贷收支情况　　单位：万元

项　　目	2000年底	2001年底	2002年底	2003年10月底
各项存款余额	84 697	113 174	135 108	159 526
#企业存款	18 650	29 901	31 532	38 444
各项贷款余额	114 949	136 448	176 657	187 715
#短期贷款	69 375	68 464	78 765	79 237
其中：工业贷款	14 924	8 630	8 633	644
商业贷款	18 870	16 716	14 975	17 474
建筑业贷款	192	365	138	69
乡镇企业贷款	10 398	12 483	14 750	14 847
私营企业及个体贷款	478	413	46	16
其他短期贷款（含农业贷款）	24 514	29 857	40 224	46 187
中期流动资金贷款	9 606	9 441	8 515	9 130
中长期贷款	35 967	58 443	89 377	99 348
其中：基本建设贷款	18 512	33 457	49 403	54 917
技术改造贷款	3 888	3 285	950	950
其他中长期贷款	13 567	21 701	39 024	43 481
存贷比（%）	135.72	120.56	130.75	117.67
企业存款占总存款的比例（%）	22.02	26.42	23.34	24.10
企业贷款占总贷款的比例（%）*	66.87	62.14	55.14	52.23
企业贷款与企业存款的比例（%）*	412.16	283.57	308.92	255.04

*这里企业贷款包括其他短期贷款（包括农业贷款）之外的短期贷款、中期流动资金贷款、技术改造贷款和基本建设贷款。中期流动资金贷款中含有企业和事业单位贷款，其中事业单位贷款未剔除。基本建设贷款也称项目贷款，是指商业银行对现有企业与新建企业在进行经营性建筑、安装、工程建设过程中所需建设资金，因自筹资金不足而发放的中长期贷款。它是一种固定资产投资性贷款，主要用于能源、交通和原材料等基础工业的建设，重点支持国家重点项目、大中型建设项目。

资料来源：《武隆县统计年鉴》。

① 我们认为，存贷比在100%以上并不能说明武隆县金融机构已经对农村中小企业提供了足够的信贷供给。武隆县县域经济不发达，储蓄不足是存贷比较高的重要原因。

根据武隆县统计年鉴，2003 年 10 月底，武隆县信托贷款、票据融资余额均为零。有价证券及投资额仅为 622 万元，委托投资 120 万元。这说明，武隆县信贷机构的资金运用基本上依托普通贷款业务，其他诸如信托贷款、融资租赁、委托贷款之类的业务开展严重滞后，仅委托投资业务有所发展。

根据 2003 年 10 月底武隆县金融机构信贷收支表计算，武隆县信贷机构权益比率为 1.91%①。各家信贷机构的权益比率各有不同，建设银行为 0.8%，农业银行为 -0.8%，农村信用社较高，为 5.96%。

表 2-17 说明了武隆县金融机构② 企业信贷收支与存贷款业务市场份额情况。从存款市场占有率来看，排在首位的是农村信用社为 36.81%，农业银行略低于农村信用社，所占份额为 35.82%，建设银行所占份额为 20.45%，农发行为 0.01%。从企业贷款市场占有率来看，农业银行 43.8%，排在首位，建设银行次之，为 32.12%，农村信用社和农业发展银行分别为：15.11%和 8.96%。这说明在农村企业融资方面，农行的地位十分重要。

表 2-17　武隆县各信贷机构企业信贷收支与存贷款业务市场份额情况

	农业发展银行	建设银行	农业银行	农村信用社
各项存款	20	32 623	57 137	58 723
# 企业存款	19	12 647	25 485	293
各项贷款	9 153	35 540	81 425	61 597
# 短期贷款	9 016	5 175	9 279	55 767
其中：工业贷款		244	400	
商业贷款	8 783	3 000	5 691	
建筑业贷款		69		
乡镇企业贷款			25	14 822
私营企业及个体贷款			16	
农业贷款			1 121	34 789
其他	233	1 862	2 026	6 156
中期流动资金贷款		5 790	3 340	
中长期贷款	137	24 575	68 806	5 830

① 即所有者权益占总资产。

② 限于资料有限，这里金融机构包括：农业发展银行、建设银行、农业银行和农村信用社。

续表

	农业发展银行	建设银行	农业银行	农村信用社
其中：基本建设贷款		21 444	33 473	
技术改造贷款		950		
其他中长期贷款	137	2 181	35 333	
存贷比（%）	—	108.94	142.51	104.89
存款市场占有率（%）	0.01	20.45	35.82	36.81
企业贷款（含技术改造贷款，基建贷款，中长期流动资金贷款）（万元）	8 783	31 497	42 945	14 822
企业贷款占各项贷款的比重（%）	95.96	88.62	52.74	24.06
企业贷款市场占有率（%）	8.96	32.12	43.8	15.11

由于在县域内，其他国有商业银行一般只对较大规模企业放贷，因此，对农村中小企业的贷款融资主要依赖农行和农信社。而在农行和信用社方面，围绕企业的竞争是比较激烈的。但是，两者的竞争地位是不一样的，从当前的金融法规环境来看，农行强于信用社，这主要是因为：农行在资金实力和结算系统方面存在明显的优势。农行的总分支行在全国形成一个巨大的垂直系统，作为分支行的武隆县农行本身不必受制于《商业银行法》的存贷比率的限制，只需在农行系统内协调即可。而武隆县的农信社资源却只是在全县范围内由联社调配，联社内可支配资源有限，存贷比率限制直接影响到农信社的贷款业务规模①。这样，农行在资金实力方面显然优于农信社。在我们的调查中出现的企业规模大的企业贷款关系多与农行发生，而小规模企业的贷款关系在农信社就是例证。另外，农行本身内部具有全国范围内的结算系统，而信用社则没有。因此，企业一般也愿意在农行开户以便利往来结算和汇款。而开户行往往逐渐成为贷款行。这类问题在本次调查中也有发现。

但是，农行在农村企业金融服务市场上的发展受到了农行贷款权力上收和其他金融服务产品集权管理的影响，在这种格局基层分支行几乎没有企业

① 根据农行和农信社均必须遵守的《商业银行法》（1995 年 5 月 10 日通过、2003 年 12 月 27 日修改），商业银行贷款，应当遵守下列资产负债比例管理的规定：（1）资本充足率不得低于 8%；（2）贷款余额与存款余额的比例（即存贷比）不得超过 75%；（3）流动性资产余额与流动性负债余额的比例不得低于 25%；（4）对同一借款人的贷款余额与商业银行资本余额的比例不得超过 10%；（5）国务院银行业监督管理机构对资产负债比例管理的其他规定。

金融服务创新的空间。据对农行的调查，目前基层银行贷款权限十分有限，已无长期贷款审批权，仅短期贷款审批权限。包括：自然人贷款（住房抵押贷款）20万元以内贷款，企业增量贷款一律需要上级行审批，存量客户（AA级以上企业），可在原有贷款额度内周转贷款，审批权为800万元。但是，在贫困地区还存在这样一种情况，即对大多数基层行授予这种权限，实际上是多余的、没有意义的，因为在它们的管理范围内涉及不到相关企业。

（二）金融资源状况

为了客观反映武隆县金融资源状况，这里将重点考察两项量化指标——金融业发展程度和金融市场化程度，进一步分析武隆县农村中小企业所面临的金融环境。

1. 金融发展程度。目前较通用的、可操作性较高的衡量金融发展程度的指标主要是全部金融相关比率（total financial interrelation ratio，TFIR），其衡量公式为：

TFIR =（St + Lt）/GDP

其中，St为全部金融机构存款额（total deposits），Lt为全部金融机构贷款额（total loans）。

对武隆县1997年以来的全部金融相关比率指标进行跟踪，计算出历年的TFIR数值（见表2-18）。按照一般的划分标准，TFIR > 2.6金融发展程度较高；2.0 < TFIR < 2.6金融发展程度中等；TFIR < 2.0金融发展程度较低。由此可以判断，武隆县金融业一直处于低水平发展阶段，金融深化有待提高。

表2-18　武隆县金融系统1997~2002年TFIR统计分析表　单位：万元

年份	存款余额（S_t）	贷款余额（L_t）	S_t+L_t	GDP	TFIR
1997	54 489.7	96 145.1	150 634.8	102 256	1.47
1998	67 265.4	117 679	184 944.4	110 039	1.68
1999	74 951	126 296	201 247	119 109	1.69
2000	84 697	114 949	199 646	139 802	1.43
2001	113 174	136 448	249 622	159 307	1.57
2002	135 108	176 657	311 765	184 957	1.69

另外，通过与重庆市金融发展情况比较（见表2-19），重庆市正在步

入高金融发展阶段，在重庆市整体金融发展步入高发展阶段的情况下，武隆县的低金融发展已经成为了其经济发展的瓶颈。这从我们的调查中也可以得到相同的结论。

表 2-19　　武隆县与重庆市 1997～2002 年 TFIR 比较

年　份	重庆市	武隆县
1997	1.67	1.47
1998	1.86	1.68
1999	2.16	1.69
2000	2.38	1.43
2001	2.38	1.57
2002	2.57	1.69

2. 金融市场化程度。金融市场化程度通过金融市场化比率（financial marketization ratio，FMR），FMR 的衡量公式为：

FMR = TFIR - SOFIR

其中，SOFIR 为国有金融相关比率（state - owned financial interrelation ratio），SOFIR = （Ds + Ls）/GDP，（Ds 代表国有银行存款，Ls 代表国有银行贷款）。

表 2-20　武隆县金融系统 1997～2002 年金融市场比率 FMR 表　　单位：万元

年份	国有银行存款余额（D_s）	国有银行贷款余额（L_s）	$D_s + L_s$	GDP	SOFIR	TFIR	FMR
1997	34 992.2	80 172.8	115 165	102 256	1.13	1.47	0.34
1998	46 881.4	95 988.7	142 870.1	110 039	1.30	1.68	0.38
1999	51 790	100 981	152 771	119 109	1.28	1.69	0.41
2000	57 654	89 413	147 067	139 802	1.05	1.43	0.38
2001	76 169	99 558	175 727	159 307	1.10	1.57	0.47
2002	91 210	127 628	218 838	184 957	1.18	1.69	0.51

* 国有银行存贷款余额为全部金融机构存贷款余额减去农村信用社存贷款余额得到。

从表 2-20 可以看出，近年来武隆县金融市场化程度是在不断提高的，但是与发达地区相比（如浙江省 1998 年 FMR 指标已经达到 0.57，广东为 1.05），金融市场化程度仍有待提高。

武隆县金融深化和市场化程度较低，是构成武隆县中小企业融资难的重要原因之一。

(三) 货币政策环境

中国人民银行规定，中长期贷款利率不浮动，短期贷款利率可以在规定的幅度内浮动。中国农业银行重庆市分行据此制定了“优良客户贷款优惠利率管理意见”，实施信贷客户贷款差别化利率管理，有利于指导基层行的信贷投向优良客户和优势产业，基层行拓展优良客户有了充分的利率权限。该意见中明确了实施优良客户贷款优惠利率管理的对象和条件，指出以下8种客户——世界500强企业、市级或市分行确认的重点电力企业、国家和省级重点院校、年综合收入超过5 000万元的二级甲等以上等级的医院、中国电信、移动、联通等电信企业、大型汽车企业集团、总行直接营销的国家级农业产业化龙头企业和经总行审批的房地产优质客户——可执行人民银行规定的基准利率，或给予现行人民银行贷款基准利率基础上下浮10%以内的利率优惠。从该意见可以看出，其针对的对象主要是大型、国有、垄断企业，而对农村中小企业的贷款难问题的缓解帮助甚微，甚至对于农村中小企业的贷款有收缩趋势，这与农业银行的整体发展战略转移有关。据我们访谈的结果，1999年以来，农业银行采取逐渐放弃小客户，减少小客户贷款余额的办法，调整贷款发放结构，调整客户群体。2000年前，武隆县农业银行有企业贷款户100多户，而截至2003年10月底，现有贷款户65户，并且在营企业仅21户，44个企业近8 000多万元贷款均处于不良状况。

2003年底，经国务院批准，人民银行决定，从2004年1月1日起，在人民银行制定的贷款基准利率基础上，商业银行、城市信用社贷款利率浮动区间上限扩大到贷款基准利率的1.7倍，农村信用社贷款利率浮动区间上限扩大到贷款基准利率的2倍，金融机构贷款利率浮动区间下限保持贷款基准利率的0.9倍不变。以1年期贷款为例，现行基准利率为5.31%。扩大贷款利率浮动区间后，商业银行、城市信用社可在4.78%至9.03%的区间内按市场原则自主确定贷款利率。人民银行不再根据企业所有制性质、规模大小分别确定贷款利率浮动区间，政策性银行贷款及国务院另有规定的贷款利率不上浮。人民银行的新的利率浮动政策朝着利率市场化的方向迈进了一步，但是上述提及的存贷利差过大和金融机构治理机制问题仍然没有解决。

此外，中国人民银行决定从2003年9月21日起，提高存款准备金率1个百分点，即存款准备金率由此前的6%调高至7%，城市信用社和农村信用社暂时执行6%的存款准备金率不变。尽管这对武隆县农村信用社不产生负面影响，但这会增加武隆县农信社之外的信贷机构的运作成本。

从 2003 年 12 月 21 日起，金融机构在人民银行的超额准备金存款利率由 1.89%下调至 1.62%；法定准备金存款利率仍为 1.89%。这一举措在有限程度上有助于参加促进信贷机构扩大信贷服务。

（四）企业民间借贷的空间与政策环境

民间借贷是完全市场化的、根据风险和供求关系定价的利率，与此相比，信用社、国有商业银行的利率标准就显得非常僵化。民间借贷对正式金融机构吸取存款带了了巨大的挑战，但是，同时在正式金融机构信贷供给不足的情况下，民间借贷对农村中小企业的发展也有一定的促进作用。在武隆县，根据我们的调查，民间借贷很不活跃，仅有的民间借贷形式为亲友间的资金借贷关系，在正式与非正式信贷供给都难以满足中小企业信贷需求的情况下，必然影响县域内经济的发展。

五、结论与政策建议

在企业融资方面，我们从以上分析中提炼部分结论：

1. 武隆县企业发展的两大制约因素为：缺乏资金和过多的行政干预。

2. 企业初始资金中对正式信贷机构贷款的利用与其所有制有一定的相关性。规模较小的新建企业倾向于只利用自有资金作为其初始资金。企业对民间借贷资金的利用十分有限。

3. 武隆县民间借款形式较为单一，主要是亲友间的资金借贷，少数企业利用职工入股形式筹集资金。亲友间的借贷一般是不计利息的，只有少数情况如亲友的资金来自银行贷款时才支付与银行利率相当的利息。

4. 正式金融机构消极要求贷款抵押担保是企业贷款难的最大原因之一。企业贷款难的主要原因为：一是没有合格的抵押资产；二是资信状况不符合银行要求。调查发现，银行等金融机构愿意贷款给企业的主要原因为：一是存在足够财产抵押或担保；二是公司以往的信用好；三是公司规模与实力较大。

5. 武隆县企业贷款信用保证方式主要为厂房与设备抵押。许多其他信用保证方式没有得到充分利用，比如产品质押贷款等等。

6. 大多数企业在将来有贷款意愿和贷款需求，这些贷款目的主要是增加固定资产投资和用于流动资金。所需贷款规模一般与未来投资需求相关，企业对贷款规模的选择比较审慎，大多根据未来投资需求确定贷款规模，关注贷款的成本和收益。

7. 企业未来所需贷款可接受的年利率大多以现行利率为准或略高于现行利率，调查中发现，企业对于贷款利率并不十分关心，更关心的是贷款的可得性，因此，银行通过选择性地提高利率（即进行风险定价）扩大信用贷款供给的潜力较大。这当然不影响银行对优质客户提供优惠利率。

8. 当前信贷机构提供的贷款期限普遍太短，一般没有考虑跨年度贷款，与企业需求不匹配。实际上加大了企业的信贷办理成本，也加大了银行的信贷批准成本。武隆县企业的未来贷款期限选择大多与贷款用途相关，固定资产投资贷款期限希望在36个月左右，流动资金贷款期限希望在12个月。

9. 借入民间借贷资金的企业的情况主要是企业所获得正式金融机构贷款额只占所需资金总额的一部分，企业为此还需要借入部分民间信贷资金，或者企业在需要应急资金时，需要借入民间信贷资金，这与民间信贷灵活性强，手续简便有关。

10. 企业不借入民间借贷资金企业的情况包括：企业可以凭借其抵押资产或者担保（或部分信用）从银行获得足额贷款。或者，企业规模小，在市场拓展方面比较审慎保守，只利用自有资金运作，不利用外部资金。

从实际调查看，武隆县农村企业面对的金融环境存在着高度一致性：正式信贷机构在企业融资中处于主导作用，全县民间借贷不活跃。企业面对类似的金融环境，表现出了基本同质的企业金融行为模式，这说明调查结果就有一定的代表性。

基于上述分析，我们可以得出如下政策建议：

1. 允许农村金融机构的多样化，增加对县域经济的金融支持。当前农行和农信社是支持农村中小企业发展的主要金融机构，但是，有限的资金难以满足企业的融资需求，因此加大对农村中小企业的资金投入十分重要。然而，行政命令式的方式已经走不通，而通过农村金融机构的多样化，通过对农村金融领域引入市场竞争是有效的方式。

2. 如果允许农村金融机构的多样化，那么完全实行贷款利率市场化是可行的。在企业贷款方面，企业对利率成本并不十分敏感，企业往往更关心贷款的可得性，这样适当地根据风险确定利率是完全可行的。只有这样，也才可以使利率实现真正的市场化。

3. 信贷机构明晰产权的改革和独立于政府干预的运作有助于提高对企业有效贷款需求的程度。只有民有民营的信贷机构才有真正的所有权主体为其资本投入和回报负责，才真正关心风险定价，通过风险定价扩大信贷供给，追求利润最大化。风险定价原则是指应根据贷款的风险实行确定相应不同的利率，由此扩大贷款供给，控制贷款风险。风险定价的基础之一又是放开贷款利率。当前武隆和全国各地一样，信贷机构的国有化（或准国有化）和行政化十分严重，这会导致信贷机构倾向于采取信贷配给的方法，而不是通过风险定价扩大信贷供给的办法。后一种方法更能满足企业的有效贷款需求。一些理论认为利率市场化后，由于信息不对称造成的逆向选择和道德风险问题，风险较大的企业可能愿意以高利率获得贷款，这种贷款风险较大，因此银行有理由进行信贷配给。事实上，要解决这一问题，恰恰需要信贷机构贴近需求方去提供信贷服务。这有助于解决信息不对称问题，从而杜绝逆向选择和道德风险问题。

4. 应该建立一个正式允许民间信贷运作的规则框架，该框架必须使得民间借贷的风险最小化。建立民间借贷运作框架，至少有两条线索可寻。其一，对任何金融活动原则上均应考虑征税，可以通过税收和金融活动备案来了解民间金融信息；其二，把民间信贷的运作程序写入民法。比如，台湾省就把合会的运作程序进行了修正，写入了“民法”，其目的不是禁止民间借贷，而是维护民间借贷的正常运行，减少金融风险。

5. 不能一味把农村中小企业融资难问题推到商业银行和信用社头上，实际上建立一个全面的、跨地域的企业征信系统和加强打击逃废债行为均非常重要，造成中国国有商业银行不良贷款居高的原因有很多，其中之一是信贷机构缺乏有关客户信用的信息。而企业征信系统即有此功用。单纯凭借各地的信用网仍然不够，因为后者往往只是强调发生严重违约后的事后警戒，它一般不会向社会或者信贷机构提供有关较小违约事件的信息，而这类信息对于信贷机构甄别企业信用十分重要。

在其他金融支持或金融环境方面，我们提出如下建议：

第一，目前各大国有商业银行结算汇划系统是全国性的、自成一体，农信社则没有这样的系统，这不利于农信社对企业提供及时便利的结算汇划服务。央行系统可参照欧洲中央银行的做法，建立一套开放的快速结算汇划系统。这种系统也便于股份制商业银行开展快速结算汇划业务。

第二，国家应该消除设立社团和金融组织的障碍，允许区域性、地方性金融机构自行建立全国性或者大区性行会组织或者基于成员信用社的金融组织，无论采取会员制、股份制、合作制。农信社系统需要自己建立的全国性或者大区性行会组织或者基于成员信用社的金融组织，以取代国家管理和干预，以在内部形成合力，与其他信贷机构抗衡。这种组织的领导权不是最高级组织机构，而是基层成员信用社。这种组织之下还可以建立全国性的结算体系和存款保险体系。

第三，我国央行应该减少其规定的法定存贷利差，放开贷款利率。目前法定存款利差较大，1 年期存贷款利差达 3.33 个百分点，导致信贷机构可以坐享其成，严重依赖法定的存贷利差和信贷配给“持续经营”，而不是依靠风险定价、中介业务和混业经营，不需要依赖真正意义上的“贷款营销”或者其他提高工作效率的办法。

第三章　发达地区农村信贷市场的现状、问题及出路
——张家港案例

张家港地处苏南腹地，是中国乡镇工业的发源地之一。2002年，张家港辖区内具有19个建制镇，351个行政村，具有6 703家乡镇企业，即平均每个镇拥有353家乡镇企业，每个村拥有19家乡镇企业。乡镇企业的异军突起，打破了我国传统体制下城乡二元、工农隔离的藩篱，张家港借此走出了一条农村工业化和农村城市化的可行之路。工业的发展，提高了农民的生活水平，诱发了农村生活方式的转变，改变了以往农村以单一种植业和农业为主的经济模式。与此相适应，张家港农村金融市场的发展也十分迅速。2001年11月28日，包括张家港在内的3家农村商业银行正式挂牌成立，这不仅标志着我国农村金融体制的重大突破，而且意味我国金融体制改革的重大突破。本文的目的是，通过考察经济发达地区张家港农村信贷市场的运作现状及特点，探讨目前发达地区农村金融市场存在的问题，并找出解决问题的出路。

一、张家港农村经济发展现状及特点

（一）张家港农村经济比较发达，城乡一体化程度比较高

优越的地理位置及一流的社会经济环境使张家港经济始终保持强劲的发展势头。近几年来，张家港市国内生产总值年递增都在10%以上。2002年

全市实现国内生产总值365.02亿元，按可比价计算比上年增长17%。其中第一产业增长3.6%，第二产业增长17.6%，第三产业增长17.3%。通过比较全国、张家港全市及农村的人均国内生产总值和三大产业比例情况（见表3-1），可知张家港经济比较发达、城乡一体化程度比较高，张家港全市和农村人均国内生产总值分别是全国的5.4和3.7倍；全市和农村经济中农业所占的比重都不足6%，而全国则为14.5%。可见农业比重偏低以及工业化程度比较高是张家港在全国经济总量综合排名中名列前茅的首要原因。

表3-1　2002年全国、张家港全市及农村人均国内生产总值和三大产业比例

	人均国内生产总值（元）	三大产业比例
全国	7 997	14.5:51.8:33.7
张家港全市	42 785	2.9:60.1:37.0
张家港农村	29 397	5.9:56.5:37.5

资料来源：根据《中华人民共和国年鉴2003》、《张家港统计年鉴2002》计算获得。

（二）张家港“三农”概念已远远超出传统意义

从张家港全市农村劳动力、农村国内生产总值构成以及农村经济收益分配角度对张家港农村经济状况进行进一步的分析（见表3-2），可以得出结论：张家港“三农”概念已远远超出传统意义。农业在农村的比重不高，低于6%；农村劳动力已从农业中解放出来，76.4%的农民进入当地的工业及服务行业；在经济收益分配上，农民的收入来源有93.4%从第二产业中获得。可见工业的发展不仅促进了当地经济的发展，而且给农民的生活带来的翻天覆地的变化。使张家港成为中国东部地区最具代表性的新兴工业城市之一。

表3-2　2002年张家港全市农村劳动力、农村国内生产总值构成以及农村经济收益分配

单位：%

三大产业	农村劳动力构成	农村国内生产总值构成	农村经济收益分配
第一产业	23.6	5.9	2.4
第二产业	54.8	56.5	93.4
第三产业	21.6	37.5	4.2

资料来源：根据《张家港统计年鉴2002》计算获得。

（三）张家港工业发展情况

根据张家港市统计局的统计，2002年，张家港全年共实现工业总产值

820.8亿元，相对于上年同比增长21%，其中市属工业企业工业总产值为298.9亿元，同比增长36%，农村工业企业工业总产值为521.9亿元，同比增长13%；全部国有及年销售500万元以上工业企业（下简称规模以上工业）工业总产值为621.9亿元，同比增长24%，其中农村工业总产值为330.6亿元，同比增长21%（见表3-3）。值得注意的是，张家港农村工业企业工业总产值，无论在全部工业企业还是全部国有及规模以上工业企业的总产值中占据主导地位；其产值所占比重分别为63.6%和53.2%。

表3-3　　2002年张家港工业发展状况

	全部工业企业		国有及规模以上工业企业	
	工业总产值（亿元）	年均增长率（%）	工业总产值（亿元）	年均增长率（%）
市属	298.9	36	291.4	28
农村	521.9	13	330.6	21
合计	820.8	21	621.9	24

资料来源：根据《张家港统计年鉴2002》计算获得。

注：规模以上工业企业指销售收入500万元以上的工业企业。

张家港的市场化改革以及以产权制度改革为核心的企业改革起步都比较早，到2000年底，全市先后有2 800多家企业改制成股份有限公司、有限责任公司和私营企业。此外，还有1 600多家股份合作制企业完成“二次改制”，公有资本大部分已从竞争性行业退出，现在，全市工业总资产中，公有资本由原来的70%下降为23%，个人资本为42.3%，外商资本为29.7%，其他资本为5%，全市工业经济结构和资产结构基本形成了多元化、多种经济成分共同发展的格局（陈建生等，2001）。

二、张家港农村信贷市场运作状况和特点

金融是现代经济的核心，张家港农村经济的高速发展，必然与当地农村金融市场强有力的支撑息息相关。

（一）在张家港农村，银行等信贷机构密度与结构接近国外水平

通过信贷服务机构的人口覆盖率和企业覆盖率两个指标的国际比较，可

见，张家港市农村信贷机构密度已接近国外水平。张家港市农村每千人拥有0.20家银行等信贷机构，与美国0.27，英国0.28家相比差距很小；在企业覆盖率上也已超过美、德水平（见表3－4）。

表3－4　　张家港农村与国外信贷服务机构覆盖率比较

国家或地区	人口1997年（万人）	企业调整数（万户）	银行数（含分支）（户）	银行数（含分支）/千人	银行数（含分支）/千户企业
美国	26 790	1 364	72 654	0.2711	3.30
英国	5 901	0.62	16 649	0.2821	—
德国	8 206	179	44 011	0.5363	13.75
意大利	5 752	—	24 040	0.4180	44.52
中国	129 533	642	74 374	0.0574	9.26
张家港	584 805①（人）	6 703②（户）	117	0.2001	17.45

数据来源：国外及中国数据引自国家计委经济研究所财政金融研究室课题组：《我国货币政策信贷传导渠道存在的问题及其解决思路》，《经济研究参考》2003年第13期；《张家港统计年鉴2002》。

从横向比较来看，截至2002年末，张家港全市有银行机构295家，其中农村有银行机构117家，占比为40%；值得一提的是：农村商业银行（包括支行机构和分理处机构）有83家，占农村全部银行机构的比重为71%；若以美国小型信贷服务机构占全部信贷金融机构的75%（国家计委经济研究所财政金融研究室课题组，2003）为标准，71%这一数字显然非常完美③。可见张家港市农村商业银行网点多，这对于满足农村的金融服务来说是一大优势。

（二）信贷市场状况

如前所述，随着张家港市场化改革以及以产权制度改革为核心的企业改革的推进，全市工业经济结构和资产结构基本形成了多元化、多种经济成份共同发展的格局。这为金融的发展提供了广阔的市场空间，同时也吸引了众多金融机构的参与，信贷市场的竞争非常激烈。在2001年末农村商业银行

① 张家港2002年各镇（场）乡村人口总人数。

② 根据《张家港统计年鉴2002》，分镇社会经济情况中所统计的乡镇企业个数汇总得出。

③ 由于张家港农村商业银行是在2001年底，在以县（市）为单位对农村信用社实行统一法人的基础上，经股份制改造试点后组建而成的，与中国农业银行等信贷金融机构相比，显然属于小型信贷服务机构。

成立之前，除了农业发展银行、中国农业银行、邮储的分支机构和农村信用社外，交通银行也已进驻张家港农村信贷市场。这些银行金融机构在2001年和2002在全市信贷市场中所占据的份额以及存贷款增长情况如表3-5和表3-6所示：

表3-5　　2001年张家港信贷市场情况

单位名称	存款市场份额	贷款市场份额	各项人民币存款余额（万元）	比年初增长%	各项人民币贷款余额（万元）	比年初增减%
工商银行	0.16	0.19	418 163	26.81	301 052	27
农业银行	0.25	0.27	635 765	22.54	422 118	3.47
中国银行	0.14	0.12	358 530	22.11	178 791	19.53
建设银行	0.15	0.14	374 788	11.67	210 033	15.42
交通银行	0.06	0.05	143 373	14.02	72 873	22.14
农村信用合作社	0.21	0.22	539 583	28.32	340 866	18.14
农业发展银行	0.00	0.02	366	-32.35	28 902	4.54
邮政储蓄	0.04	—	90 388	20.12	—	—
合　计	1.00	1.00	2 560 945	21.96	1 554 635	14.95

资料来源：根据《张家港统计年鉴2001》、《张家港统计年鉴2002》计算获得。

表3-6　　2002年张家港信贷市场情况

单位名称	存款市场份额	贷款市场份额	各项人民币存款余额（万元）	比年初增长%	各项人民币贷款余额（万元）	比年初增减%
工商银行	0.16	0.18	500 503	19.63	429 660	48.15
农业银行	0.25	0.32	794 846	25.02	740 889	75.52
中国银行	0.14	0.13	441 957	23.27	303 846	69.94
建设银行	0.14	0.13	442 102	17.96	303 851	44.67
交通银行	0.06	0.03	179 139	24.95	77 780	6.73
农村商业银行	0.21	0.19	652 281	20.89	438 725	28.71
农业发展银行	0.00	0.02	1 488	306.56	46 340	60.33
邮政储蓄	0.04	—	127 827	41.44	—	—
合　计	1.00	1.00	3 140 143	22.61	2 341 091	51.66

资料来源：根据《张家港统计年鉴2001》、《张家港统计年鉴2002》计算获得。

从表3－5和表3－6可以发现，张家港农业银行和农村信用合作社(2001年底改制为农村商业银行）在张家港信贷市场中占据着绝对的优势。在存款市场上，仅农业银行一家就占据1/4的市场份额，其次是农村信用合作社（2001年底改制为农村商业银行)，占据1/5略强；在贷款市场上，这一格局几乎不变，农业银行和农村信用合作社（2001年底改制为农业商业银行）占据贷款市场的半壁江山。同时，全市各项人民币存款与年初相比增长率比较稳定，保持在22%左右；而贷款增长率波动较大，从2001年的14.95%变动为2002年的51.66%。

截至2003年6月底，张家港市各家商业银行按“五类分级”口径统计，后三类不良资产的总额为196 327亿元，占比为5.88%；农行和农村商业银行的比例分别为5.69%和4.71%；而按“一逾二呆”(逾期贷款、呆滞、呆账）口径计算，不良贷款余额为138 629亿元，不良率为4.15%，农行和农村商业银行的不良率分别为3.11%和4.52%。总体来说，农村银行等信贷机构不良贷款比率较低，资产结构较合理（见表3－7)。

表3－7　　2003年6月张家港市各商业银行不良资产情况统计表　　单位：亿元

单位名称	后三类	占比（%）	一逾二呆	占比（%）
工商银行	58 330	10.42	39 084	6.98
农业银行	6 123	5.69	33 488	3.11
中国银行	20 735	3.53	19 410	3.31
建设银行	19 486	4.54	20 971	4.88
交通银行	10 251	9.41	436	0.4
农村商业银行	26 295	4.71	25 240	4.52
合　计	196 327	5.88	138 629	4.15

（三）张家港市金融机构对乡镇企业和农业贷款的情况

张家港市属于县级市，从总体上说，全市的企业除部分三资企业及民营企业外，绝大部分属于乡镇企业，目前这些企业通过转改制，已逐步改制为股份制企业。截至2003年8月末，全市乡镇企业贷款余额达732 750万元，占全市各项人民币总额的23.67%。由于农业在张家港市国民生产总值中所占的比重较小，因此农业贷款总体上量不大。截至2003年8月末，全市农业贷款余额65 247万元，占全市各项人民币总额的2.11%，这些农业贷款绝大部分是由农村商业银行和农业银行发放的。

三、张家港农村商业银行改革的贡献

伴随着中国社会经济体制改革的进行，自20世纪80年代初以来，我国农村信用社经历了一系列重要的改革历程。从恢复农村信用社“三性”、扩大自主权、与农业银行脱钩到最近的农村信用社的股份制改造，每项措施的推出，都试图打破原有格局，使农村信用社焕发出新的活力。在20余年的改革实践中，改革的重点大部分放在增强农村信用社的活力和提高经济效益方面，而忽视了农村信用社体制的自我创新，特别是高效治理结构的构建和有效治理机制的完善。因此，以前的一系列改革始终没有从根本上使农村信用社走出困境。2001年11月底，农村商业银行的正式挂牌成立，无疑是对我国农村信用社改革思维的一次突破和创新。经过二年多的运行，改革成效已初步显现。

（一）产权清晰、相互制衡、相互监督的法人治理框架正在逐步建立和完善之中

农村商业银行主要是在原有农村信用社的基础上，经充分的可行性论证，清产核资和评估，按照发起方式募集资金而设立，由辖内农户、个体工商户、企业法人和其他经济组织自愿入股组成，产权更加清晰。如组建后的张家港市农村商业银行股本金为8 800万，法人股为1 600万，占总股本的18.18%，共有12个法人股，最大的股本为420万；自然人股为7 200万(包括银行职工，职工股共2 160万)，占总股本的81.82%。在此基础上成立了一套包括股东大会、董事会、监事会在内的组织机构；实行了董事长、监事长、行长“三长分设”；所有权、经营权、监督权、“三权分立”；由董事会决策、行长室经营的管理模式。这表明产权清晰、相互制衡、相互监督的法人治理框架正在逐步建立和完善之中。

（二）改制重塑了农信社的自身形象，提高了客户对它的认知度

农村商业银行是在原有农村信用社的基础上，通过股份制改造组建而成，较之农村信用社具有了新的管理和运行机制，因此具有更规范的企业形象；另一方面，面对来自国有商业银行以及其他股份制银行的竞争压力，为

了赢得广大客户的认同和信任，农村商业银行更加注重服务意识和服务质量的改善和提高，不仅为自己赢得了信誉更提高了客户对它的认知度。

（三）经济效益和抗风险能力大大提高

其一，由于在股份制改造过程中，通过清产核资、增资扩股，农信社不仅消化了历史包袱，而且提高了资本充足率；其二，由于改制后农村商业银行比信用社具有更规范的法人治理结构、内控机制以及约束机制，因此可以更加有效降低来自日常经营活动的风险。综上所述：资本实力的大大加强以及经营管理的更加规范使得农村商业银行发展速度全面加速，整体抗风险能力大大提高。截至2003年6月末，张家港农村商业银行存款余额和贷款余额分别比组建时增长53.28%、75.44%；不良贷款率比组建前下降了8%；组建农村商业银行前后共核销呆账贷款3.32亿元；资本利润率为13.39%；贷款综合收息率97.96%；资本充足率达到6.02%。

四、存在的问题

尽管苏南三市农村信用社通过股份制改造，已显示出初步的成效。但由于认识上的不足，实际工作中的缺陷和客观条件的限制，农村股份制改造试点工作离预期目标还有一定的差距。通过改制建立起来的公司治理结构只是一个形式上的框架，其内部并没有形成真正体现现代企业制度内涵的运作机制，农村商业银行存在“行政化运作、法律地位模糊、外部治理强硬、内部治理不足”等等问题。

（一）农村商业银行仍然留有“行政化运作”色彩

首先，从制度变迁的角度来看，农村商业银行的改制，是一个政府主导下的强制性制度变迁过程，政府在政策制定、模式选择、具体操作等方面，都处于绝对主导地位。其次，表现为股东控制机制的行政化。人民银行南京分行，在题为《创建新模式、构建高平台》（2003）的文章中指出，股东大会的股东代表按乡镇选举产生，而没有按“一股一票制”的原则进行操作，因此不能代表多数股权，从而大部分股东的利益不能得到充分体现；农村商业银行最高管理层（董事长、行长、监事长）均由原农村信用社领导班子产生；在股权设置上，最大股东是代表地方政府意志的市属公有资产公司。这些都为地方政府对农村商业银行进行行政干预提供了方便。一旦政府与农商行两者利益存在冲突，政府可能的干预必然使农村商业银行的经营行为脱离合理化、市场化的运行轨道，从而具有行政化色彩，最终可能落入“改制”而未“转制”的陷阱。

（二）农村商业银行“法律地位模糊”，在我国现行的法律体系中没有明确的主体地位

从理论上说，《中华人民共和国商业银行法》和《中华人民共和国公司法》是农村商业银行运作的基本法律依据，然而，在江苏的改革试点中，所依据的法律法规缺乏统一性。为规范农村商业银行经营行为，人民银行南京分行专门制定了《江苏省县（市）农村商业银行管理暂行办法》和《江苏省县（市）农村商业银行示范章程》。在两个规范性文件中，有关风险控制要求等规定依据的是《商业银行法》，但有关机构设立、股权设置、管理架构等规定又脱离了《商业银行法》，具有一定的随意性。《商业银行法》第十七条规定：“商业银行的组织形式、组织机构适用《中华人民共和国公司法》的规定。”但在人民银行的政策性文件中，有关农村商业银行的机构设立条件之一，即关于发起人的数量要求（不少于1 000人），以及董事长、副董事长、行长的任期（最长不超过9年）等规定，在《公司法》中都找不到法律依据。这实际上体现了农村商业银行在我国现行的法律体系中尚没有明确的主体地位（褚保金，陈涤非，2003）。

（三）“强硬的外部治理”，制约了农村商业银行的发展

由于对农村信用社进行股份制改造尚处于尝试和探索阶段，而且对农村商业银行的市场定位、组织机构、业务范围等缺乏规范的法律、法规，使得农村商业银行面临来自人民银行及省联社的“强硬治理”。主要表现在对农村商业银行的业务和机构的市场准入实施了严格的限制政策。首先，在业务扩展方面，仍未摆脱原农村信用联社的操作模式。除了原有员工的素质和能力跟不上发展所需外，另一个原因是没有国有商业银行的相对独立性，不能自动获得《商业银行法》赋予商业银行的全部业务范围，如要增加业务品种，需逐一报经人民银行审批。其次，在市场准入方面，由于存在严格的市场准入限制政策，农村商业银行的经营活动局限在所在县级市，限制了其跨

区域进行竞争的程度，最终必然增加农村商业银行的经营成本、对其发展造成不利影响。

（四）农村商业银行现行运作机制不能真正体现现代企业制度内涵，导致“内部治理不足”

现代企业制度，本质上是建立以股份制为特征的规范的公司制度，以产权清晰、产权结构多元化为基础，并在出资者所有权和法人财产权相分离的前提下，以法人治理结构为核心的微观企业制度。同时在企业内部建立起权责明确、监督和激励机制完善、科学决策的相互制衡的组织机构与制度安排，使企业经营行为合理化、市场化（李维安等，2002）。当前农村信用社股份制改造主要面临如何明晰产权，以及如何构建具有我国特色的治理结构模式问题。具体包括银行内部股权的设置、分权与制衡、监督与激励等等机制的建立与完善。

1. 从股权的设置看，以张家港为例，原来信用社的股东数超过 2 万多户，现在已经减少到了 1 700 户，股东个数已经有了大幅度减少。组建后的张家港市农村商业银行股本金为 8 800 万，法人股为 1 600 万，占总股本的 18.18%，共有 12 个法人股，最大的股本为 420 万，占总股本的 4.77%；自然人股为 7 200 万（包括银行职工，职工股共 2 160 万），占总股本的 81.82%，相对而言自然人股东显得过多，这势必会造成股权结构的高度分散化，高度分散化的股权结构会对公司经营造成不利的影响。首先，最直接的影响是股东无法在集体行动上达成一致；其次，容易造成对银行经营者监督的弱化，在股权结构分散化的情况下，大量的、持有股权数量微不足道的小股东有一种“搭便车”的自然倾向，他们因为无法左右银行的经营行为而失去参与公司决策和对高层管理人员进行监督的积极性；最后，分散的股权结构，使得股东处于被机会主义行为损害、掠夺的风险之下。

2. 从分权和制衡的角度分析，尽管农村商业银行已成立了一套包括股东大会、董事会、监事会在内的组织机构；实行了董事长、监事长、行长“三长分设”；所有权、经营权、监督权、“三权分立”；由董事会决策、行长室经营的管理模式，但在实际运行上，由于“三长”来自于原信用社领导班子，传统管理方式和决策模式在短期内不易改变。另一方面，由于相关制度尚不健全或难以落实，极易产生“三长”职责不清、分工不明、约束机制虚化的情况。

3. 在监督与激励方面，由于前面已述及股权的高度分散易造成对银行经营者监督的弱化，下面主要针对激励机制进行讨论。由于经营管理层持股比例较低，在收入分配上仍旧没有摆脱平均主义的影子，激励效应十分有效，经理人的报酬与银行的长期利益没有挂钩，从而无法避免经理人的短期行为与道德风险。

五、出　　路

（一）明确职能界定、有效分离支配所有权和收益所有权，减少行政干预

中国政府对农村信用社进行股份制改造的目标是因地制宜改善农村金融服务，以此来促进农村经济发展、增加农民收入。实现这一目标的关键在于：政府和农村金融机构在明晰各自职能的基础上，各司其职，减少政府的行政干预。因此，首先必须明确政府的职能主要在于创造一个有助于农村金融成长、壮大和公平竞争的环境。而不应介入金融机构的经营活动，让农村金融体系自行实现市场化的资源配置。同时，应将农村商业银行定位于盈利性的经济组织，以利润为最终经营目标，并按照商品经济的原则和价值规律的要求从事经济活动。另一方面，解决地方政府控制农村商业银行的经营决策，使银行自主权受到压制行为问题的关键在于：支配所有权和收益所有权的有效分离。传统的国有制存在着支配所有权过度强化、收益所有权过度弱化的机制，即不注重收益权的实现、过度侵占企业经营支配权，这是国家与企业难以有效分离的关键原因（李维安，1995）。因此，为有效减少政府的行政干预，一方面要明确界定各自的职能；另一方面要选择一种合理的方式将支配所有权和收益所有权进行有效分离。

（二）赋予农村商业银行明确的法律地位，加快农村商业化金融的立法工作

名正则言顺，只有在法律上给与农村商业银行一个明确的法律地位，它才能获得应有的权利保障。为此，应加快农村商业化金融的立法工作，制定相应的法律、法规以明确农村商业银行作为股份制商业银行的主体地位，并

根据农村商业银行的实际，对组织机构、业务范围、职能等事项以法律的形式加以明确，使其在以后的发展过程中做到有法可依、有章可循。

（三）对人民银行的监管制度进行创新，适度“软化外部治理”

农村商业银行是在农村信用社基础上经股份制改造而成的，本质上是我国农村金融改革的一次体制创新，因此人民银行对它的监管也应该随之进行创新，应将农村商业银行与国有商业银行及其他股份制商业银行等同看待，避免走入监管农村信用社的老路。尊重农村商业银行的“商业性”和“独立性”，适度“软化”对其的外部治理，逐步放松其业务和机构的市场准入管制，增强其经营活力和市场竞争力。

（四）按照现代企业制度的要求建立农村商业银行运行机制

按照现代企业制度的要求，对农村商业银行的产权制度进行更深层次的改革，完善其法人治理结构。产权结构不仅影响企业的经营绩效，也对其治理结构和治理效率产生重要影响。良好的股权结构是所有者对经营者制衡的权力基础，并能够对经营者进行有效的监督和激励。因此，首先，必须调整产权结构，适当集中股权。有专家建议：鼓励股权份额过小的自然人股东进行股权转让，适当提高单个自然人和单个法人的持股比例上限，取消自然人持股总比例的低限要求，允许形成相对控股股东。这是增强股东利益相关性和监督意识所必需的（褚保金，陈涤非，2003）。其次，在分权和制衡上，建立权力制衡的约束机制，制定切实可行的相关制度，对“三长”（董事长、监事长、行长）职责进行清晰的界定、明确的分工，确保约束机制规范化、制度化。同时，在“三长”的任命上，可以推行董事长、监事长由大股东担任和选派，行长则实行招聘的制度，以避免“几套班子，一班人马”，高级管理层领导原班人马不变现象的出现。最后，在监督和激励机制方面，建立权责对称的有效激励机制。实践表明，与业绩挂钩的变动薪酬要占高层管理人员总薪酬的相当比重，才能达到激励效果；高级管理人员薪酬机制必须建立在一整套关键业绩指标考核体系基础之上，薪酬机制要与企业的整体战略目标一致，这样才能保证薪酬激励效果的最大化。针对经营管理层持股比例较低，权责不对称的情况，改革收入分配制度，适当拉开收入分配差距，尤其要提高高级管理人员的工资水平，建立个人利益与银行利益相互挂钩的机制，从而避免经理人的短期行为和道德风险。

参考文献

1. 褚保金等:《我国农村商业银行改革的几个问题》,《金融与保险》2003 年第 10 期。

2. 国家计委经济研究所财政金融研究室课题组:《我国货币政策信贷传导渠道存在的问题及其解决思路》,《经济研究参考》2003 年第 13 期。

3. 何广文等:《论农村信用社制度创新模式和路径选择》,《中国农村信用合作》2003 年第 8 期。

4. 何广文等:《农村金融体制缺陷及其弥补的路径选择》,《中国农村信用合作》2004 年第 8 期,第 23 ~ 25 页。

5. 何羚等:《农商行的第一次尝试——张家港市农村商业银行调查》,《中国经济时报》2002 年 6 月 4 日。

6.《加快组建区域性农村商业银行步伐》,《中国经济快讯周刊》2002 年第 10 期。

7. 李维安等著:《现代公司治理研究——资本结构、公司治理和国有企业股份制改造》,中国人民大学出版社 2002 年版。

8. 刘彩娜:《农村商业银行诞生》,《中华工商时报》2002 年 4 月 17 日。

9. 南京农业大学课题组:《改革中求发展:农村信用合作社股份制改造个案研究》,《金融研究》2002 年第 2 期。

10. 人民银行南京分行:《创建新模式、构筑高平台》,《中国农村信用合作社》2003 年第 9 期。

11. 吴静等:《对江苏省三家农村商业银行运作情况的实证研究》,《中国农村信用合作社》2003 年第 10 期。

第四章　浙江省兰溪市农村金融机构运行状况分析

一、兰溪市经济发展基本情况

2002 年，浙江省兰溪市国内生产总值 800 961 万元，其中，第一产业增加值 73 049 万元，占兰溪市 GDP 的 9.1%，第二产业增加值 466 353 万元，占 58.2%，第三产业增加值 261 559 万元，占 32.7%，相对于二三产业而言，农业对兰溪市的 GDP 贡献不大，二三产业的发展拉动了兰溪市 GDP 的增长。兰溪市下辖 3 个街道、10 个镇和 12 个乡，除朱家乡 2002 年的工业产值低于农业产值外，其余 24 个乡镇（街道）的工业产值均高于农业产值，充分说明兰溪市是一个以工业发展为主的城市。

同期，兰溪市的农、林、牧、渔业总产值达到了 125 177 万元，比上年增长 9.44%，其中，渔业产值 23 569 万元，占 18.8%，比上年增长 71.52%，牧业产值 39 997 万元，占 32%，增长 7.62%，种植业产值59 401 万元，占 47.5%，仅比上年增长 1.46%，林业产值 2 210 万元，占 1.8%，出现了 26.55%的负增长。可见，在农林牧渔业中，种植业仍占了相当比重，但增长速度较慢，渔业产值的增长速度最快，发展势头明显。

2002 年，兰溪市农村实有劳动力共 34.19 万人，较上年增长 4.08%，其中，农林牧渔业劳动力 18.49 万人，占农村劳动力总数的 54.1%，比上年减少 7.6%，工业劳动力 4.57 万人，占 13.4%，较上年增加 7.53%，建筑业劳动力 1.66 万人，占 4.86%，比上年增加 12.16%，从事交通运输、批发餐饮等第三产业的劳动力 8.25 万人，占 24.1%，较上年增长 15.4%。兰溪市农村劳动力仍以从事第一产业为主，但从业人员已逐步向二三产业转移，二三产业的从业人员数量增长较快。

二、兰溪市金融机构概况

1999年以来，兰溪市金融机构数量明显减少，由104家减少到了76家，各类金融机构共缩减网点28个，其中，农业银行的机构收缩行为最为明显，网点数量由1999年的19个锐减至2003年的9个，缩减了一半以上的机构网点。截至2003年，兰溪市共有各类金融机构网点76个，其中，农村信用社42家，占金融机构总数的55.3%，农业银行机构网点9个，仅占11.8%。在四大国有商业银行中，农业银行与工商银行、建设银行在网点设置数量上相差无几，作为农村金融机构的作用正在弱化（见表4-1)。

表4-1　　1999~2003年兰溪市金融机构数量

机构 年份	人民银行	工商银行	农业银行	中国银行	建设银行	商业银行	农业发展银行	农村信用社	合计
1999	1	10	19	9	11	5	1	48	104
2000	1	9	16	7	10	5	1	44	93
2001	1	8	13	6	10	5	1	43	87
2002	1	8	10	5	8	4	1	42	79
2003	1	7	9	4	8	4	1	42	76

2002年，金融机构各项存款余额440 900万元，比上年增长15.9%，其中企业存款108 927万元，增长11.3%，储蓄存款288 633万元，增长17%，农业存款26 431万元，增长25.7%；各项贷款余额344 409万元，较上年增加24.8%，短期贷款余额264 135万元，较上年增加19.4%，中长期贷款余额60 112万元，较上年增加50.9%。

在短期贷款中，乡镇企业贷款和工业贷款所占比重明显高于农业贷款，农副产品贷款和建筑业贷款所占比重较小，但建筑业贷款增长速度最快，私营企业及个体贷款增长速度也高于农业贷款增长速度，商业贷款和农副产品贷款出现了负增长。其中，工业贷款56 906万元，占短期贷款余额的21.5%，比上年增加15.4%，乡镇企业贷款65 749万元，占24.9%，比上年增加35.5%，农业贷款36 013万元，占13.6%，比上年增长19.8%，建筑业贷款10 699万元，占4.1%，是2001年的1.6倍（见图4-1)。

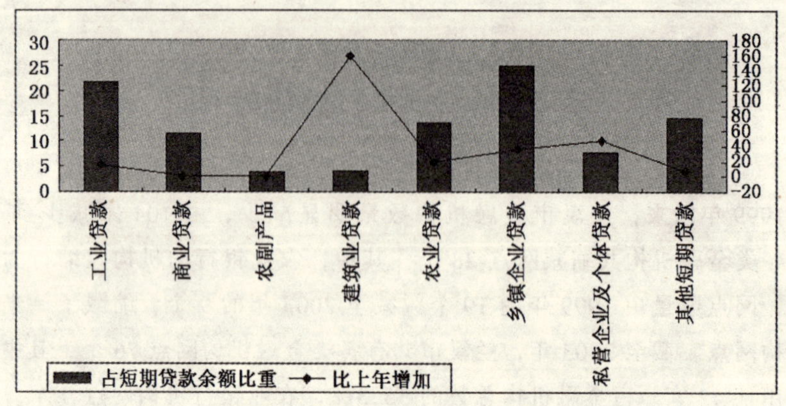

图 4-1 2002 年金融机构短期贷款余额构成及增速

截至 2003 年 7 月末，全市金融机构各项存款余额 568 471 万元，比年初增加 127 571 万元，增长 28.93%，其中，企业存款余额为 175 527 万元，比年初增加了 66 600 万元，增长 61.14%，居民储蓄存款余额为 330 877 万元，比年初增加 42 244 万元，增长 14.64%；各项贷款余额 437 151 万元，比年初增加了 92 648 万元，增长 26.89%，短期贷款余额 319 015 万元，比年初增加 54 877 万元，其中农业贷款余额 51 403 万元，比年初增加 15 390 万元，中长期贷款余额 94 172 万元，比年初增加 33 968 万元。

三、兰溪市农村金融发展现状

（一）兰溪市农村金融领域市场化发育水平较高

与 2001 年相比，2002 年全国金融深化度、全国农村金融深化水平、兰溪市金融深化及农村金融深化水平都在不断提高（见表 4-2）。2002 年，兰溪市农村金融深化度为 49.3%，比 2001 年的 42.2%增长了 7.1 个百分点，农村金融深化水平不仅高于全国的农村金融深化水平，也高于兰溪市金融领域深化水平，表明兰溪市农村金融领域的市场化发育程度较高。

（二）兰溪市农村信用联社发展现状

浙江省兰溪市信用联社位于浙江中西部重镇兰溪市，下辖 2 个营业部、

表 4-2　　　　　　金融深化度的测算

	2001 年	2002 年
国内生产总值（亿元）	95 727.9	103 553.6
金融机构贷款（亿元）	112 314.7	131 293.93
金融深化度（=金融机构贷款/国内生产总值；下同）	117%	127%
农业 GDP（亿元）	15 411.8	16 117.3
农业贷款（亿元）	5 711.5	6 884.58
农村金融深化度	37.1%	42.7%
兰溪市国内生产总值（亿元）	72.3	80.1
金融机构贷款（亿元）	27.6	34.4
兰溪市金融深化度	38.1%	43.0%
兰溪市农业 GDP（亿元）	7.1	7.3
农业贷款（亿元）	3.0	3.6
兰溪市农村金融深化度	42.2%	49.3%

8 个信用社、42 个营业机构服务网点遍布全市城乡，现有员工 369 人，其中专业技术人员 290 人，占比 78.9%。截至 2003 年 6 月，全市各项存款余额达 150 290 万元，比年初增加 22 173 万元，增幅为 17.3%，同比多增 6 008 万元；各项贷款余额 117 460 万元，比年初增加 17 428 万元，比去年同期的 13 676 万元，增加 3 752 万元；存贷比例 78.16%，资金运用率 98.96%，不良贷款余额 11 650 万元，比年初下降 225.6 万元，占比 9.92%；税前利润达 -27.7 万元。

1. 全省来看，兰溪市农户小额信贷金额小、覆盖率低（见表 4-3）。截至 2003 年 6 月末，浙江省共有农村信用社联社 81 家，其中，重点推进型联社 52 家，一般推进型联社 18 家，选择推进型联社 11 家。兰溪市农村信用社联社作为浙江省的一家重点推进型联社，下辖法人社 9 个，农户 177 100 户，各项贷款余额 117 460 万元，其中，农户贷款 32 564 万元，涉及农户 14 626户，户均贷款 2.23 万元。累计发放农户小额信用贷款 6 199 万元，涉及农户 14 626 户，户均小额信用贷款 4 200 元，其中，仅 1 208 户农户获得了小额信用贷款，占 8.26%，农户小额信用贷款占农户贷款余额的 19.04%。

表 4－3　　2003 年 2 季度浙江省农村信用联社农户小额信用贷款推进情况表

单位：个、户、万元

联社名称			兰溪	金华城区	最高	最低
辖属法人数			9	11	24	6
辖内农户数			177 100	232 500	293 049	8 093
各项贷款		本年累放	78 539	136 840	383 357	13 309
		期末余额	117 460	195 541	335 987	21 060
农户贷款	本年发放	农户数	18 192	8 876	114 694	1 798
		金额	24 352	24 980		
	期末贷款	农户数	24 504	17 211		
		余额	32 564	32 773		
其中：农户小额信用贷款	开办社数		9	10		
	最高限额		1	1	20	0.5
	本年发放	农户数	12 409	3 937		
		金额	5 716	2 013		
	期末贷款	农户数	14 626	7 856		
		余额	6 199	2 190		
年初至季末农户小额信用贷款支持面%		上年度	7.35	3.65	34.78	0.00
		本期	7.01	1.69	49.34	0.19
季末农户小额信用贷款覆盖面%		年初	5.64	2.71	42.50	0.08
		期末	8.26	3.38	47.58	0.54
年初至季末农户小额信用贷款累放结构占比%		上年度	13.24	5.97	28.50	0.04
		本期	23.47	8.06	35.22	1.04
季末农户小额信用贷款余额结构占比%		年初	8.54	2.56	26.23	0.08
		期末	19.04	6.68	31.49	0.72

截至 2003 年 6 月末，金华城区信用联社辖属法人社共 11 个，辖内农户数达到 232 500 户，各项贷款余额 195 541 万元，其中，农户贷款 32 773 万元，从总量上看，这些贷款指标均高于兰溪市农村信用联社，但从结构上看，与兰溪市信用联社比，金华城区农户贷款在全部贷款中所占比重较低，小额信用贷款总量少、农户覆盖面低，户均贷款额度稍高。2003 年 6 月末，金华城区农户贷款仅占各项贷款余额的 16.8%，低于兰溪市的 27.7%，农户小额信用贷款为 2 190 万元，仅占农户贷款总量的 6.68%，小额信用贷款覆盖面仅为农户总数的 3.38%，小额信用贷款户均额度 2 800 元，低于兰溪

市的 4 200 元，但金华城区的户均贷款额度为 1.90 万元，高于兰溪市的 1.33 万元。表明，金华城区的农村信用联社的资金非农化倾向强于兰溪市农村信用联社。

从全省范围看，兰溪市信用联社主要呈现“四低”：一是机构密集度低。浙江省信用联社中，联社所辖法人数最多的达 24 个，最低的也有 6 个，而兰溪市只有 9 个，接近最低水平；二是农户小额信用贷款最高限额低。浙江省联社中的小额信用贷款最高限额为 20 万元，最低限额为 0.5 万元，兰溪市小额信用贷款最高限额与浙江省的最高水平相去甚远；三是小额信用贷款覆盖面低。截至 2003 年 6 月末，浙江省信用联社中，小额信用贷款覆盖面最高的可达 47.58%，兰溪市的小额信用贷款覆盖面远远低于这一水平；四是小额信用贷款占农户贷款的比重偏低。浙江省的这一指标最高为 31.49%，兰溪市与之相差 12.45 个百分点（见表 4－4）。

表 4－4　　兰溪市农村信用联社贷款结构表　　单位：元

项目		2001 年	2002 年
短期贷款	短期农户贷款	97 720 863.00	142 283 640.00
	短期农业经济组织贷款	54 094 300.00	64 309 400.00
	短期农村工商业贷款	187 003 300.00	212 106 500.00
	短期其他贷款	88 742 080.00	111 759 850.00
	农户小额信用贷款	5 589 181.00	15 853 844.11
	农户联保贷款	9 336 899.00	15 770 700.00
	合　计	442 486 623.00	562 083 934.11
中长期贷款	中长期农户贷款		
	中长期农业经济组织贷款	220 000.00	190 000.00
	中长期农村工商业贷款	3 000 000.00	2 000 000.00
	中长期其他贷款	360 000.00	555 000.00
	合　计	3 580 000.00	2 745 000.00
	助学贷款	2 323 559.00	3 661 400.00
抵押贷款	抵押农户贷款	2 265 995.00	5 118 000.00
	抵押农业经济组织贷款	9 571 000.00	8 763 000.00
	抵押农村工商业贷款	148 621 600.00	182 253 000.00
	抵押其他贷款	10 373 736.00	30 913 920.71
	合　计	170 832 331.00	227 047 920.71

续表

项　目		2001 年	2002 年
质押贷款	质押农户贷款	1 033 400.00	335 500.00
	质押农业经济组织贷款	180 000.00	15 000.00
	质押农村工商业贷款		40 000 000.00
	质押其他贷款	3 991 000.00	55 000.00
	合　计	5 204 400.00	40 405 500.00
逾期贷款	逾期农户贷款	1 358 603.90	887 711.66
	逾期农业经济组织贷款	261 600.00	164 000.00
	逾期农村工商业贷款	3 219 000.00	1 059 600.00
	逾期其他贷款	1 084 900.00	572 800.00
	逾期农户小额信用贷款	336 860.00	336 650.00
	逾期农户联保贷款		
	逾期助学贷款		4 000.00
	合　计	6 260 963.90	3 024 761.66
呆滞贷款	呆滞农户贷款	7 326 786.66	7 172 688.80
	呆滞农业经济组织贷款	5 535 508.00	5 755 332.00
	呆滞农村工商业贷款	83 160 355.33	75 056 500.33
	呆滞其他贷款	11 136 553.00	10 801 274.00
	呆滞农户小额信用贷款	118 720.00	195 835.00
	呆滞农户联保贷款		
	呆滞助学贷款		
	合　计	107 277 922.99	98 981 630.13
呆账贷款	呆账农户贷款	304 310.00	287 962.00
	呆账农业经济组织贷款	108 820.00	102 620.00
	呆账农村工商业贷款	2 690 074.00	2 244 074.00
	呆账其他贷款	328 802.00	237 592.00
	呆账农户小额信用贷款		
	呆账农户联保贷款		
	呆账助学贷款		
	合　计	3 432 006.00	2 872 248.00
并入各项贷款		78 012 036.09	58 760 925.12
各项贷款总计		819 409 841.98	999 583 319.73

2. 兰溪市农村信用联社资产状况分析。2002年，兰溪市农村信用联社贷款结构呈以下特点：

(1) 短期贷款、抵押贷款和呆滞贷款占了相当比重。由图4-2可以看出，在贷款的期限结构上，以短期贷款为主，短期贷款占到了各项贷款总量的61%，中长期贷款只占0.3%；在保证贷款的安全方式上，以抵押贷款为主，占到了24%，质押贷款方式仅占了4%；农村信用联社的坏账结构以呆滞贷款为主，占到了11%，呆账贷款和逾期贷款两项合计不足0.6%。

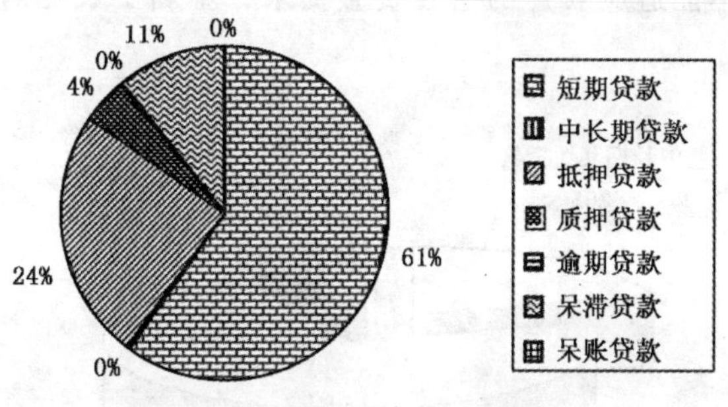

图4-2

(2) 短期贷款以农村工商业贷款为主，农户小额信用贷款及联保贷款所占比重较低（见图4-3）。在短期贷款中，农村工商业贷款占到了38%，农户贷款占25%，农村经济组织贷款占11%，农户小额信用贷款及农户联保贷款两项合计仅占6%。表明，一方面，兰溪市的农村工商业比较发达；另一方面，农户生产投入的资金需求量大，呈现出规模化，小额信用贷款方式越来越不适应这种资金需求。

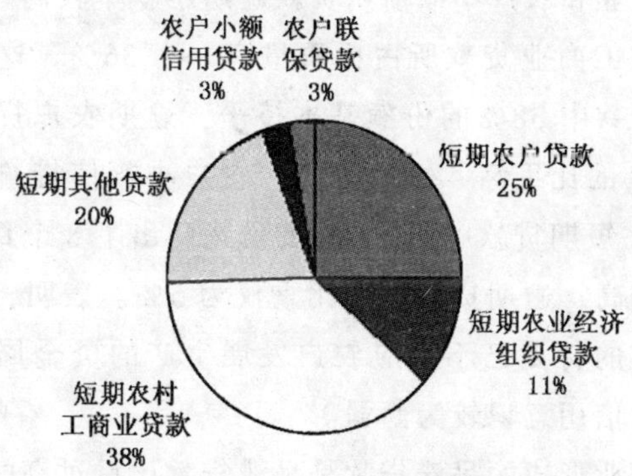

图4-3

(3) 中长期贷款中，农户贷款几为空白，农村工商业贷款占有绝对份额(见图 4-4)。农村信用联社基本不面向农户开展中长期贷款，农村工商业中长期贷款份额占到了73%。一方面，农户进行产品结构调整、农业基础设施建设等的资金需求量大、期限长，需要中长期贷款支持；另一方面，信用联社将大量的中长期贷款投向了农村工商业，支持农户进行长期投入的动力不足。目前，农村信用联社主要为农户提供大额短期贷款，尽管贷款数量的结构调整适应了农村经济的发展和农户发展生产的需要，但贷款的期限结构调整滞后，不能适应农户的潜在资金需求，不利于农业的长期投入和发展。

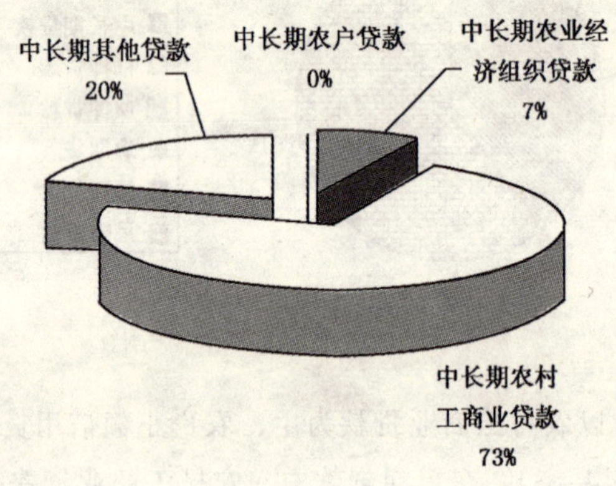

图 4-4

(4) 农户获得贷款的条件较为宽松。在短期农户贷款中，农户抵押贷款和农户质押贷款两项合计仅占短期农户贷款总额的3.83%，表明，是否有符合条件的抵押物或质押物并不是制约农户获得贷款的主要因素。

(5) 农村工商业和农户小额信用贷款逾期还款率较高（见图 4-5)。在逾期贷款中，农村工商业贷款所占比重最高，为36%，这一比重与农村工商业贷款在短期贷款中38%的份额基本持平，逾期农户贷款所占份额比其在短期贷款中25%的比重高4个百分点，农户小额信贷逾期贷款所占比重高达11%，比其在短期贷款中所占3%的份额高出了8个百分点，农村经济组织按时还款率较高，逾期贷款所占比重仅为5%。表明，一方面，农户小额信用贷款期限短的特点已不适应农户发展生产的资金周期需求；另一方面，农村工商业的信用意识较为薄弱。

(6) 农村工商业形成的呆滞贷款是呆滞贷款比重过高的主要原因（见图 4-6)。

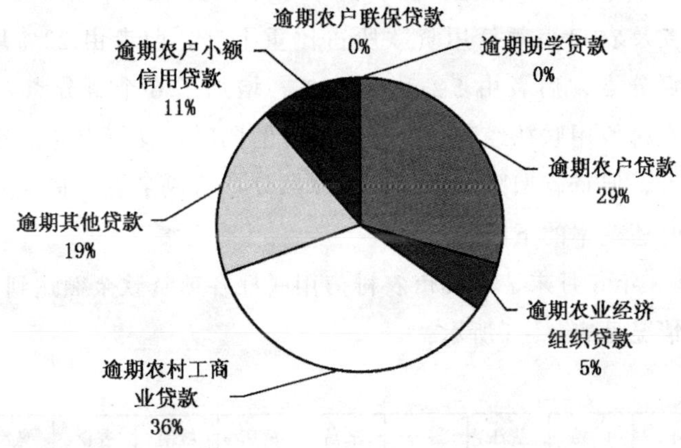

图 4－5

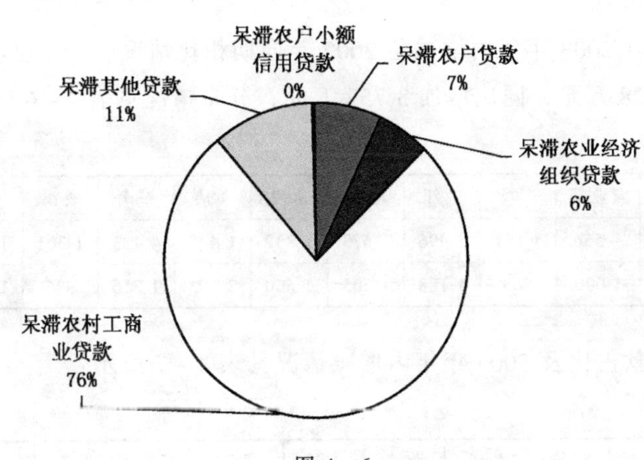

图 4－6

在呆滞贷款中，农村工商业所占比重过高，多达 76%，农户贷款和农村经济组织贷款所占比重分别为 11%和 6%，农户小额信用贷款造成的呆滞贷款比重很低，约为 0.1%。

与 2001 年相比，2002 年农村信用联社的呆滞、呆账和逾期贷款均有所下降，呆滞贷款所占份额由 15%减少为 11%，下降了 4 个百分点，逾期贷款和呆账贷款两项合计所占比重由 1.5%下降到 0.6%；在短期贷款中，农村工商业贷款所占比重由 43%下降为 38%，减少了 5 个百分点，农户贷款、农户小额信用贷款、农户联保贷款所占比重均有所上升，前者由 22%升至 25%，上升了 3 个百分点，后两项合计由 3%升至 6%；在中长期贷款中，农村工商业贷款所占比重由 84%下降为 73%，减少了 11 个百分点；在逾期贷款中，农村工商业所占比重减少，由52%下降为36%，减少了16个百分点，农户贷款及农户小额信用贷款所占比重上升，前者由22%增至29%，上升了7个百分点，后者由5%升至11%，增加了6个百分点。这充分说明，兰溪市农村信用联社经营状况稳步好转的同时，支持农业信贷投入的力度进一步加大，但贷款期限结构的不合理部分地造成了农户贷款和农户小额信用贷款按时还款率的下降。

截至2003年6月末，兰溪市农村信用联社各项贷款余额达到了117 460万元，分布情况见表4－5所示：

表4－5

社名	营业部	广场	兰江	游埠	永昌	黄店	城南	香溪	马涧	墩头
贷款余额	19 568	5 633	18 096	10 731	10 767	11 809	16 062	6 921	8 314	10 189

各项贷款2003年年内增减与2002年同期相比情况，二季度各项贷款年内增加17 428万元，同比增加3 752万元，分布情况见表4－6所示：

表4－6

社名	营业部	广场	兰江	游埠	永昌	黄店	城南	香溪	马涧	墩头
2003年	－556	1 151	2 996	1 673	1 832	1 432	4 423	1 301	1 445 ·	1 732
2002年同期	1 092	863	1 188	1 705	1 660	2 303	1 256	926	1 064	1 620

不良贷款占比及2003年年内增减情况见表4－7所示：

表4－7

社名	营业部	广场	兰江	游埠	永昌	黄店	城南	香溪	马涧	墩头
2003年	－184.7	29.6	－174.6	60.2	－11	144.9	－21.6	－14.2	－30	－24.2
2002年同期	846	－13.7	－155.2	－64.6	－1.8	－175.1	－29.1	－111.4	－14.6	－45.8
占用率%	18.77	15.58	11.17	4.9	4.46	7.94	4.79	9.23	8.36	10.71

通过上述3张表反映出2003年联社进一步扩大了信贷规模，同时改变了的信贷投放办法，加大了农村小额信贷的投放力度。2003年二季度末共增加贷款17 428万元，而2002年同期增加13 676万元，增加3 752万元，增幅27.43%，旬均贷款余额达105 777万元。二季度末各信用社都比年初有较大幅度的增加，加强了核算，贷款早放出早收益。2003年从报表统计情况看：一是联社在贷款投向结构上二季度贷款主要投向农村工商业贷款，

农户贷款的投向与计划和信贷政策相一致，适应市场经济的发展；二是在贷款期限结构上：二季度短期贷款余额 62 601 万元，占贷款总额 53.3%，中长期贷款余额 230 万元，中长期贷款在贷款总额中占比较小，比较合理，同时，在贷款期限上，能基本根据企业的生产经营周期，合理确定贷款期限，适合资产负债比例管理；三是在贷款资产的质量上：二季度不良贷款占用率 9.92%，其中贷款逾期率 0.46%，贷款呆滞率 9.21%，贷款呆账 0.24%，不良贷款占比仍然偏高，特别是贷款呆滞率较高，还应加大贷款的清非收息力度，提高资产质量。

3. 兰溪市农村信用联社负债状况分析。兰溪市农村信用联社负债结构主要呈以下特点（见表 4-8）：

表 4-8　　兰溪市信用联社负债结构表　　单位：元

	2001 年	2002 年	较上年增长
活期存款	209 613 370.41	263 050 753.06	0.25
财政性存款	1 861 318.08	2 393 414.92	0.29
待结算财政款项			
地方财政库款	92 987.76	174 384.54	0.88
财政预算外存款	521 919.81	484 635.69	(0.07)
定期存款	15 439 223.02	36 842 076.56	1.39
并入存款	95 890.59	37 572.85	(0.61)
活期储蓄存款	254 276 079.08	341 107 548.93	0.34
定期储蓄存款	572 339 114.74	636 311 508.09	0.11
保值定期储蓄存款	401 906.49	156 659.91	(0.61)
并入储蓄存款	761 485.95	429 430.91	(0.44)
各项存款小计	1 055 403 295.93	1 280 987 985.46	0.21
借入银行款			
借入中央银行款项			
借入支农再贷款	20 000 000.00	30 000 000.00	0.50
同业存放款项	3 270 532.10	7 451 675.75	1.28
信用社上存联社款项	222 419 637.93	324 017 657.12	0.46
信用社上存存款准备金	62 646 200.00	76 814 300.00	0.23
调入调剂资金	10 000 000.00		(1.00)
银行业拆入			
金融性公司拆入			

续表

	2001 年	2002 年	较上年增长
应解汇款	8 305 303.42	362 424.35	(0.96)
汇出汇款	24 300 964.16	19 531 923.56	(0.20)
全国联行汇出汇款			
保证金			
应付利息	149 351.03	126 173.40	(0.16)
定期存款应付利息	15 214 134.92	18 809 621.74	0.24
并入定期存款应付利息	243 110.14	233 075.68	(0.04)
其他应付款	8 543 284.97	9 279 518.19	0.09
委托及代理负债业务	43 880.73	6 508 918.84	147.33
应付工资			
应付福利费	694 202.34	644 045.32	(0.07)
管理部门统筹资金	7 617 476.50	2 847 517.50	(0.63)
管理费统筹		1 908.59	
应缴税金	1 896 444.28	2 271 267.49	0.20
应缴代扣利息税	168 138.99	181 595.70	0.08
应付利润	1 358 187.73	794 375.76	(0.42)
预提费用			
长期借款			
发行债券			
长期应付款			
外汇买卖			
住房周转金			
各项负债合计	1 442 274 145.17	1 780 863 981.45	0.23

(1) 各项存款在信用联社负债结构中比重高。2001 年，各项存款合计在负债结构占到了 73.2%，2002 年，这一比重有所下降，但仍高达 71.9%。

(2) 活期存款与定期存款在存款中所占比重基本持平，存款结构较为合理（见图 4－7）。

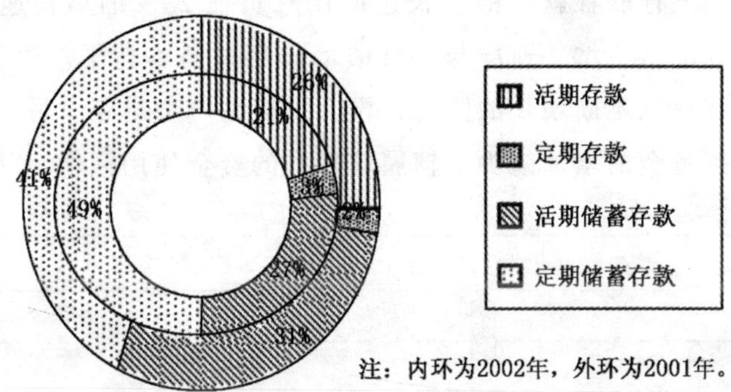

图 4－7

2001 年，活期存款、活期储蓄存款、定期存款、定期储蓄存款分别占到了存款总额的 26%、31%、2%和 41%，活期存款与活期储蓄存款两项合计比重为 57%，定期两项合计比重为 43%，活期存款比重高于定期存款比重 14 个百分点；2002 年，四项存款分别占存款总额的 21%、27%、3%和 49%，活期存款所占比重比上年下降了 5 个百分点，活期储蓄存款占比减少了 4 个百分点，定期储蓄存款则上升了 8 个百分点，活期存款两项合计占比 48%，定期存款两项合计占比 52%，定期存款比重超过活期存款。存款的负债结构较为合理，筹资成本较低，一定份额的定期存款有利于资金的合理安排和使用。

（3）信用联社与银行间几无同业拆借往来业务，信用联社的委托及代理业务负债发展较快。由表 4－8 可以看出，在信用联社的负债结构中，2001 与 2002 年两年均未从银行或金融公司拆入资金，表明信用联社与银行间的同业拆借业务往来少，在一定程度上说明兰溪市信用联社的资金较为充裕。此外，农村信用联社的委托及代理负债业务发展较快，2001 年，仅有 43 880.73元，到 2002 年就上升至 6 508 918.84 元，是 2001 年的近 1.5 倍。

由图 4－8 可以看出，2002 年，地方财政库款比 2001 年增加了 88%，定期存款增加了 1.39 倍，同业存款款项增加了 1.28 倍，这三项负债在负债结构中的增长速度较快。定期存款的快速增长有利于农村信用联社适应农村经济发展形势，调整资产结构，增加中长期贷款的投放。

（4）辖属信用社上存联社的存款和准备金增加。2001 年，信用社上存联社款项、上存存款准备金分别为 222 419 637.93 元和 62 646 200.00 元，2002 年增至 324 017 657.12 元和 76 814 300.00 元，分别增加了 46%和

23%，信用社上存联社款项的增长速度比总负债23%的增长速度高了近一倍，上存存款准备金增长速度与总负债增长速度基本持平。表明，一方面，辖属信用社在存款不断增长的同时，没有很好的资金出路；另一方面，上存联社存款和准备金的增加减少了辖属信用社的资金使用额度。

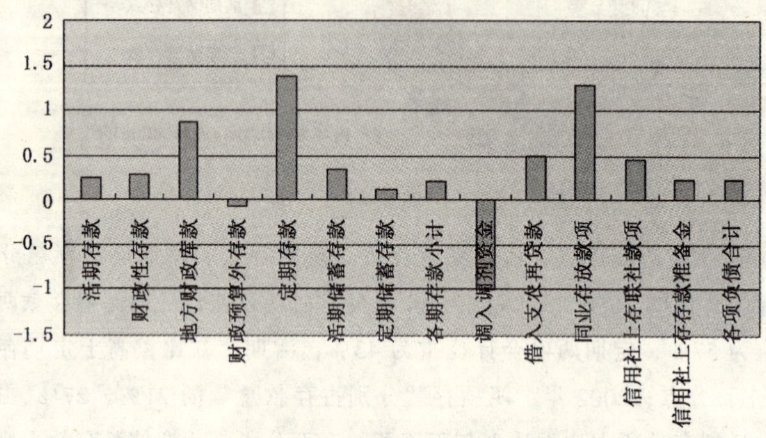

图4-8 2002年比2001年增加

截至2003年6月末，兰溪市信用联社各项存款达到150 290万元，比年初上升22 173万元，增幅达17.3%，其中，活期存款达73 443万元，占总额的48.87%，定期存款76 848万元，占存款总额的51.13%，负债结构较为合理，具体分布情况见表4-9所示：

表4-9

社名	营业部	广场	兰江	游埠	永昌	黄店	城南	香溪	马涧	墩头
存款余额	13 910	8 271	24 839	15 133	14 358	15 997	23 704	8 537	11 343	14 198

各项存款2003年年内增减与2002年同比情况，二季度联社各项存款年内增加22 173万元，2002年同期16 165万元，同比增加6 008万元，具体分布见表4-10所示：

表4-10

社名	营业部	广场	兰江	游埠	永昌	黄店	城南	香溪	马涧	墩头
2003年增减	246	1 423	4 073	2 217	2 301	1 226	4 814	1 646	1 902	2 325
2002年同期	2 314	1 200	2 856	1 625	1 120	1 942	2 311	903	784	1 110

4. 兰溪市农村信用联社资产负债比例分析。2001 年，兰溪市农村信用联社的存贷比例为 77.6%，2002 年这一比例为 78.09%，仅上升了 0.5 个百分点。截至 2003 年 6 月末，联社的存贷比例为 78.16%，比年初 78.09% 上升 0.7 个百分点，分信用社情况见表 4 – 11 所示：

表 4 – 11

社名	营业部	广场	兰江	游埠	永昌	黄店	城南	香溪	马涧	墩头
存贷比例%	140.68	68.1	72.58	70.91	74.99	73.82	67.76	73.69	73.3	71.77

从表 4 – 11 可以看出全市 8 个信用社存贷比例低于 75%，营业部存贷比例过大，超负荷运行，风险加大。因此，营业部应加大资金的组织力度，努力争取资金的自求平衡，各信用社应进一步加大贷款营销力度，增加效益观，提高资金运用率，使组织的资金能及时用出，产生效益。

5. 兰溪市农村信用联社损益情况分析（见表 4 – 12）。

表 4 – 12　兰溪市农村信用联社损益表　单位：元

项目			2001 年	2002 年
营业收入	利息收入	合　计	47 853 133.29	58 009 277.47
		农户贷款利息收入	10 607 028.87	12 435 237.02
		农业经济组织贷款利息收入	3 821 905.62	5 719 973.47
		农村工商业贷款利息收入	24 885 758.22	28 676 715.64
		其他贷款利息收入	8 530 793.09	11 161 293.56
		贴现利息收入	7 647.49	16 057.78
		其他利息收入		
	并入业务利息收入	合　计	6 397 769.50	5 195 216.00
		并入贷款利息收入	6 397 769.50	5 195 216.00
		并入调剂资金利息收入		
	金融机构往来收入	合　计	8 807 778.66	11 630 871.11
		存入农业银行款利息收入	306 823.28	570 439.98
		存入中央银行款利息收入	1 412 088.44	1 018 918.89
		准备金存款利息收入	1 169 102.19	1 087 808.40
		存放其他同业款项利息收入	96 549.98	261 098.67
		拆出资金利息收入	1 410 150.00	3 396 600.00
		调出调剂资金利息收入	1 206 446.83	395 978.47
		其他利息收入	3 206 617.94	4 900 026.70

续表

		项　目	2001 年	2002 年
营业收入	手续费收入	合　计	60 425.93	169 768.11
		代理业务手续费收入	19 265.81	81 457.42
		结算手续费收入	41 160.12	88 310.69
	其他营业收入	合　计	10 520.96	37 151.92
		汇兑收益		
		其他营业收入		6 339.26
		代收费用	10 520.96	30 812.66
	总计		63 129 628.34	75 042 284.61
营业支出	利息支出	合　计	12 742 188.98	20 418 590.38
		活期存款利息支出	1 692 819.40	1 646 715.24
		活期储蓄存款利息支出	1 836 602.09	1 923 448.42
		定期存款利息支出	748 885.26	541 795.26
		定期储蓄存款利息支出	8 338 513.12	16 181 640.08
		股本金利息支出	125 194.40	124 991.38
		其他利息支出		
		保值贴补息支出	174.71	
	金融机构往来支出	合　计	4 946 547.64	5 237 399.51
		借银行款利息支出	513 110.00	531 315.00
		调剂资金利息支出	943 509.83	135 040.00
		拆入资金利息支出	172 133.33	49 315.11
		同业存放款利息支出	2 831.32	33 573.43
		其他利息支出	3 314 963.16	4 488 155.97
	并入业务利息支出	合　计	37 715.67	2 298.87
		并入存款利息支出	37 715.67	2 298.87
		并入其他业务利息支出		
	手续费支出	合　计	1 131 641.70	1 511 889.20
		代办储蓄手续费支出	930 531.82	1 161 678.66
		代办收贷手续费支出	46 622.36	65 106.14
		代办其他业务手续费支出	154 487.52	285 104.40
	营业费用		23 224 195.73	26 171 670.53

续表

项　目			2001 年	2002 年
营业支出	其他营业支出	合　计	17 708 692.11	19 082 283.54
		固定资产折旧费	1 940 474.14	2 056 968.59
		呆账准备金	15 680 000.00	16 970 098.95
		流动资产盘亏及毁损	614.25	
		投资损失		
		汇兑损失		
		其他营业支出	87 603.72	55 216.00
	总计		59 790 981.83	72 424 132.03
营业税金及附加	营业税		3 124 308.35	3 170 570.67
	其他税金及附加		578 109.87	1 101 252.88
	总计		3 702 418.22	4 271 823.55
营业利润	加：投资收益	合　计	3 985 179.74	1 815 977.87
		债券利息收入	3 008 179.74	1 143 866.67
		投资利润	977 000.00	672 111.20
		其他投资收入		
	加：营业外收入	合　计	1 550 581.79	1 925 400.62
		固定资产盘盈及清理收益	72 537.50	275 497.85
		租赁收入	84 900.00	75 900.00
		其他营业外收入	5 546.09	4 017.97
		县联社管理费收入	1 387 598.20	1 569 984.80
	减：营业外支出	合　计	39 040.80	57 231.67
		非常损失		
		固定资产盘亏及清理损失	31 560.20	52 282.67
		出纳赔款		
		结算赔款		
		其他营业外支出	7 480.60	4 949.00
	总计		(363 771.71)	(1 653 670.97)
利润总额	总计		5 132 949.02	2 030 475.85
	减：5 501 所得税		710 505.00	1 093 704.95
净利润	总　计		4 422 444.02	936 770.90
	盈余社数		9.00	9.00
	盈余金额		5 132 949.02	2 030 475.85

(1) 营业收入分析（见图4-9）。

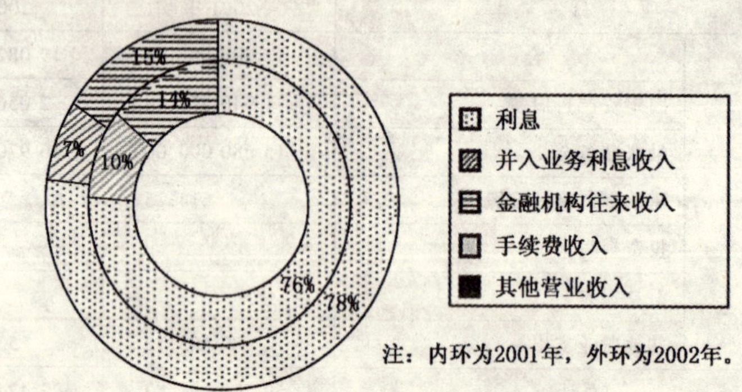

图4-9

一是信用联社营业收入仍以存贷利差收入为主。2001年，兰溪市农村信用联社总的营业收入达到63 129 628.34元，其中，利息收入47 853 133.29元，占到了营业收入的76%，2002年，营业收入增至75 042 284.61元，其中，利息收入58 009 277.47元，占营业收入的78%，在营业收入所占比重较上年增加了2个百分点。

二是农村信用联社中间业务不发达。2001年，兰溪市农村信用联社手续费收入为60 425.93元，仅占营业收入总额的0.1%左右，其中，代理业务手续费收入19 265.81元，结算手续费收入41 160.12元，约为代理业务手续费的两倍；2002年，手续费收入增至169 768.11元，但也仅占了营业收入的0.2%左右，所占比重比上年增加了0.1个百分点，其中，代理业务手续费收入81 457.42元，结算手续费收入88 310.69元，代理业务发展迅猛，两项中间业务收入基本持平。

三是农村信用联社利息收入主要来源于农村工商业贷款利息收入（见图4-10）。2001年，农村工商业贷款利息收入占到了农村信用联社利息收入的52%，2002年这一比重有所下降，但仍高达50%，农户贷款利息收入所占比重由2001年的22%减少为2002年的21%，下降了1个百分点。

四是在营业收入中，代理业务手续费收入与代收费用收入增长较快（见图4-11）。与2001年相比，2002年，兰溪市农村信用联社营业收入总额较上年增长了18.9%，其中，利息收入增长了21.2%，并入业务利息收入减少了18.8%，金融机构往来业务收入增长了32.1%，手续费收入增长了1.81倍，其他营业收入增长了2.53倍，手续费收入和其他营业收入增长较快。

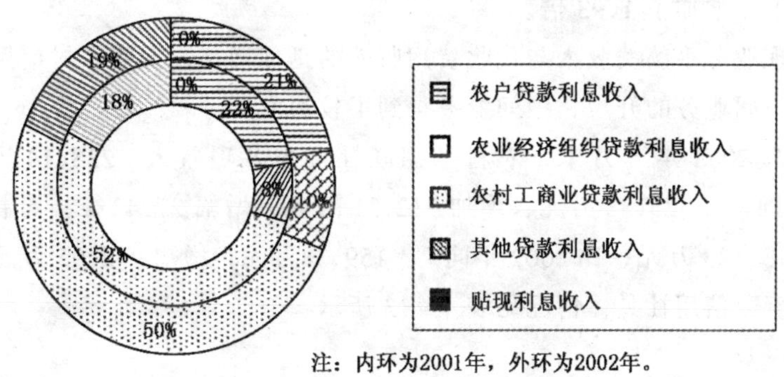

图 4－10

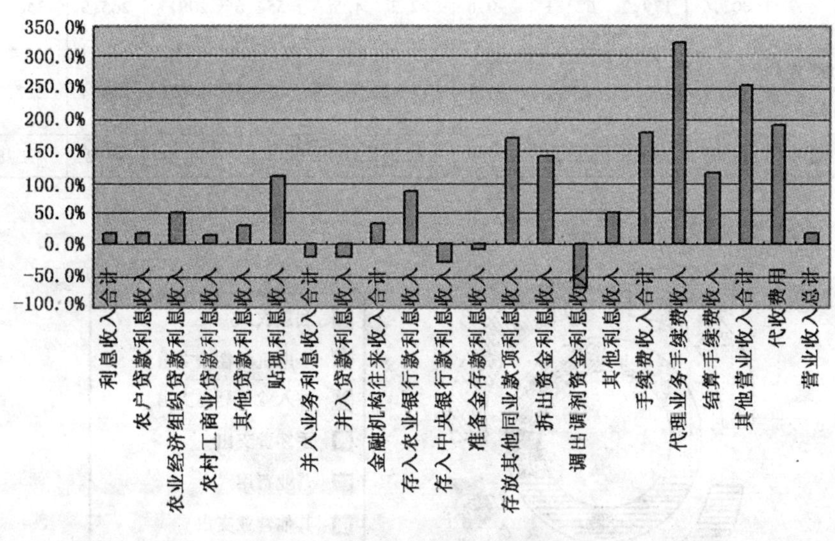

图 4－11　较上年增长

在利息收入中，农业经济组织贷款利息收入和贴现利息收入增长较快，分别较上年增长了 49.7%和 110%。

在金融机构往来业务收入中，存放其他同业款项利息收入增长最快，达到 170.4%，拆除资金利息收入增长速度次之，为 140.9%，存入农业银行款利息收入也较上年增长了 85.9%，而存入中央银行款利息收入、准备金存款利息收入和调出调剂资金利息收入增都出现了负增长，分别较上年减少了 27.8%、7%和 67.2%。

在手续费收入中，代理业务手续费收入和结算手续费收入增长迅猛，分别比上年增加了3.23倍和1.15倍。此外，代收费用收入也得到了快速增长，比上年增加了1.93倍。

代理业务手续费收入与代收费用收入的迅猛增长，表明农村信用联社逐步重视中间业务的开展，中间业务得到了较快发展。

截至2003年6月末，农村信用联社实现各项收入4 238.14万元，比2002年同期3 325.83万元，增加912.31万元，增幅27.43%。其中，营业收入4 132.33万元，比2002年同期3 159.38万元，增加972.95万元，增幅30.8%。分信用社具体情况见表4－13所示：

表4－13

社名	营业部	广场	兰江	游埠	永昌	黄店	城南	香溪	马涧	墩头
2003年收入	802.6	179.2	621.1	390.6	382.3	425.4	554.6	209.7	265.9	340.3
2002年同期	610.7	145.5	473.2	323.1	317.1	317.9	486.2	150.6	214.4	227.2
增幅%	31.42	23.16	31.26	20.89	20.52	33.82	14.07	39.24	24.2	49.78

（2）营业支出分析。

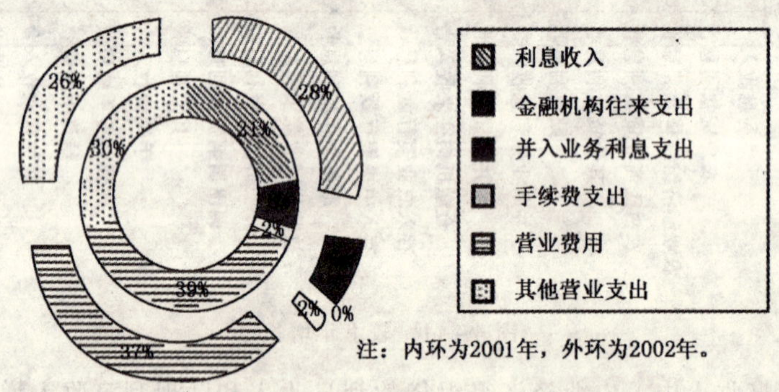

图4－12

一是利息支出低于营业费用在营业支出中所占比重（见图4－12）。2001年，农村信用联社营业费用在营业支出中所占比重为39%，比利息支出占21%的比重高出17个百分点，其他营业支出占到了30%，也高于利息支出所占比重；2002年，营业费用在营业支出中所占比重下降到37%，较2001年减少了2个百分点，利息支出所占比重上升到28%，较2001年增加了7个百分点，但营业费用所占比重仍高出利息支出所占比重9个百分点。

表明，吸收存款成本不是农村信用联社运营的最重要成本，信用联社运营成本的高低主要取决于营业费用。

二是定期储蓄存款利息支出在利息支出中所占比重过高（见图 4－13）。2001 年，定期储蓄存款、活期储蓄存款、活期存款、定期存款在利息支出中所占比重分别为 66%、14%、13% 和 6%，2002 年，分别为 79%、9%、8% 和 3%，除定期储蓄存款所占比重上升了 13 个百分点外，其余各种存款利息支出所占比重都有所下降，分别较上年减少了 5 个、5 个和 3 个百分点。定期储蓄存款利息支出占比过高，且有不断增加的趋势，这既有利于农村信用联社调整资产结构，发放中长期贷款，但同时也加大了信用联社的经营成本。

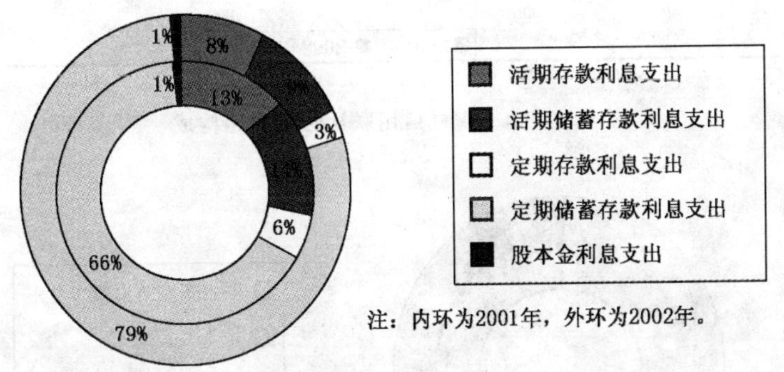

图 4－13

三是专项奖金、上缴管理费、差旅费、安全防卫费等是营业费用的主要构成部分。由图 4－14 可以看出，专项奖金、上缴管理费、差旅费、安全防卫费等在营业费用中均占有很大比重，2001 年分别为 12.55%、12.61%、11.56% 和 9.35%，2002 年分别为 18.11%、12.95%、10.2% 和 6.05%，除差旅费和安全防卫费有所减少外，其他费用都有所增加，专项奖金费用所占比重较 2001 年上升了近 6 个百分点，表明，信用联社发放贷款的内部激励机制进一步加强。此外，业务招待费等也占了相当比重，2001 年和 2002 年分别为 3.73% 和 3.41%。高昂的上缴管理费和差旅费为农村信用联社进一步缩减成本，提升利润空间提供了可能。

四是农村信用联社为防范风险提取的呆账准备金较高（见图 4－15）。呆账准备金在其他营业支出中占到了 89%，在营业总支出中占到了近 28%，高额的呆账准备金在防范风险的同时加大了农村信用联社的运营成本。

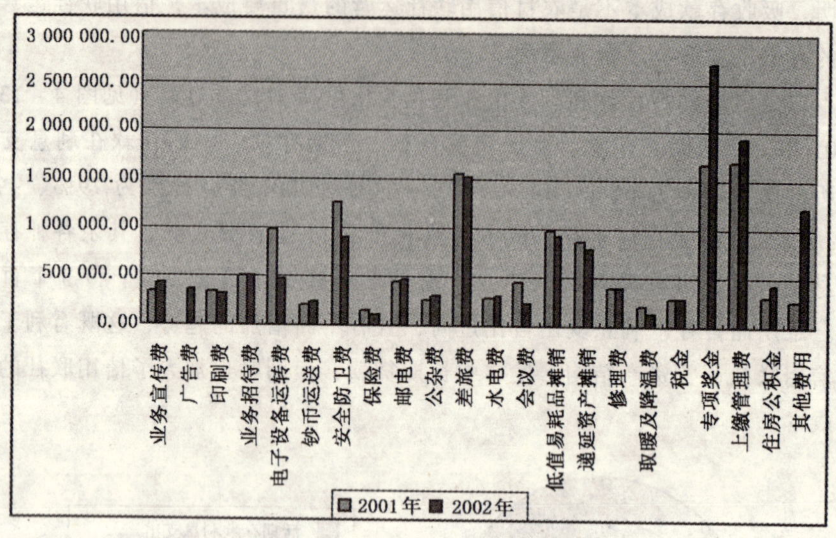

图 4－14　农村信用联社营业费用构成

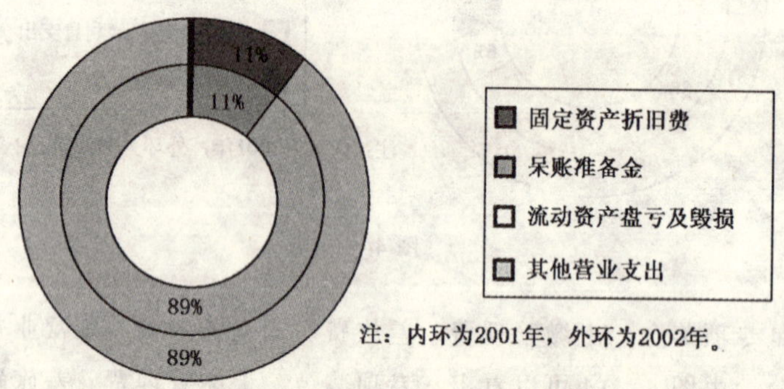

图 4－15

截至 2003 年 6 月末，农村信用联社各项支出为 4 265.03 万元，比 2002 年同期 3 363.03 万元，增加 902.77 万元，增幅 26.84%，收入的增幅略大于支出，分信用社情况见表 4－14 所示：

表 4－14

社名	营业部	广场	兰江	游埠	永昌	黄店	城南	香溪	马涧	墩头
2003 年支出	831.2	161.3	621.6	391.4	382.3	425.1	545.4	214.8	273.4	352.9
2002 年同期	632.96	123.7	472.42	323.4	312.54	320.13	484.31	156.67	223.33	253.76
增幅%	31.31	30.39	31.58	21.02	22.32	32.79	12.61	37.10	22.42	39.07

6. 兰溪市农村信用联社利润分析。2001 年，兰溪市农村信用联社实现总利润 513 万元，净利润 442 万元，辖属的 9 个信用社全部实现了盈利，2002 年，9 个信用社仍全部实现盈利，但利润总额下降为 203 万元，较上年减少了 310 万元，净利润降至 94 万元，较上年减少了近 348 万元。截至 2003 年 6 月末，信用联社实现利润 －27.78 万元，分信用社情况见表 4－15 所示：

表 4－15

社名	营业部	广场	兰江	游埠	永昌	黄店	城南	香溪	马涧	墩头
利润	－28.7	18	－0.5	－0.8	－0.5	0.3	6.9	－5.7	－7.5	－12.6

表 4－16　　兰溪市农村信用联社收入、成本效率指标（%）

	资产利润率	收入利润率	存款费用率	贷款费用率	、资产费用率
2001	0.33	8.13	2.20	2.83	1.51
2002	0.11	2.71	2.04	2.62	1.39
增幅	－66.67	－66.67	－7.27	－7.42	－7.95

注：利润以利润总额表示，费用以营业费用表示。

由表 4－16 可以看出，2001 年，农村信用联社的资产利润率仅为 0.33%，收入利润率为 8.13%，资产费用率为 1.51%，贷款费用率为 2.83%，高于 2.20% 的存款费用率，2002 年，农村信用联社的收入成本效率指标全面下降，资产利润率降为 0.11%，降幅 66.67%，收入利润率为 2.71%，降幅 66.67%，资产费用率为 1.39%，降幅 7.95%，贷款费用率减少为 2.62%，较上年下降 7.42%，存款费用率减少为 2.04%，较上年下降 7.27%，贷款费用率仍高于存款费用率。这些指标充分说明兰溪市农村信用联社运行的经济效率低下。

（三）兰溪市马涧、永昌、香溪农村信用社发展状况比较分析

1. 资产状况分析（见表 4－17）。

表 4－17　马涧、永昌、香溪农村信用社贷款结构　　单位：元

项目		2001 年			2002 年		
		马涧	永昌	香溪	马涧	永昌	香溪
短期贷款	短期农户贷款	9 544 130	4 328 400	12 941 085	11 265 050	5 042 900	15 655 810
	短期农业经济组织贷款	121 500	8 828 300	326 700	87 000	8 671 300	124 300
	短期农村工商业贷款	16 088 200	22 505 000	8 110 000	17 497 500	24 979 000	8 245 000
	短期其他贷款	16 515 180	9 055 500	4 853 600	19 615 800	10 611 000	7 822 950
	农户小额信用贷款	1 050 370	402 650	124 820	1 806 270	2 675 750	304 430
	农户联保贷款	918 000	1 737 000	10 000	2 640 000	3 211 700	69 000
	合　计	44 237 380	46 856 850	26 366 205	52 911 620	55 191 650	32 221 490
中长期贷款	中长期农户贷款						
	中长期农业经济组织贷款						
	中长期农村工商业贷款						
	中长期其他贷款		300 000			200 000	
	合计		300 000			200 000	
助学贷款		406 700	101 000	257 870	419 000	402 100	408 100
抵押贷款	抵押农户贷款	40 000	180 000	115 995		412 000	160 000
	抵押农业经济组织贷款		1 423 000			1 650 000	
	抵押农村工商业贷款	1 000 000	14 228 000	4 040 000	1 620 000	17 060 000	5 770 000
	抵押其他贷款	1 242 000	824 680	441 000	1 472 000	1 121 910	924 800
	合计	2 282 000	16 655 680	4 596 995	3 092 000	20 243 910	6 854 800
质押贷款	质押农户贷款	45 000	20 000	6 000	26 000		100 000
	质押农业经济组织贷款						
	质押农村工商业贷款				3 000 000	8 000 000	3 000 000
	质押其他贷款	45 000		21 000			5 000
	合计	45 000	20 000	27 000	3 026 000	8 000 000	3 105 000

续表

项目		2001年			2002年		
		马涧	永昌	香溪	马涧	永昌	香溪
逾期贷款	逾期农户贷款	110 300	12 050	390 570	102 300		120 270
	逾期农业经济组织贷款		1 600				5 000
	逾期农村工商业贷款	9 000					
	逾期其他贷款	48 500	50 000	180 000	162 500		17 800
	逾期农户小额信用贷款	95 760	10 500	23 900	28 900	36 100	48 300
	逾期农户联保贷款						
	逾期助学贷款						4 000
	合计	263 560	74 150	594 470	293 700	36 100	195 370
呆滞贷款	呆滞农户贷款	771 712	149 985	1 183 711	833 544	144 243	1 507 580
	呆滞农业经济组织贷款	1 895 812	634 414	245 800	1 808 762	837 414	240 800
	呆滞农村工商业贷款	1 462 000	2 599 030	1 974 980	1 356 000	1 642 730	1 110 700
	呆滞其他贷款	1 717 376	1 108 359	1 722 294	1 681 225	1 064 450	1 722 294
	呆滞农户小额信用贷款	3 000		14 970	52 530	1 000	22 500
	呆滞农户联保贷款						
	呆滞助学贷款						
	合计	5 849 900	4 491 788	5 141 815	5 732 061	3 689 837	4 603 874
呆账贷款	呆账农户贷款	13 583	42 298	52 607	10 883	38 890	51 587
	呆账农业经济组织贷款	27 180	51 150	19 740	27 180	47 950	19 740
	呆账农村工商业贷款		840 000	151 144		800 000	151 144
	呆账其他贷款	17 210	143 800	97 467	1 200	132 600	37 467
	呆账农户小额信用贷款						
	呆账农户联保贷款						
	呆账助学贷款						
	合计	57 973	1 077 248	320 958	39 263	1 019 440	259 938
并入各项贷款		3 578 449	743 200	2 657 030	3 179 680	571 200	2 255 630
各项贷款总计		56 720 962	70 319 916	39 962 343	68 693 324	89 354 237	49 904 202

(1) 短期贷款占相当比重，有下降趋势，中长期贷款几为空白，贷款结构不稳定，信用社为保证贷款安全大多要求提供抵押或质押（见图 4－16、图 4－17）。

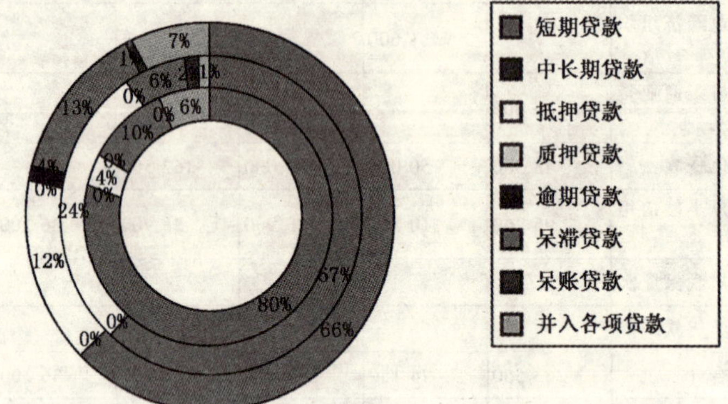

注：从内到外依次为马涧、永昌和香溪（2001 年）。

图 4－16

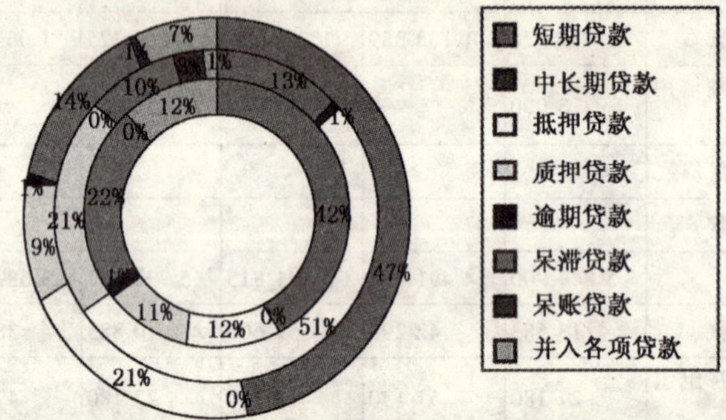

注：从内到外依次为马涧、永昌和香溪（2002 年）。

图 4－17

2001 年，马涧农村信用社的贷款结构为：短期贷款占 80%，中长期贷款为 0，抵押贷款占 4%，呆滞贷款占 10%。永昌农村信用社的贷款结构为：短期贷款占 67%，几无中长期贷款，抵押贷款占 24%，呆滞贷款占 6%，呆账贷款占 2%。香溪农村信用社的贷款结构为：短期贷款占 66%，中长期贷款为 0，抵押贷款占 12%，呆滞贷款占 13%。2002 年，三家农村信用社的贷款结构发生了较大的变化，马涧农村信用社短期贷款占比降至 42%，较 2001 年下降了 38 个百分点，抵押贷款占比升至 12%，增加了 8

个百分点，呆滞贷款占比升至22%，增加了12个百分点，质押贷款所占比重由2001年的几乎为0上升至2002年的11%。永昌农村信用社短期贷款所占比重锐减至13%，下降了54个百分点，抵押贷款占比升至51%，增加了27个百分点，质押贷款占比由几乎为0升至21%，呆滞贷款为10%，增加了4个百分点。香溪农村信用社短期贷款、抵押贷款、质押贷款和呆滞贷款占比分别为47%、21%、9%和14%，与2001年相比，分别减少了19个百分点、增加了9个百分点、增加了9个百分点、增加了1个百分点。

在三家农村信用社中，马涧信用社短期贷款在各项贷款合计中所占比重最高，永昌信用社短期贷款所占比重下降最快。2002年，三家农村信用社都加强了风险防范，但在风险防范的方式有所差别，马涧信用社抵押贷款和质押贷款增加的份额不是太大，两项合计占到了贷款总额的23%，永昌信用社以抵押贷款为主，抵押贷款和质押贷款得到迅猛发展，两项合计占到了贷款总额的72%，其中，抵押贷款占到了51%，香溪信用社质押贷款和抵押贷款两项合计占30%，其中，抵押贷款占21%。抵押贷款占比与呆滞贷款占比呈反方向变化，即抵押贷款占比越高，呆滞贷款占比越低，这在永昌信用社表现得最为明显。

总的来看，与2001年相比，三家信用社都减少了短期贷款的发放，增加了抵押或质押贷款的发放，发放贷款的安全意识加强，倾向于要求贷款人提供抵押物或质押品，与兰溪市农村信用联社相比，三家信用社几不发放中长期贷款，资金结构更为不合理。

（2）农户贷款在短期贷款中所占比重存在差异，农户小额信用贷款占比很小，农村工商业贷款有减少趋势（见图4-18、图4-19）。

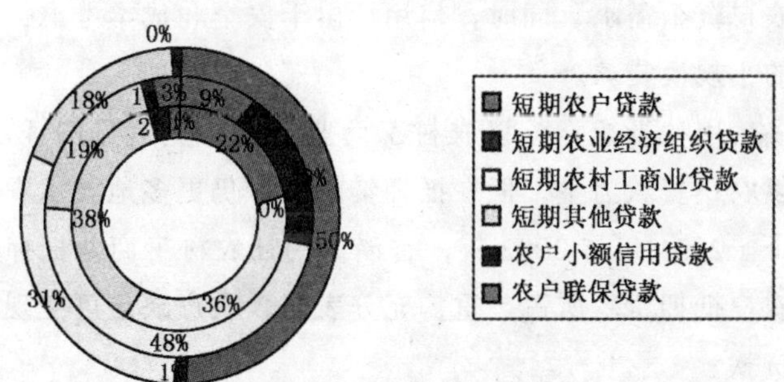

注：从内到外依次为马涧、永昌和香溪（2001年）。

图4-18

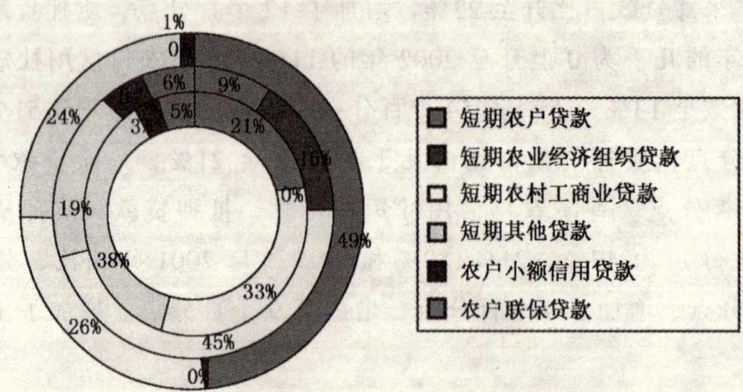

注：从内到外依次为马涧、永昌和香溪（2002年）。

图 4-19

2001年，马涧信用社发放的短期贷款中，农户贷款占22%，农村工商业贷款占36%，农户小额信用贷款和农户联保贷款分别仅占2.37%和2.08%，农村工商业贷款超过农户贷款；永昌信用社发放的短期贷款中，农户贷款占9%，农村工商业贷款占48%，农户小额信用贷款和农户联保贷款分别仅占0.86%和3.71%，农村工商业贷款远远超过农户贷款数额；香溪信用社发放的短期贷款中，农户贷款占50%，农村工商业贷款占31%，农户小额信用贷款和农户联保贷款分别仅占0.47%和0.04%。2002年，三家信用社发放的农户贷款比重变化不大，基本与2001年持平，但发放的农村工商业贷款有减少趋势，马涧和永昌信用社农村工商业贷款所占比重均较2001年下降了3个百分点，香溪则下降了5个百分点。可见，除香溪信用社以农户贷款为主外，其余两家信用社均以农村工商业贷款为主，农户小额信用贷款在短期贷款中所占份额很小，在一定程度上表明小额贷款已不适应较发达地区农户资金需求，同时，信用社出于安全和成本考虑，不愿发放以信用为保障的小规模贷款。

(3) 香溪信用社抵押贷款以农村工商业贷款为主（见图4-20）。尽管香溪信用社以农户贷款为主，但在抵押贷款中，仍更多地要求农村工商企业提供抵押保证。2001年与2002年，香溪信用社农村工商业抵押贷款所占比重均超过了农户抵押贷款所占比重，充分表明，农户缺乏可变现的有效抵押物获得抵押贷款。

(4) 质押贷款以农户贷款为主转向以农村工商业贷款（见图4-21、图4-22）。

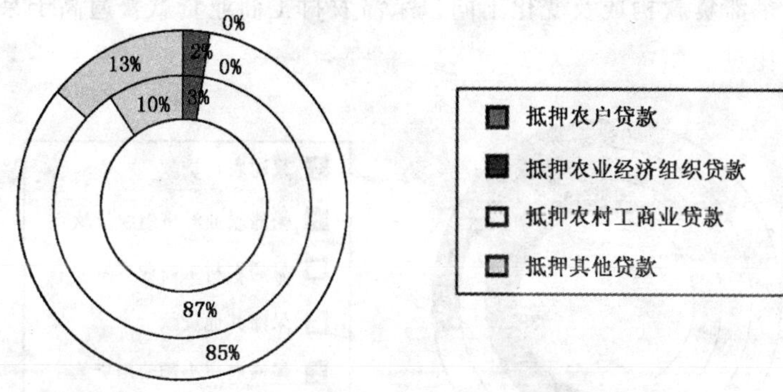

注：内环为 2001 年，外环为 2002 年。

图 4－20

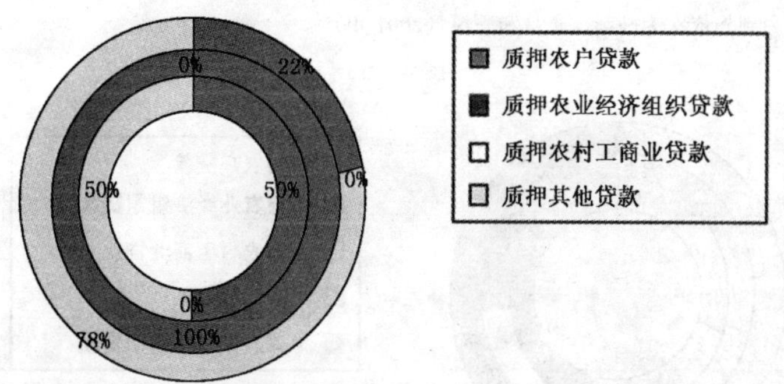

注：从内到外依次为马涧、永昌和香溪（2001 年）。

图 4－21

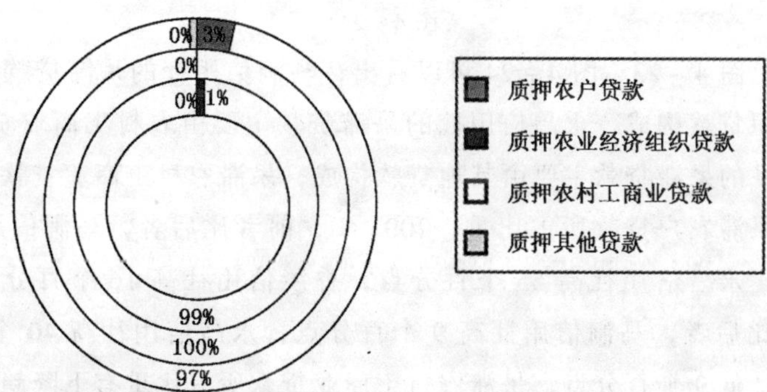

注：从内到外依次为马涧、永昌和香溪（2002 年）。

图 4－22

2001 年，三家农村信用社质押贷款均以农户贷款为主，2002 年，提供贷款的保障对象发生变化，由农户转为农村工商企业。

(5) 呆滞贷款构成及变化不同，呆滞农村工商业贷款普遍高于呆滞农户贷款所占比重。

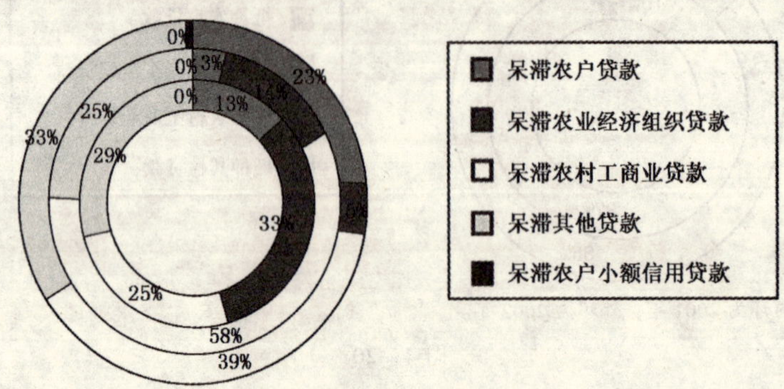

注：从内到外依次为马涧、永昌和香溪（2001 年）。

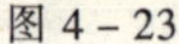
图 4－23

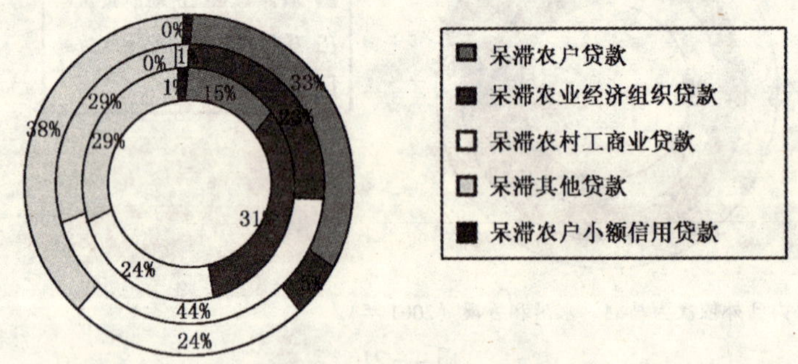

注：从内到外依次为马涧、永昌和香溪（2002 年）。

图 4－24

由以上图 4－23、图 4－24 可以看出，马涧信用社的呆滞贷款主要由农村经济组织贷款构成，永昌信用社的呆滞贷款主要由农村工商业贷款构成，香溪信用社的呆滞贷款主要由其他贷款构成；呆滞农村工商业贷款所占比重普遍高于呆滞农户贷款所占比重，2001 年，前者比后者，马涧信用社高 12 个百分点，永昌信用社高 55 个百分点，香溪信用社高 16 个百分点，2002 年，前者比后者，马涧信用社高 9 个百分点，永昌信用社高 40 个百分点，香溪信用社低 9 个百分点；呆滞农村工商业贷款所占比重有下降趋势，2002 年，马涧信用社较上年减少了 1 个百分点，永昌信用社较上年减少了 14 个百分点，香溪信用社较上年减少了 15 个百分点；永昌信用社呆滞农村经济组织贷款所占比重 2002 年比 2001 年上升了 9 个百分点。

2. 损益情况分析（见表 4－18）。

表 4-18 马涧、永昌、香溪农村信用社营业收入与支出结构

单位：元

项目			2001年			2002年		
			马涧	永昌	香溪	马涧	永昌	香溪
营业收入	利息收入	合计	3 804 868.28	4 629 698.60	2 504 207.61	4 544 454	6 137 501.00	3 190 476.06
		农户贷款利息收入	1 081 533.32	642 864.00	1 067 014.55	1 164 640	785 667.00	1 214 543.43
		农业经济组织贷款利息收入	23 723.54	756 604.00	33 954.88	18 220.83	833 667.00	20 189.46
		农村工商业贷款利息收入	1 317 707.15	2 421 488.00	903 915.26	1 601 860	3 567 607.00	1 197 100.22
		其他贷款利息收入	1 381 904.27	808 741.00	499 322.92	1 759 734	950 559.00	758 642.95
	并入业务利息收入	合计	305 174.54	90 441.00	304 132.69	301 032.9	52 450.00	273 475.82
		并入贷款利息收入	305 174.54	90 441.00	304 132.69	301 032.9	52 450.00	273 475.82
	金融机构往来收入	合计	430 271.89	905 438.00	228 371.07	450 222.7	778 052.00	384 391.06
		存入农业银行款利息收入	6 607.45	45 825.00		12 180.81	29 336.00	
		准备金存款利息收入	88 638.01	125 508.00	63 952.33	98 359.49		75 806.78
		存放其他同业款项利息收入			65.75			771.80
		拆出资金利息收入	118 830	129 200.00				
		调出调剂资金利息收入	78 734	120 840.00	19 938.13	26 924.4	38 914.00	19 982.95
		其他利息收入	137 462.43	484 064.00	144 414.86	312 758	709 802.00	287 829.53
	手续费收入	合计	268.47	2 521.00	2 133.37	6 044.7	14 292.00	4 420.79
		代理业务手续费收入		138.00	106.00	4 561.2	8 685.00	2 605.59
		结算手续费收入	268.47	2 382.00	2 027.37	1 483.5	5 607.00	1 815.20
	其他营业收入	合计	70	915.00	289.74	668.75	10 822.00	513.00
		其他营业收入					224.00	
		代收费用	70	915.00	289.74	668.75	10 598.00	513.00
	营业收入总计		4 540 653.18	5 629 014.20	3 039 134.48	5 302 423	6 993 121.00	3 853 276.76

续表

项目			2001年			2002年		
			马涧	永昌	香溪	马涧	永昌	香溪
营业支出	利息支出	合计	1 352 711.7	1 247 678.00	809 859.54	2 112 274	2 380 399.00	1 352 069.49
		活期存款利息支出	37 206.73	118 657.00	43 311.84	36 867.22	107 354.00	35 778.05
		活期储蓄存款利息支出	79 331.51	201 146.00	101 837.21	78 033.98	173 858.00	122 890.36
		定期存款利息支出					2 545.00	
		定期储蓄存款利息支出	1 235 345.54	925 143.00	664 185.26	1 996 545	2 094 078.00	1 192 875.85
		股本金利息支出	827.92	2 563.00	525.23	827.92	2 563.00	525.23
		保值贴补息支出		166.00				
	金融机构往来支出	合计	47 218	63 969.00	97 434.55	59 991	102 296.00	51 325.71
		借银行款利息支出	45 318	62 463.00	38 480.00	59 991	83 730.00	50 325.50
		调剂资金利息支出	2 400		58 600.00			
		拆入资金利息支出					17 595.00	
		同业存放款利息支出						1 000.21
		其他利息支出			354.55		971.00	
	并入业务利息支出	合计		111.00	640.76			117.99
		并入存款利息支出		111.00	640.76			117.99
	手续费支出	合计	147 044.03	102 542.00	94 544.61	169 332.6	152 534.00	117 182.77
		代办储蓄手续费支出	120 872.19	76 201.00	80 219.15	133 912.6	123 295.00	86 956.79
		代办收贷手续费支出	11 891.84	3 721.00	6 115.46	14 018.62	17 941.00	6 266.03
		代办其他业务手续费支出	14 280	22 620.00	8 210.00	21 401.41	12 298.00	23 959.95
	营业费用		1 402 941.6	1 720 263.00	1 262 899.90	1 570 573	1 988 464.00	1 524 912.58
	其他营业支出	合 计	1 352 259.9	1 915 037.00	700 188.06	1 127 962	1 859 838.00	697 660.33
		固定资产折旧费	45 923.9	106 756.00	113 424.06	54 628.91	106 756.00	114 622.33
		呆账准备金	1 300 000	1 800 000.00	580 000.00	1 070 000	1 748 400.00	582 000.00
		其他营业支出	6 336	8 281.00	6 764.00	3 333	4 681.00	1 038.00
	营业支出总计		4 302 675.23	5 049 600.00	2 965 567.42	5 040 133	6 483 531.00	3 743 268.87

(1) 营业收入分析。

一是存贷利差收入在三家农村信用社营业收入中均占绝对比重（见图4－25）。2001年，马涧信用社的营业收入为4 540 653.18元，其中，利息收入3 804 868.28元，并入业务利息收入305 174.54元，金融机构往来收入430 271.89元，手续费收入268.47元，其他营业收入仅70元。永昌信用社的营业收入为5 629 014.20元，其中，利息收入4 629 698.6元，并入业务利息收入90 441元，金融机构往来收入905 438元，手续费收入2 521元，其他营业收入915元。香溪信用社的营业收入为3 039 134.48元，其中，利息收入2 504 207.61元，并入业务利息收入304 132.69元，金融机构往来收入228 371.07元，手续费收入2 133.37元，其他营业收入仅289.74元。三家信用社中，永昌信用社的营业收入最高，香溪信用社的营业收入最低。利息收入在三家农村信用社营业收入中所占比重均高达80%以上，其中，马涧信用社利息收入占到了营业收入的84%，永昌和香溪信用社均占到了营业收入的82%；2002年，三家信用社的营业收入均有不同程度的增加，马涧信用社的营业收入增加到了5 302 423元，永昌信用社的营业收入增加到了6 993 121元，香溪信用社的营业收入增加到了3 853 276.73元，利息收入在营业收入中的比重均有不同程度的上升，马涧增加到86%，上升了2个百分点，永昌增加到88%，上升了6个百分点，香溪增加到83%，上升了1个百分点，永昌信用社利息收入所占比重上升的幅度最大。

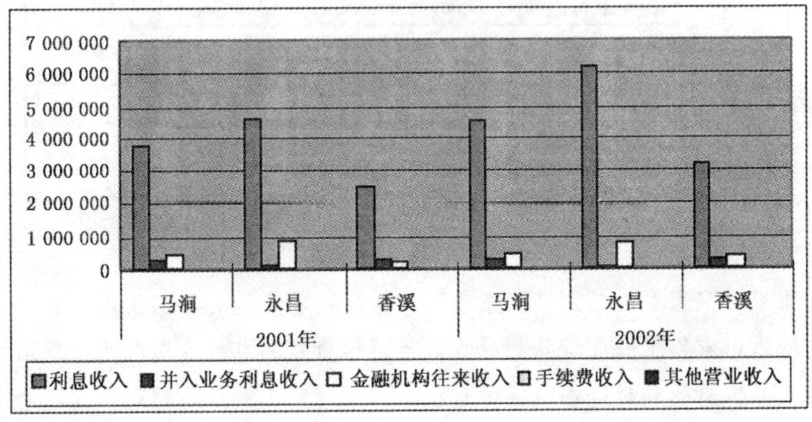

图4－25

二是利息收入结构存在差别（见图 4－26）。2001 年，马涧信用社利息收入达 3 804 868.28 元，其中，农户贷款利息收入占 28%，农村工商业贷款利息收入占 35%，其他贷款利息收入占到 36%，永昌信用社利息收入达 4 629 698.60 元，其中，农户贷款利息收入仅占 14%，农业经济组织贷款利息收入占 16%，农村工商业贷款利息收入占到了 53%，其他贷款利息收入占 17%，香溪信用社利息收入达 250 4207.61 元，其中，农户贷款利息收入占到了 43%，农村工商业贷款占 36%，其他贷款利息收入占 20%。2002 年，三家信用社的利息收入都有不同程度的提高，马涧信用社利息收入增加到了 4 544 454 元，永昌信用社利息收入增加到了 6 137 501 元，香溪信用社利息收入增加到了 3 190 476.06 元。各信用社利息收入结构也发生了一些变化，马涧信用社农户贷款利息收入占比较 2001 年下降了 2 个百分点，永昌信用社农村工商业贷款利息收入占比较上年上升了 5 个百分点，香溪信用社农户贷款利息收入占比下降了 6 个百分点，农村工商业贷款利息收入占比却上升了 2 个百分点。

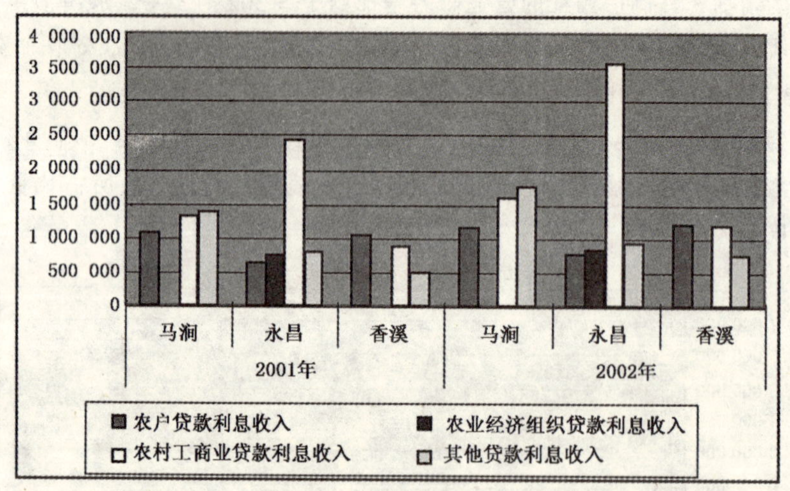

图 4－26

可见，三家农村信用社利息收入结构存在着差异。马涧信用社农户贷款利息收入、农村工商业贷款利息收入与其他贷款利息收入所占比重差别不是太大，其他贷款利息收入略高于农户贷款和农村工商业贷款利息收入。永昌信用社利息收入以农村工商业贷款利息收入为主，农村工商业贷款利息收入在利息收入中所占比重远高于其他各项贷款利息收入所占比重，农户贷款利息收入占比较低。香溪信用社利息收入以农户贷款利息收入为主，所占比重有下降趋势，农村工商业贷款利息收入占比有上升趋势。永昌信用社农村工商业贷款利息收入增长幅度最快。

三是中间业务均不发达，比较而言，永昌信用社的中间业务发展较快(见图4－27)。2001年，马涧信用社结算手续费收入为268.47元，代收费用收入仅有70元，永昌信用社代理业务手续费收入为138元，结算手续费收入为2 382元，代收费用收入为915元，香溪信用社代理业务手续费收入为106元，结算手续费收入为2 027.37元，代收费用收入为289.74元，2002年，除香溪信用社的结算手续费收入有所下降外，其他各项中间业务收入都有不同的增长。三家信用社的中间业务发育程度都很低，永昌信用社的中间业务开展状况略强于其他两家信用社。

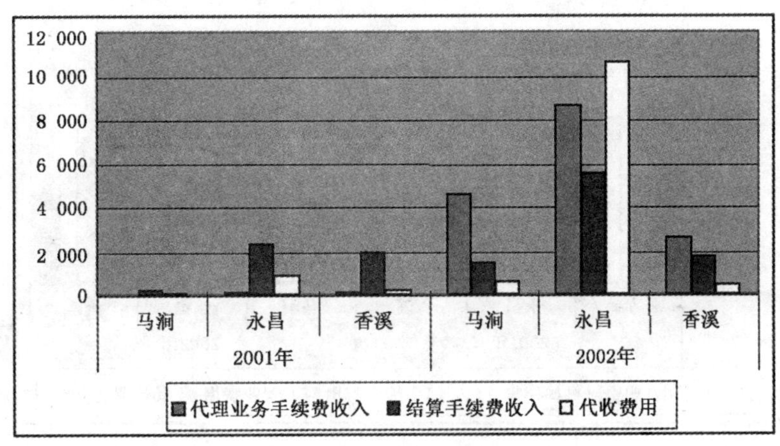

图4－27

(2) 营业支出分析。

一是信用社营业支出构成存在差异，营业支出结构年度间变化较大（见图4－28)。2001年，马涧信用社营业支出为432 675.23元，其中，利息支出1 352 711.7元，占营业支出的31%，营业费用支出1 402 941.6元，占34%，其他营业支出1 352 259.9元，占31%。永昌信用社营业支出为5 049 600元，其中，利息支出1 247 678元，占营业支出的25%，营业费用支出1 720 263元，占34%，其他营业支出1 915 037元，占38%。香溪信用社营业支出为2 965 567.42元，其中，利息支出809 859.54元，占营业支出的27%，营业费用支出1 262 899.9元，占43%，其他营业支出

700 188.06元，占24%；2002年，三家信用社的营业支出都有不同程度的增加，马涧信用社的营业支出增加为5 040 133元，利息支出占营业支出的比重上升为43%，较2001增加了12个百分点，营业费用占比为31%，下降了3个百分点，其他营业支出占比22%，减少了9个百分点。永昌信用社的营业支出增加为6 483 531元，利息支出占营业支出的比重上升为36%，较2001年增加了11个百分点，营业费用占比为31%，下降了3个百分点，其他营业支出占比为29%，减少了9个百分点。香溪信用社的营业支出增加为3 743 268.87元，其中，利息支出占营业支出的比重上升为36%，较2001年增加了9个百分点，营业费用占比为41%，减少了2个百分点，其他营业支出占比为19%，下降了5个百分点。

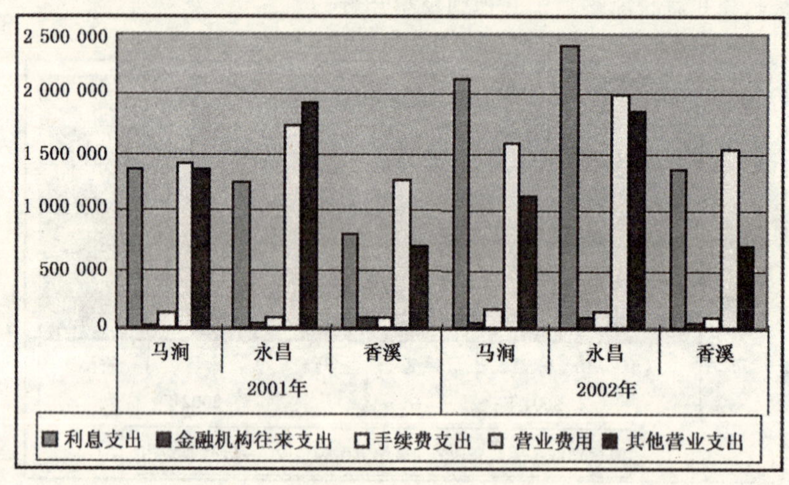

图4-28

对比三家信用社可以看出，2001年，马涧信用社利息支出与营业费用支出和其他营业支出基本持平，利息指出略低于营业费用支出，永昌信用社利息支出在营业支出中的比重最低，营业费用次之，其他营业支出最高，香溪信用社的营业支出以营业费用支出为主；到2002年，香溪信用社的营业支出结构未发生根本性变化，但马涧和永昌信用社的利息支出迅速增加，都超过了营业费用支出。三家信用社中，香溪信用社营业费用在营业支出中所占比重最高，表明其维持日常经营的成本较高，马涧信用社利息支出在营业支出中比重最高，表明其吸收存款的成本较高。

二是定期储蓄存款利息支出高，加大了信用社的经营成本（见图4-29）。2001年，马涧、永昌、香溪信用社定期储蓄存款利息支出在利息支出中的比重分别占到了91%、74%和82%，2002年，这一比例分别为94%、88%和88%，定期储蓄存款利息支出所占比重不断增加，加大了信用社的经营成本。

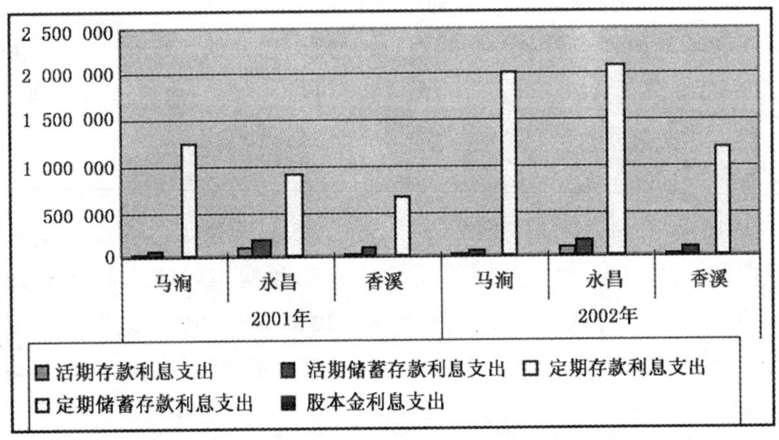

图 4－29

三是信用社为防范风险提取了较高的呆账准备金。2001年，马涧、永昌、香溪信用社提取的呆账准备金占营业支出的比重分别为30.2%、35.6%和19.6%，2002年，三家信用社的这一比例均有所下降，但仍高达21.2%、27%和15.5%。高额的呆账准备金增加了信用社的运营成本。

3. 经济绩效及运行效率分析（见表4－19）。

表4－19　马涧、永昌、香溪农村信用社收入、成本效率指标（%）

	2001年			2002年			减幅		
	马涧	永昌	香溪	马涧	永昌	香溪	马涧	永昌	香溪
利润总额（万元）	51.3	58.5	30.5	15.2	30.5	2.1	70.4	47.9	93.2
净利润额（万元）	46.5	46.2	30.0	9.0	16.1	0	80.6	65.2	100
资产利润率	0.58	0.49	0.46	0.14	0.22	0.03	75.2	55.2	94.2
收入利润率	11.3	10.4	10.0	2.87	4.36	0.54	74.6	58.0	94.6
存款费用率	1.77	1.63	2.17	1.66	1.65	2.21	6.0	+1.1	+1.8
贷款费用率	2.47	2.45	3.16	2.29	2.23	3.06	7.6	9.0	3.3
资产费用率	1.58	1.45	1.91	1.49	1.44	1.94	6.2	0.7	+1.7

注：利润以利润总额表示，费用以营业费用表示。

2001年，马涧、永昌、香溪信用社总利润分别51.3万元、58.5元和30.5万元，分别实现净利润46.5万元、46.2万元和30万元。2002年，三家信用社的利润总额及净利润均较2001年大幅下降，总利润分别降至15.2万元、30.5万元和2.1万元，净利润分别降至9.0万元、16.1万元和0万元。香溪信用社的利润总额及净利润降幅均最大，总利润2002年比2001年下降了93.2%，净利润下降了100%，永昌信用社的利润总额和净利润降幅最小，总利润下降了47.9%，净利润下降了65.2%。

从资产利润率和收入利润率来看，2001年，马涧信用社最高，分别为0.58%和11.3%，但由于其资产利润率和收入利润率下降幅度高于永昌信用社，因此，到2002年，马涧信用社的资产利润率和收入利润率分别为0.14%和2.87%，均低于永昌信用社的0.22%和4.36%。表明，三家信用社运行的经济绩效较低，而且极不稳定，马涧信用社运行的经济绩效略高于其他两家信用社。

从费用率来看，香溪信用社的存款费用率、贷款费用率和资产费用率分别为2.17%、3.16%和1.91%，均高于马涧和永昌信用社，到2002年，除永昌和香溪信用社的存款费用率及香溪的资产费用率有所上升外，三家信用社的其他费用率指标均较2001年有所下降。费用率指标充分表明，三家信用社经济运行的效率均较低，但香溪信用社经济运行最缺乏效率，而永昌信用社的经济运行效率最高。

（四）兰溪市永昌信用社信贷支农状况分析

1.信用社发放的支农信贷主要投向了养殖业（见表4－20）。如图4－30所示，2001年到2003年6月间，按信用社农贷投向的行业分，养殖业获得的贷款数额均高于种植业、加工业和其他行业，呈逐年增加趋势，与其他行业获得的农贷支持差距逐步扩大。2001年，养殖业农业贷款余额为901万元，占按行业划分的农业贷款总额的50%，当年农贷累放827万元，占37%；2002年，养殖业农业贷款余额增至1 176万元，占比上升至51%，当年农贷累放1 305万元，占比48%，较2001年上升了11个百分点；2003年6月末，养殖业农业贷款余额进一步增加到2 320万元，占比升至62%，较2002年增加了11个百分点，当年农贷累放1 810万元，占比升至68%，又较2002上增加了20个百分点。养殖业获得的农业贷款数额不断增加，且增速加快，致使农贷投向的行业差距不断扩大。

表 4－20　　**永昌信用社信贷支农情况**　　单位：万元，户或家

			2001 年末			2002 年末			2003 年 6 月末		
			农贷余额	农贷累放	累计支持单位	农贷余额	农贷累放	累计支持单位	农贷余额	农贷累放	累计支持单位
按行业分	种植业		305	610	320	470	601	375	730	385	819
	养殖业		901	827	470	1 176	1 305	1 395	2 320	1 810	2 001
	加工业		318	515	215	350	70	25	110	70	50
	其他		266	350	43	321	744	295	572	394	120
按对象分	农业经济组织		1 094	985	225	1 121	1 152	290	1 125	585	210
	农户		696	1 317	633	1 196	1 568	1 800	2 607	2 074	2 780
	其中	种植大户									
		养殖大户	515	620	400	650	1 200	580	810	180	70
		经营大户									
		贫困户									
按用途分类	农业机械		179	123	105	197	10	135	190	20	240
	农业生产费用		385	460	218	510	180	265	800	325	910
	水利设备					15		110			
	科技农业										
	开发农业										
	农产品加工					325		30			
	农业服务										
	创汇农业										
	其他		1 226	1 719	535	1 270	2 530	1 685	2 742	2 314	1 840

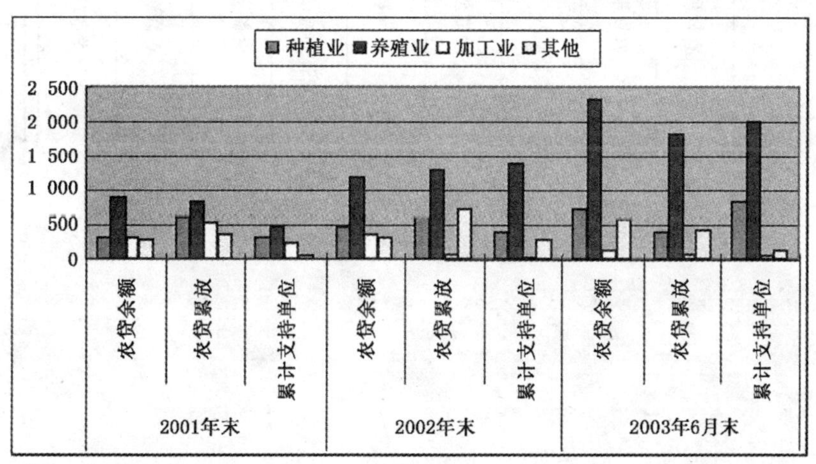

图 4－30

2. 信贷投向对象由以农业经济组织为主转向农户，养殖大户获得的贷款份额有减少趋势（见图4－31）。2001年，农业经济组织农贷余额为1 094万元，高于696万元的农户贷款余额，其中，养殖大户贷款515万元，占到了农户贷款余额的74%，农业经济组织当年获得农业贷款985万元，低于农户的1 317万元，其中，养殖大户贷款620万元，占农户贷款余额的47%；2002年，农业经济组织和农户获得的贷款都较2001年有所增加，但农户贷款余额及当年贷款额均高于农村经济组织，养殖大户获得农贷1 200万元，占农户当年贷款总额的76.5%，达到最高；截至2003年6月末，农户获得的贷款数额迅猛增加，贷款余额增至2 607万元，当年获得的贷款总额增至2 074万元，远高于农业经济组织获得的贷款数额，在农户贷款中，养殖大户当年获得的贷款份额降至8.7%。永昌信用社信贷投入对象发生变化，由以支持农业经济组织的贷款需求为主，转而支持满足农户的信贷需求，对养殖大户的信贷支持力度不断减弱。

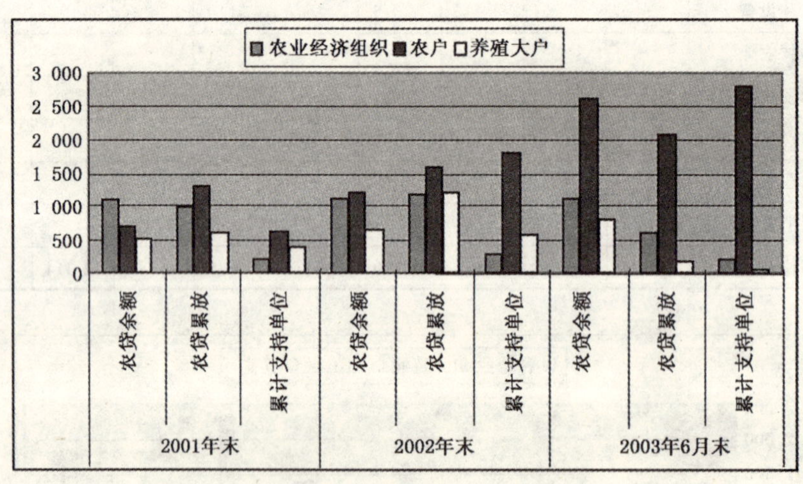

图4－31

第五章　欠发达地区农村金融：现状、问题及路径思考

——宁夏平罗县案例

一、导　　言

经过多年农村金融体制的改革与发展，中国农村金融已经取得了较大的发展，普遍的认识是，目前我国农村已具备了较完备的农村金融组织体系，即形成了以商业金融、合作金融、政策性金融三位一体、分工合作的农村金融组织构架。然而，由于中国农村经济的发展具有较强的地域性和层次性，东部沿海经济发达地区与西部经济欠发达地区农村经济呈现了极大的差异，由此，农村金融领域内所面临的问题必然有所不同，许多对于经济发达地区迎刃而解的问题在经济欠发达地区却难以解决。加之，不同地区农户对资金的需求也具有多层次性和多元化的特征，面对这些不同层次的金融需求，就需要提供适应这些需求特征的不同的金融供给。因此，对中国农村经济金融问题的研究必须充分考虑不同地区的差异性。

本文的分析基于对宁夏平罗县农村金融的调查，从供给视角对我国经济欠发达地区农村金融的现状和存在的问题进行分析，进而提出欠发达地区农村金融发展的路径选择。

二、宁夏全区经济金融概况

(一) 宁夏全区经济运行状况

宁夏回族自治区位于中国西北部，地处黄河中上游，是中国5个少数民族自治区之一。近年来，宁夏国民经济持续快速发展，1998~2002年国民经济增速平均达到9.68%，至2002年末，经济总量达到329.7亿元，按可比价格计算增速居全国第15位，西部第5位。在国民经济总量中，第一、二、三产业增加值分别占GDP的16%、46%、38%。全年实现固定资产投资230.83亿元，全区地方财政收入26.45亿元，财政支出114.43亿元。实现社会商品零售额108.78亿元。进出口总额4.43亿元（见图5-1、表5-1）。

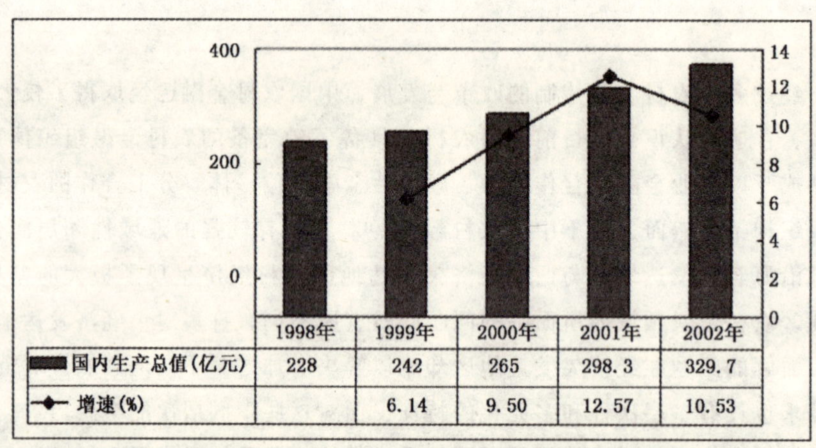

资料来源：根据《宁夏金融年鉴（2003)》整理。表5-1、表5-2、图5-1同。

图5-1　宁夏1998~2002年国内生产总值及增速

表5-1　　2002年宁夏主要经济统计　　单位：亿元

国内生产总值	329.7
第一产业（增加值）	52.9
第二产业（增加值）	150.8
第三产业（增加值）	126
固定资产投资	230.83
地方财政收入	26.45

续表

地方财政支出	114.43
社会商品零售额	108.78
进出口总额（亿美元）	4.43
进口（亿美元）	1.15
出口（亿美元）	3.28

（二）宁夏全区金融发展概况

1. 存贷款情况。经济发展决定金融发展。近年来，宁夏全区金融机构人民币存贷款余额持续增长（见图5－2），截至2002年末，宁夏全区金融机构人民币各项存款余额578.16亿元，比年初增加109.29亿元，增长23.3%。其中，企业存款余额为193.27亿元，比年初增加40.54亿元。全区金融机构人民币各项贷款余额524.56亿元，比年初增加83.17亿元，增长18.8%。其中，短期贷款比年初增加28.57亿元，增长14.1%，中长期贷款比年初增加47.74亿元，增长23.9%（见表5－2）。

单位：亿元

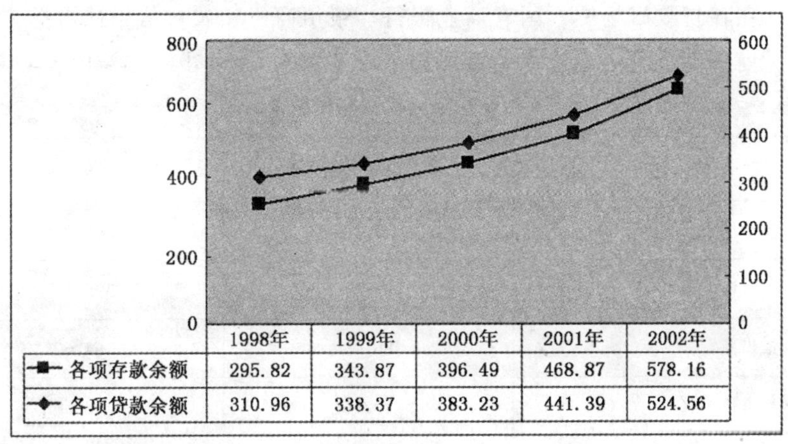

图5－2　宁夏全区金融机构人民币存贷款余额（1998～2002年）

表5－2　　宁夏全区金融机构存贷款余额（2001～2002年）　　单位：亿元

项　　目	2001年	2002年
全部金融机构各项存款余额	468.87	578.16
企业存款	152.73	193.27
财政存款	30.17	29.8

续表

项　目	2001年	2002年
城乡储蓄存款	257.97	306.75
全部金融机构各项贷款余额	441.39	524.56
短期贷款	202.12	230.69
中长期贷款	199.37	247.11

同时，根据2003年6月宁夏金融机构存贷款情况对照表，截至2003年6月宁夏全区金融机构各项存款余额达到697.5亿元，其中，国有商业银行存款余额435.7亿元，占全部金融机构存款余额的62.47%，排在首位，其次为银川商行存款余额86亿元，占比12.33%，排在第三位的是农村信用社，存款余额为73.9亿元，占比10.59%。各项贷款余额达到623.4亿元，其中国有商业银行贷款余额395.7亿元，占全部贷款余额的63.47%，其次为农村信用社贷款余额83.7亿元，占比13.43%，政策性银行贷款余额66.2亿元，占比10.62%，银川商行贷款余额64.6亿元，占比10.36%。可见，在存贷款市场中，国有商业银行、银川商行和农村信用社占据了主要地位，商业性金融活动发挥了重要作用（见表5-3、图5-3、图5-4）。

表5-3　　宁夏全区金融机构存贷款余额

	存款余额（亿元）	贷款余额（亿元）
政策性银行	2.2	66.2
国有商业银行	435.7	395.7
银川商行	86.00	64.60
城市信用社	9.10	8.60
农村信用社	73.90	83.70
信托公司	19.90	2.80
邮储	37.10	—

注：政策性银行包括国家开发银行和中国农业发展银行；国有商业银行包括中、农、工、建；信用社包括农村信用社和城市信用社。

资料来源：根据《宁夏金融机构存贷款情况对照表（2003年6月30日）》整理。图5-3、图5-4同。

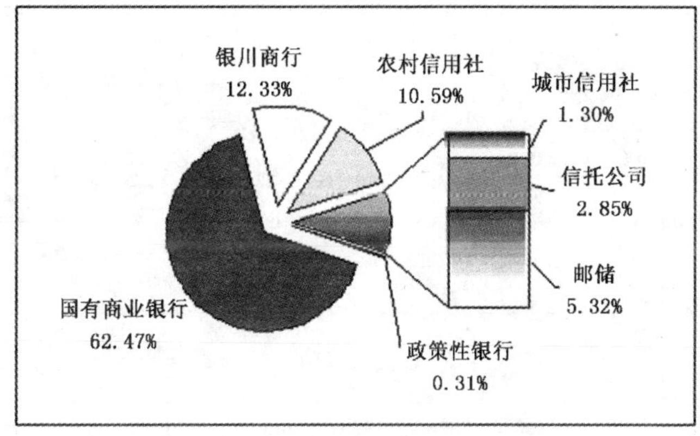

图 5-3 宁夏全区主要金融机构存款所占份额

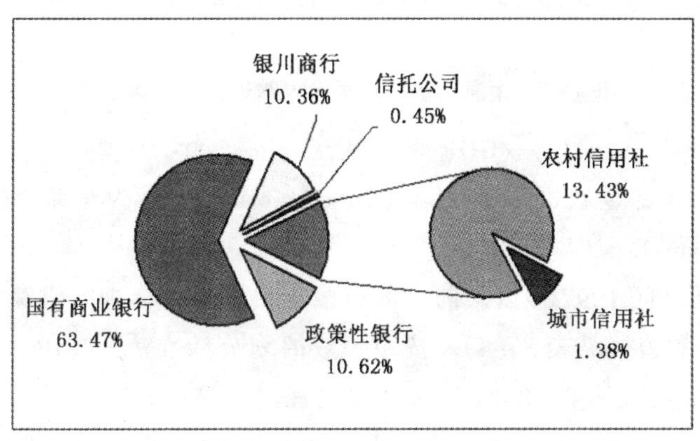

图 5-4 宁夏全区主要金融机构贷款所占份额

从宁夏全区金融机构存贷比来看，1990 年以来，存贷比呈现走低趋势，由 1990 年代的 137.43 到 2003 年 6 月的资料，存贷比已经降低至 89.36（见图 5-4）。这种降低的趋势反映了近年来宁夏全区金融机构存差的扩大，虽然存贷款余额逐渐增长，但是显然存款的增加远远大于贷款余额的增长（见图 5-5）。

2. 金融资源状况。为了客观反映宁夏全区金融资源状况，这里将重点考察两项量化指标——金融业发展程度和金融市场化程度，进一步分析宁夏全区的金融环境。

(1) 金融发展程度。目前较通用的、可操作性较高的衡量金融发展程度的指标主要是全部金融相关比率（total financial interrelation ratio，TFIR），其衡量公式为：

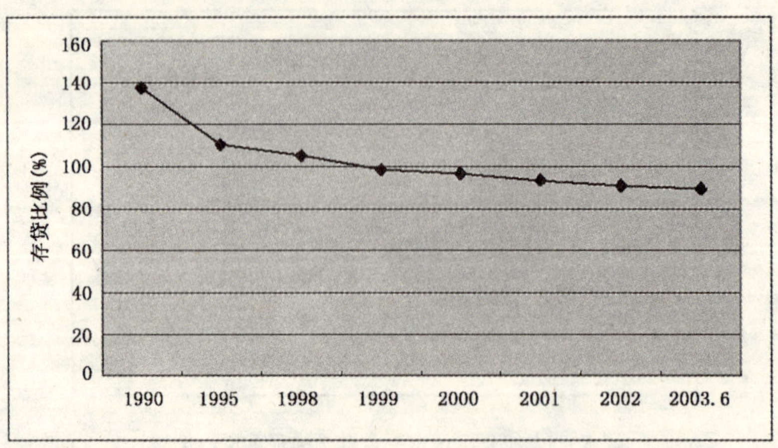

资料来源：根据历年《宁夏统计年鉴》整理，2003 年 6 月数据来自《宁夏金融机构存贷款情况对照表》。

图 5-5 宁夏全区主要年份金融机构存贷比变化

TFIR =（St + Lt）/GDP

其中，St 为全部金融机构存款额（total deposits），Lt 为全部金融机构贷款额（total loans）。

对宁夏全区 1997 年以来的全部金融相关比率指标进行跟踪，计算出历年的 TFIR 数值（见表 5-4）。按照一般的划分标准①，TFIR > 2.6 金融发展程度较高；2.0 < TFIR < 2.6 金融发展程度中等；TFIR < 2.0 金融发展程度较低。由此可以判断，宁夏全区金融业在 1998 年以来进入较高金融发展阶段。这为全区农村金融的快速发展奠定了基础。

表 5-4 宁夏金融系统 1997~2002 年 TFIR 统计分析表 单位：亿元

年份	存款余额（S_t）	贷款余额（L_t）	$S_t + L_t$	GDP	TFIR
1997 年	262.41	273.16	535.57	210.92	2.54
1998 年	295.82	310.96	606.78	227.46	2.67
1999 年	343.87	338.37	682.24	241.49	2.83
2000 年	396.49	383.23	779.72	265.57	2.94
2001 年	468.87	441.39	910.26	298.38	3.05
2002 年	578.16	524.56	1 102.72	329.28	3.35

资料来源：根据《历年宁夏统计年鉴》整理。表 5-5 同。

① 参考周立：《中国各地区金融发展与经济增长》，清华大学出版社 2004 年版。

(2) 金融市场化程度。金融市场化程度通过金融市场化比率（financial marketization ratio，FMR），FMR 的衡量公式为：

FMR = TFIR - SOFIR

其中，SOFIR 为国有金融相关比率（state - owned financial interrelation ratio），SOFIR = （Ds + Ls）/GDP，（Ds 代表国有银行存款，Ls 代表国有银行贷款）。

从表 5 可以看出，近年来宁夏全区金融市场化程度在不断提高，但是与发达地区相比（如浙江省 1998 年 FMR 指标已经达到 0.57，广东为 1.05），金融市场化程度仍有待进一步提高（见表 5－5）。

表 5－5　　宁夏金融系统 1997～2002 年金融市场比率 FMR 表　　单位：亿元

年份	国有银行存款余额（D_s）	国有银行贷款余额（L_s）	$D_s + L_s$	GDP	SOFIR	TFIR	FMR
1997 年	232.16	247.84	480	210.92	2.28	2.54	0.26
1998 年	261.05	283.34	544.39	227.46	2.39	2.67	0.27
1999 年	295.01	304.73	599.74	241.49	2.48	2.83	0.34
2000 年	337.15	338.64	675.79	265.57	2.54	2.94	0.39
2001 年	388.78	379.82	768.6	298.38	2.58	3.05	0.47
2002 年	444.36	417.57	861.93	329.28	2.62	3.35	0.73

（三）宁夏全区农村金融发展状况

在我国，正规的农村金融机构包括中国农业发展银行、中国农业银行和农村信用社。就宁夏全区农村金融发展而言，截至 2003 年 6 月末，中国农业银行存款余额 1 亿元，贷款余额 16.9 亿元，比年初减少 9.14%。中国农业银行存款余额 104.1 亿元，比年初增长 12.23%，贷款余额 112.3 亿元，比年初增长 1.77%，其中农业贷款余额 3.8 亿元，仅占农业银行贷款余额的 3.38%。农村信用社存款余额 73.9 亿元，比年初增长 40.31%，贷款余额 83.7 亿元，比年初增长 66.73%，其中农业贷款余额 50.8 亿元，占农村信用社贷款余额的 64.76%。在宁夏农村金融领域，农村信用社事实上成为农村金融的主要供给主体。

三、平罗农村金融调查分析：供给视角

（一）平罗概况

平罗县位于宁夏平原北部，地处贺兰山与黄河之间，独特的地理位置决定了平罗县在山河之间，一片沃野，水草丰盛，资源富饶。平罗拥有78万亩良田，是全国重要的商品粮基地县；山麓、河滩上宽阔的天然牧场，使得畜牧业发展势头强劲，森林蓄积量达9.3万亩。矿产资源极其丰富，品种与产量在宁夏首屈一指，是国际市场冠誉的“煤王”太西煤的产地，已探明储藏量6.55亿吨。电力资源丰富，年供电量11亿千瓦时。

平罗县经济近年来发展较快，2002年实现国内生产总值13.35亿元，比上年增长9.86%，其中第一产业增加值4.02亿元，占GDP比重30.1%，第二产业增加值5.10亿元，占GDP比重38.2%，第三产业增加值4.23亿元，占GDP比重31.7%，第一产业在国名经济中依然占据较大比重。2002年全年实现社会固定资产投资4.43亿元，实现社会消费品零售总额4.55亿元，全年财政收入1.64亿元，财政支出2.07亿元。

（二）平罗县金融发展状况

平罗县的银行金融机构主要包括农业发展银行、工商银行、建设银行、农业银行、城市信用社和农村信用社。截至2002年3月，全县全部金融机构各项存款余额14.03亿元，占宁夏全区全部金融机构各项存款余额的7.68%，各项贷款余额10.14亿元，占全区全部金融机构各项贷款余额的5.71%（见表5－6）。

表5－6　平罗县存贷款情况及在全区中的占比　单位：亿元，%

存款余额	全区	所占比例	贷款余额	全区	所占比例
14.03	182.76	7.68	10.14	177.52	5.71

资料来源：根据《宁夏全区各县（市）金融机构存贷款情况统计表（2002年3月）》整理。

同时，根据2003年6月平罗县金融机构货币信贷统计月报，至2003年6月末，平罗县金融机构各项存款余额17.33亿元，其中国有商业银行占比

66.43%，信用社占比33.72%。在国有商业银行中，农业银行存款余额占全县金融机构存款余额的20.95%，而在信用社中，农村信用社存款余额占全县金融机构存款余额的27.42%。在贷款市场，全县金融机构各项贷款余额14.2亿元，国有商业银行占比50.04%，信用社占比49.96%，几乎平分秋色。其中，农业银行贷款余额占全县金融机构贷款余额的20.06%，农村信用社贷款余额占全县金融机构贷款余额的45.71%（见图5-6）。可见，在平罗县金融机构存贷款市场中，农业银行和农村信用社占据着重要的地位，尤其是农村信用社，其占据了存款市场近三分之一、贷款市场近一半的市场份额。

单位：%

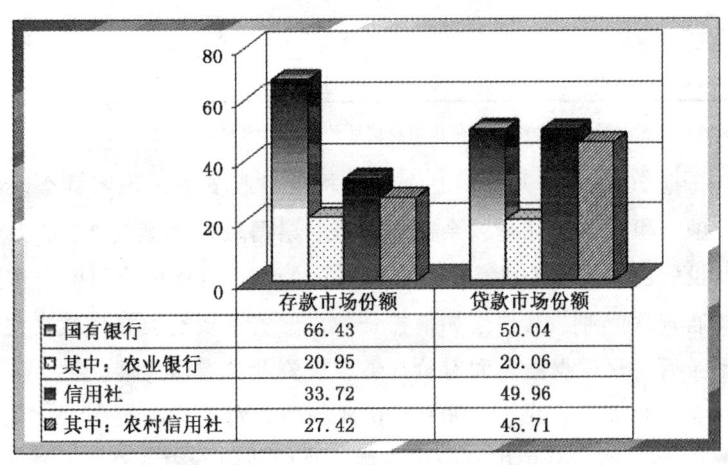

资料来源：根据《平罗县金融机构货币信贷统计月报（2003年6月）》整理。

图5-6　平罗县金融机构存贷款市场份额

从平罗县金融机构贷款投向来看，截至2003年6月，全县金融机构贷款余额141 956万元，其中短期贷款109 538万元，占比77.16%，中期流动资金贷款8 735万元，占比6.15%，中长期贷款21 423万元，占比15.09%。在短期贷款中，农业贷款49 091万元，占全部贷款的34.58%，工业贷款20 645万元，占全部贷款的14.54%，商业贷款11 450万元，占全部贷款的8.07%，乡镇企业贷款11 397万元，占全部贷款的8.03%，私营企业及个体贷款3 294万元，占全部贷款的2.32%，建筑业贷款242万元，占全部贷款的0.17%，其他短期贷款8 735万元，占全部贷款的9.45%（见表5-7）。

表 5-7 平罗县金融机构贷款投向分析 单位：万元，%

	余　额	占　比
各项贷款	141 956	100
短期贷款	109 538	77.16
工业贷款	20 645	14.54
商业贷款	11 450	8.07
建筑业贷款	242	0.17
农业贷款	49 091	34.58
乡镇企业贷款	11 397	8.03
私营企业及个体贷款	3 294	2.32
其他短期贷款	13 419	9.45
中期流动资金贷款	8 735	6.15
中长期贷款	21 423	15.09

资料来源：根据《平罗县金融机构货币信贷统计月报（2003 年 6 月）》整理。

另外，据 2003 年 6 月平罗县金融机构信贷收支表，平罗县金融机构信托贷款、融资租赁、委托贷款余额均为零。票据融资余额仅 2 260 万元，有价证券及投资额仅为 1 749 万元。这说明，平罗县信贷机构的资金运用基本上依托普通贷款业务，其他诸如信托贷款、融资租赁、委托贷款之类的业务开展严重滞后，仅票据融资和有价证券及投资业务有所发展。

就农业贷款而言，截至 2003 年 6 月，全县农业贷款余额 49 091 万元，比年初增长 26.7%，其中国有银行、主要是农业银行农业贷款余额 1 239 万元，比年初减少 59.17%，农村信用社农业贷款余额 47 851 万元，比年初增长 34.01%（见表 5-8)。在全县农业贷款市场上，农村信用社占据主导地位，国有银行主要是农业银行农业贷款份额不断减少。2002 年末，农村信用社农业贷款占全县农贷市场份额 92.17%，国有银行占 7.83%的市场份额，至 2003 年 6 月末，农村信用社占据全县农贷市场 97%以上的份额，国有银行仅占不足 3%的市场份额（见图 5-7)。而就农村贷款而言（包括农业贷款和乡镇企业贷款之和)，2003 年 6 月末，全县农村贷款余额 60 488 万元，比年初增长 22.87%，其中国有银行农村贷款余额 5 852 万元，占农村贷款市场不足 10%的市场份额，农村信用社农村贷款余额 54 635 万元，占据 90%以上的市场份额（见表 5-8)。

可见，农村信用社在平罗县农村金融市场中发挥着重要的作用。

表 5-8　　平罗县农业贷款余额　　单位：万元

	2002 年	2003 年 6 月底
总计	38 743	49 091
#国有银行	3 035	1 239
农信社	35 708	47 851

资料来源：根据《平罗县 2002 年统计年鉴》、《平罗县金融机构货币信贷统计月报（2003 年 6 月)》整理。图 5-7、表 5-9 同。

单位：%

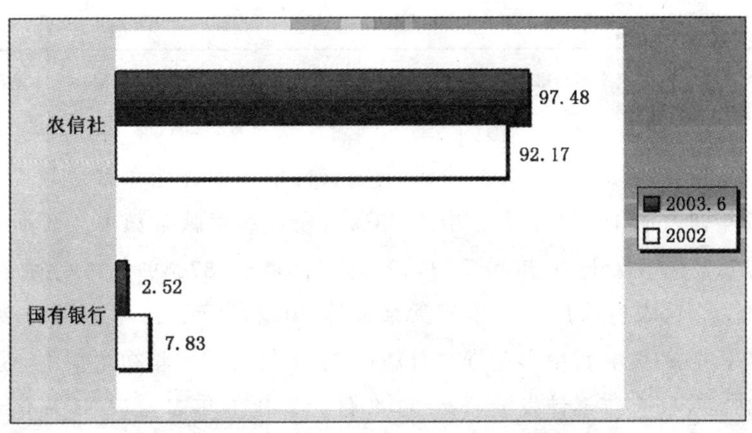

图 5-7　平罗县金融机构农业贷款市场份额

表 5-9　　平罗县金融机构农村贷款情况及市场份额　　单位：万元，%

	2002 年		2003 年 6 月	
	余额	占比	余额	占比
总计	49 229	100	60 488	100
#国有银行	7 732	15.71	5 852	9.68
农信社	41 497	84.29	54 635	90.32

注：农村贷款为农业贷款与乡镇企业贷款之和。

（三）农村信用社发展情况

1. 宁夏全区农村信用社情况。截至 2002 年末，宁夏全区农村信用社机构总数 414 个，其中法人机构 235 个，非法人机构 179 个。在法人机构中，信用联社 20 个，信用社 215 个，职工人数共有 2 935 人，资产总额达

100.09 亿元。全年实现总收入 4.8 亿元，总支出 4.5 亿元，收支轧平，全年实现盈余 3 016 万元（见表 5－10）。

表 5－10 宁夏全区农村信用社基本情况

机构数（个）	414
职工人数（人）	2 935
资产总额（亿元）	100.09
存贷比（%）	96.67
不良贷款比例（%）	15.9
本年总收入（亿元）	4.8
本年总支出（亿元）	4.5
本年盈亏（万元）	3 016

资料来源：根据《中国金融统计年鉴（2003）》、《宁夏 2002 年全区农村信用社基本情况表》整理。

就存贷款情况而言，2002 年末全区农村信用社各项存款余额 51.92 亿元，较年初增加 16.84 亿元，增长 48%。在全部存款余额中，活期存款余额为 27.2 亿元，比年初增加 12.7 亿元，增长 87.4%，占各项存款的 52.3%。全区农村信用社各项贷款余额达 50.2 亿元，比年初增加 22.1 亿元，增长 78.7%。其中农业贷款余额达 31.1 亿元，比年初增加 14.3 亿元，增长 85.2%。全年累计发放贷款 63.8 亿元，比上年多发放 31.6 亿元，其中，累计发放农业贷款 44.1 亿元，同比多投放 20.9 亿元。全区农村信用社存贷比 96. 7%（见表 5－11）。

表 5－11 宁夏全区农村信用社存贷款情况 单位：万元，%

	2001 年		2002 年	
	余额	占比	余额	占比
各项存款	35.09	100	51.92	100
#活期存款	14.5	41.32	27.2	52.3
各项贷款	28.1	100	50.2	100
#农业贷款	16.8	59.79	31.1	61.95
存贷比	80.1		96.7	

资料来源：根据《宁夏回族自治区农村信用联社 2002 年工作总结》整理。

2002 年末，全区农村信用社不良贷款余额 7.97 亿元，占各项贷款余额的 15.9%，比上年末减少 5 637 万元，占比下降 14.5%（见图 5－8）。在不良贷款中，其中逾期贷款 1.38 亿元，约占全部不良贷款的 18 %，呆滞贷款

5.75亿元，约占全部不良贷款的72%，呆账贷款0.79亿元，约占全部不良贷款的10%（见图5－9）。

单位：亿元，%

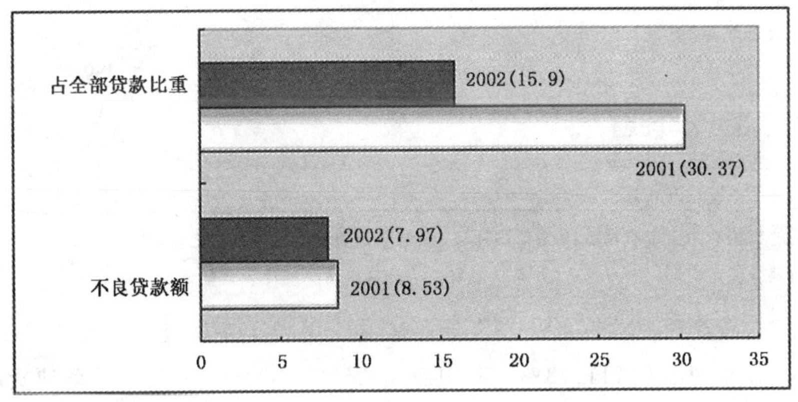

资料来源：根据《宁夏回族自治区农村信用联社2002年工作总结》整理。

图5－8 宁夏全区农村信用社2001～2002年不良贷款情况

单位：亿元，%

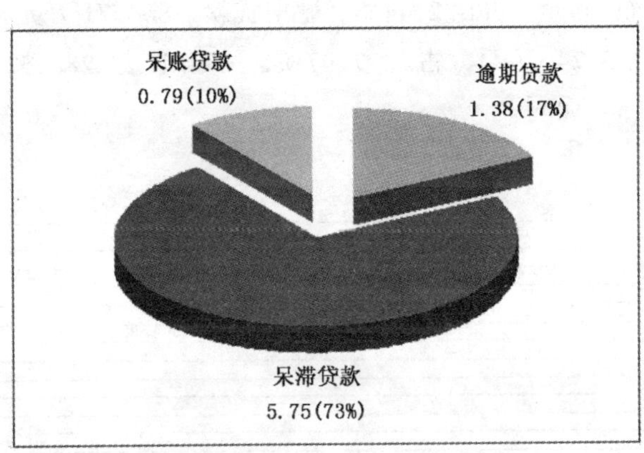

图5－9 2002年宁夏全区信用社不良贷款构成

2. 平罗县农村信用联社。

(1) 基本情况。平罗县农村信用联社下辖18个信用社1个营业部，管辖信用分社（站、所）4个，拥有职工182人，2002年末资产总额7.28亿元，全年实现总收入3 799.8万元，总支出3 528.7万元，收支轧平，全年实现盈余271.1万元。截至2002年末，平罗县农村信用联社各项存款余额3.58亿元，贷款余额5.04亿元，存贷比140.58%，不良贷款比率12%

（见表 5－12）。

表 5－12　　　　平罗县农村信用社基本情况

机构数（个）	24
职工人数（人）	182
资产总额（亿元）	7.28
存贷比（%）	140.58
不良贷款比例（%）	12
本年总收入（万元）	3 799.8
本年总支出（万元）	3 528.7
本年盈亏（万元）	271.1

注：机构数为 1 个联社、19 个信用社、1 个营业部和 4 个信用分社之和。

资料来源：根据《宁夏 2002 年全区农村信用社基本情况统计表》整理。

（2）资产业务状况。2002 年末平罗县信用联社各项贷款余额 50 361.14 万元，比年初增长 111.73%，其中短期贷款 33 077.81 万元，占各项贷款余额的 65.68%，中长期贷款 684.64 万元，占各项贷款余额的 1.36%，农户小额信用贷款余额 3 430.28 万元，占各种贷款余额的 6.81%，农户联保贷款 1 134.93 万元，占比 2.25%，抵押贷款 4 637.62 万元，占比 9.21%，质押贷款 1 226.69 万元，占比 2.44%，逾期贷款 1 864.71 万元，占比 3.7%，呆滞贷款 4 015.74 万元，占比 7.97%，呆账贷款 288.72 万元，占比 0.57%（见图 5－10）。

单位：%

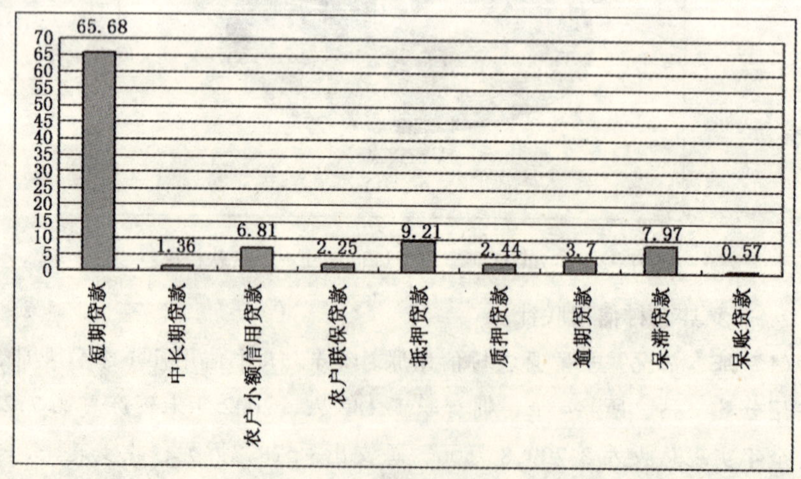

资料来源：根据《2002 年 12 月平罗县农村信用联社业务状况表》整理。下同。

图 5－10　平罗县农村信用联社各项贷款占比情况

其中，短期贷款中，短期农户贷款23 403.36万元，短期农业经济组织贷款848.65万元，短期农村工商业贷款2 614万元，短期其他贷款6 211.53万元，分别占短期贷款的比重为：70.75%、2.57%、7.9%和18.78%（见图5-11）。中长期贷款中，中长期农户贷款64.64万元，占全部中长期贷款的9.44%，中长期农业经济组织贷款550万元，占比80.33%，中长期农村工商业贷款70万元，占比10.22%（见图5-12）。

单位：万元，%

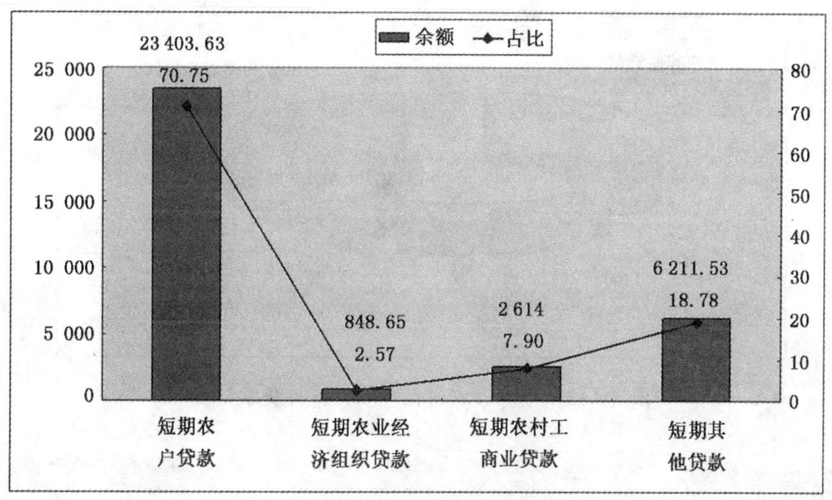

图5-11　平罗县农村信用联社短期贷款结构

单位：万元，%

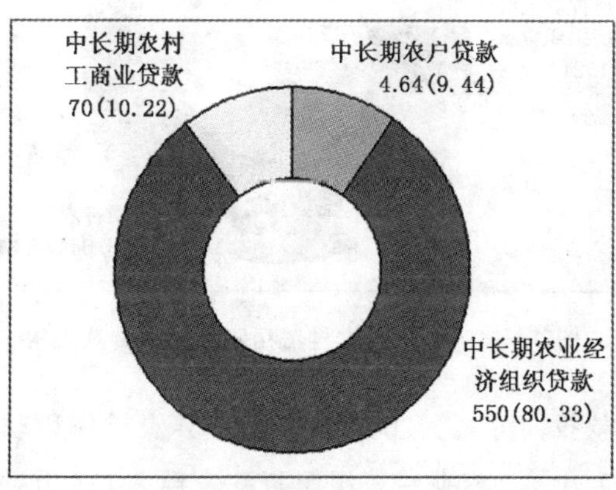

图5-12　平罗县农村信用联社中长期贷款结构

在抵押贷款中，抵押农户贷款余额 1 789.92 万元，抵押农业经济组织贷款 265 万元，抵押农村工商业贷款 1 015 万元，抵押其他贷款 1 567.7 万元，分别占抵押贷款的比重为 38.6%、5.71%、21.89%、33.80%（见图 5－13）。在质押贷款中，质押农户贷款 923.84 万元，占全部质押贷款的 75.31%，质押农业经济组织贷款 61.20 万元，占全部质押贷款的 4.99%，质押其他贷款 241.65 万元，占全部质押贷款的 19.7%（见图 5－14）。

单位：万元，%

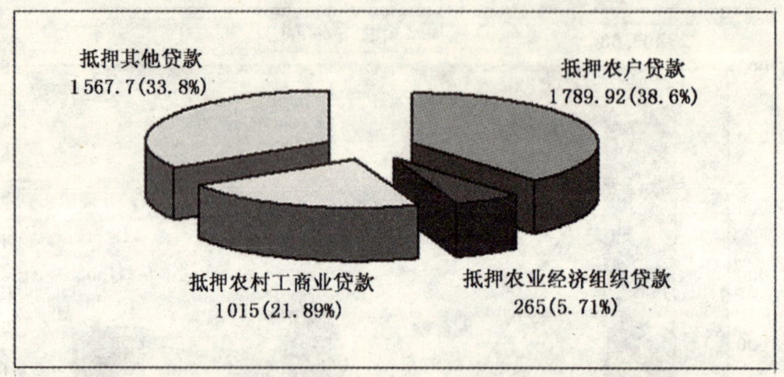

图 5－13　平罗县农村信用联社抵押贷款结构

单位：万元，%

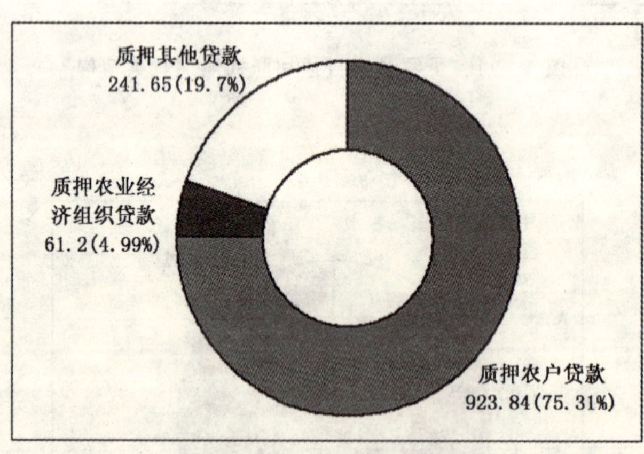

图 5－14　平罗县农村信用联社质押贷款结构

同时，就贷款投向分析，2002 年末平罗县农村信用联社各种农户贷款余额为 28 597.67 万元，农业经济组织贷款余额 2 758 万元，农村工商业贷款余额 5 859.64 万元，其他贷款余额 8 179.16 万元，农户小额信用贷款余额 3 778.85 万元，农户联保贷款余额 1 188 万元，分别占各项贷款余额的比重为：56.79%、5.48%、11.64%、16.24%、7.5%、2.36%（见图 5 - 15）。

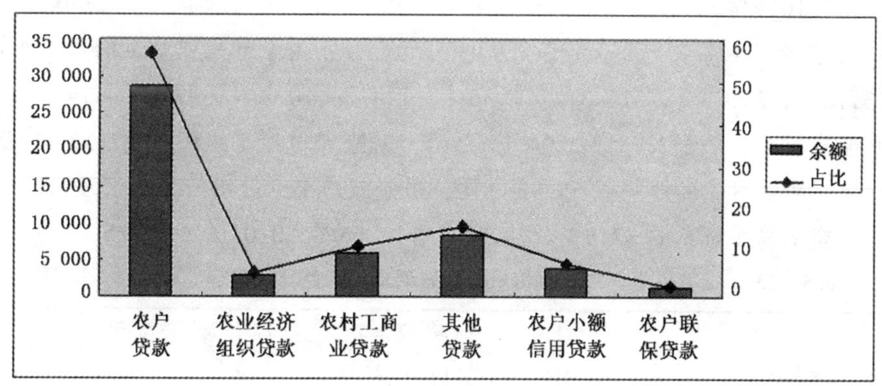

图 5 - 15　平罗县农村信用联社贷款投向结构

2002 年末，平罗县农村信用联社不良贷款余额（逾期贷款、呆滞贷款和呆账贷款之和）6 169.17 万元，不良贷款比例 12.25%。其中逾期贷款 1 864.71万元，占全部不良贷款的 30.23%，呆滞贷款 4 015.74 万元，占全部不良贷款的 68.09%，呆账贷款 288.72 万元，占全部不良贷款的 4.68%（见图 5 - 16）。

单位：万元，%

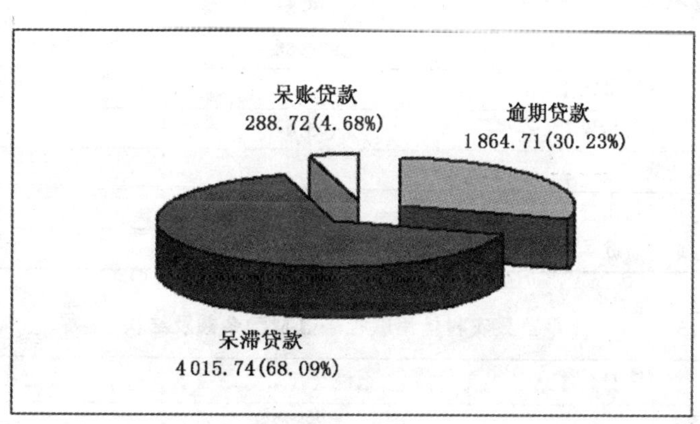

图 5 - 16　平罗县农村信用联社不良贷款结构

其中，在逾期贷款中，逾期农户贷款 1 391.65 万元，逾期农业经济组织贷款 58.95 万元，逾期其他贷款 103.5 万元，逾期农户小额信用贷款

289.57万元，逾期农户联保贷款21.04万元，分别占逾期贷款的74.63%、3.16%、5.55%、15.53%、1.13%（见表5－13）。在呆滞贷款中，呆滞农户贷款929.88万元，呆滞农业经济组织贷款834.71万元，呆滞农村工商业贷款2 105.44万元，呆滞其他贷款54.78万元，呆滞农户小额信用贷款58.9万元，呆滞农户联保贷款32.03万元，分别占全部呆滞贷款的比重为：23.16%、20.79%、52.43%、1.36%、1.47%、0.8%（见表5－14）。在呆账贷款中，呆账农户贷款94.11万元，呆账农村经济组织贷款139.49万元，呆账农村工商业贷款55.02万元，呆账农户小额信用贷款0.1万元，分别占全部呆账贷款的32.6%、48.31%、19.06%、0.03%（见表5－15）。

表5－13　平罗县农村信用联社逾期贷款余额及结构

项　目	余额（万元）	占比（%）
逾期贷款	1 864.71	100
逾期农户贷款	1 391.65	74.63
逾期农业经济组织贷款	58.95	3.16
逾期其他贷款	103.5	5.55
逾期农户小额信用贷款	289.57	15.53
逾期农户联保贷款	21.04	1.13

表5－14　平罗县农村信用联社呆滞贷款余额及结构

项　目	余额（万元）	占比（%）
呆滞贷款	929.88	100
呆滞农户贷款	929.88	23.16
呆滞农业经济组织贷款	834.71	20.79
呆滞农村工商业贷款	2 105.44	52.43
呆滞其他贷款	54.78	1.36
呆滞农户小额信用贷款	58.9	1.47
呆滞农户联保贷款	32.03	0.80

表5－15　平罗县农村信用联社呆账贷款余额及结构

项　目	余额（万元）	占比（%）
呆账贷款	288.72	100
呆账农户贷款	94.11	32.6
呆账农业经济组织贷款	139.49	48.31
呆账农村工商业贷款	55.02	19.06
呆账农户小额信用贷款	0.1	0.03

同时，根据贷款投向分析，截至2002年末，农户贷款的不良贷款余额为2 415.64万元，农业经济组织贷款不良贷款为1 033.15万元，农村工商业贷款不良贷款为2 160.64万元，其他贷款不良贷款为158.28万元，农户小额信用贷款不良贷款为348.57万元，农户联保贷款不良贷款为53.07万元，分别占不良贷款的比重为：39.16%、16.75%、35.02%、2.57%、5.65%、0.86%（见图5－17）。

单位：万元，%

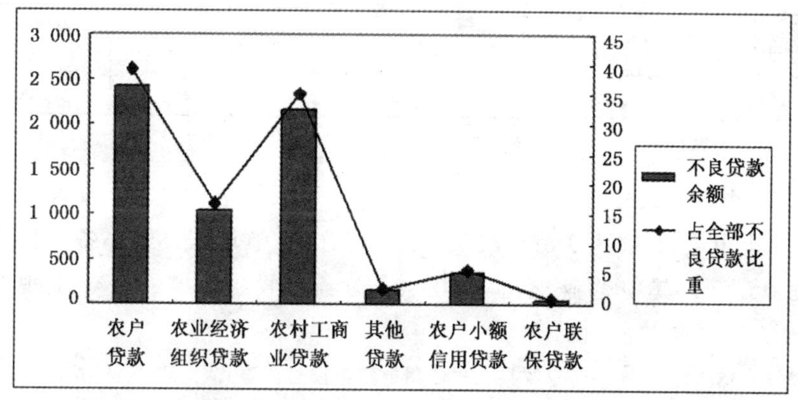

图5－17　平罗县农村信用联社按贷款投向划分不良贷款情况

（3）负债业务状况。2002年末，平罗县信用联社各项存款余额35 823.35万元，比年初增长40.99%，其中活期存款余额2 421.52万元，占各项存款余额的6.76%，财政性存款94.54万元，占各项存款余额的0.26%，定期存款165.43万元，占比0.46%，活期储蓄存款11 591.84万元，占各项存款余额的32.36%，定期储蓄存款21 550.02万元，占各项存款余额的60.16%（见表5－16）。

表5－16　平罗县农村信用联社2002年末存款基本情况　单位：万元，%

项　目	2001年	2002年	
		余额	占比
各项存款小计	25 407.58	35 823.35	100.00
活期存款	942.64	2 421.52	6.76
财政性存款	161.03	94.54	0.26
定期存款	19.89	165.43	0.46
活期储蓄存款	6 393.98	11 591.84	32.36
定期储蓄存款	178 900.04	21 550.02	60.16

截至2002年末，平罗县农村信用联社借入支农再贷款余额22 000万元。结合存贷款情况，年末存款余额35 823.35万元，贷款余额为50 361.14万元，实际2002年通过平罗县农村信用联社农村资金净流出7 462.21万元。加之邮政储蓄存款余额13 907万元，那么2002年平罗县农村资金外流2亿元以上（见表5－17）。

表5－17　2002年平罗县农村资金外流情况　单位：万元

农村信用联社				邮政储蓄
贷款余额 ①	存款余额 ②	支农再贷款 ③	资金外流 ④＝②＋③－①	存款余额
5 0361.14	35 823.35	22 000	7 462.21	13 907

注：邮政储蓄数据来自《平罗统计年鉴（2002）》。

（4）财务损益分析。2002年，平罗县信用联社全年实现总收入3 799.8万元，其中营业收入3 625.82万元，比2002年增长85.86%，总支出3 528.7万元，其中营业支出3 405.64万元，收支轧平，全年实现盈余271.1万元（见表5－18）。

表5－18　平罗县农村信用社财务损益简表　单位：万元

项目	金额
①营业收入	3 625.82
利息收入	2 885.69
金融机构往来收入	739.08
手续费收入	1.05
②投资收益	82.29
③营业外收入	91.71
④营业支出	3 405.64
利息支出	654.57
金融机构往来支出	980.32
手续费支出	38.09
营业费用	1 479.29
其他营业支出	253.37
⑤营业外支出	8.99
⑥营业税金及附加	114.11
⑦营业利润（⑦＝①－④－⑥）	106.06
⑧利润总额（⑧＝①＋②＋③－④－⑤－⑥）	271.07
减：所得税	49.96
⑨净利润	221.11

资料来源：根据《2002年平罗县农村信用联社财务损益表》整理。下同。

就收入来源而言，2002 年实现总收入 3 799.82 万元，营业收入 3 625.82万元，占总收入的 95.42%，投资收益 82.29 万元，占总收入的 2.17%，营业外收入 91.71 万元，占总收入的 2.41%。在营业收入中，利息收入 2 885.69 万元，金融机构往来收入 739.08 万元，手续费收入 1.05 万元，分别占营业收入的比重为：79.59%、20.38%、0.03%（见图 5－18）。而在利息收入中，农户贷款利息收入 2 310.34 万元，农业经济组织贷款利息收入 110.83 万元，农村工商业贷款利息收入 144.75 万元，其他贷款利息收入 316.92 万元，其他利息收入 2.85 万元，分别占全部利息收入的 80.06%、3.84%、5.02%、10.98%、0.1%（见表 5－19）。

单位：万元，%

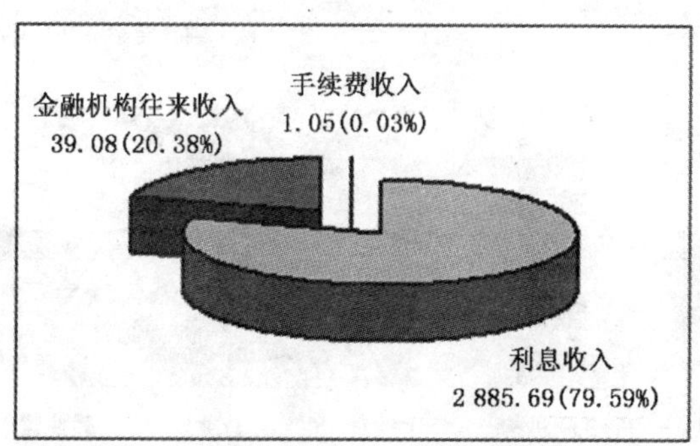

图 5－18　平罗县农村信用联社营业收入构成

表 5－19　平罗县农村信用联社利息收入来源情况

	金额（万元）	占比（%）
利息收入	2 885.69	100
其中：农户贷款利息收入	2 310.34	80.06
农业经济组织贷款利息收入	110.83	3.84
农村工商业贷款利息收入	144.75	5.02
其他贷款利息收入	316.92	10.98
其他利息收入	2.85	0.10

就支出情况而言，2002 年总支出 3 578.7 万元，其中营业支出 3 405.64 万元，占总支出的 95.16%，营业外支出 8.99 万元，占总支出的 1.12%，税金支出（包括营业税金及附加与所得税之和）164.07 万元，占总支出的

4.59%。在营业支出中，利息支出654.57万元，金融机构往来支出980.32万元，手续费支出38.09万元，营业费用1 479.29万元，其他营业支出253.37万元，分别占营业支出的比重为：19.22%、28.79%、1.12%、43.44%、7.44%。而在利息支出中，活期存款利息支出12.88万元，活期储蓄存款利息支出59.91万元，定期存款利息支出0.36万元，定期储蓄存款利息支出558.9万元，股本利息支出21.18万元，其他利息支出1.35万元，分别占利息支出的1.97%、9.15%、0.05%、85.38%、3.24%、0.21%（见图5-19、表5-20）。

单位：万元，%

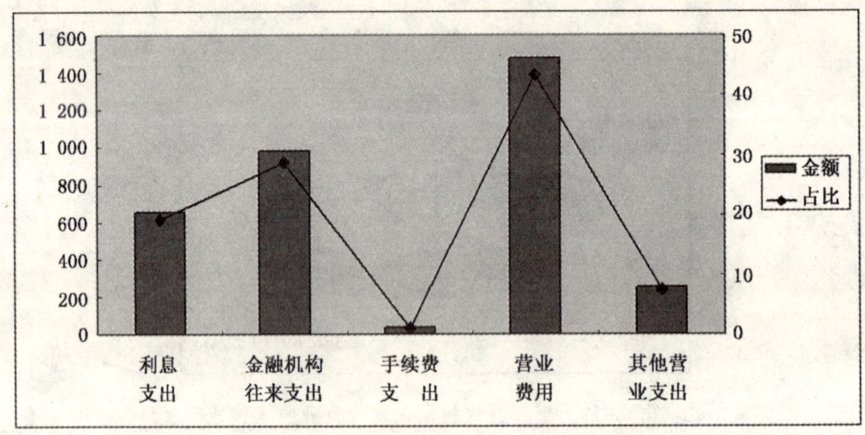

图5-19 平罗县农村信用联社营业支出情况

表5-20 平罗县农村信用联社利息支出情况

	金额	比重
利息支出	654.57	100
其中：活期存款利息支出	12.88	1.97
活期储蓄存款利息支出	59.91	9.15
定期存款利息支出	0.36	0.05
定期储蓄存款利息支出	558.9	85.38
股本金利息支出	21.18	3.24
其他利息支出	1.35	0.21

四、欠发达地区农村金融供给特征

宁夏回族自治区地处我国经济欠发达地区，从对宁夏平罗县农村金融供给现状的分析，我们可以得出在我国经济欠发达农村金融供给的特征。

（一）欠发达地区金融供给的一般特征

1. 经济发展决定金融发展，在经济欠发达地区，虽然经济总量低于发达地区，但是近年来经济持续增长，为金融发展，尤其是农村金融发展提供了发展基础。

2. 在金融信贷市场中，商业性金融活动发挥了重要作用，主要是国有商业银行、地方商业银行与农村信用社的作用突出。

3. 存差扩大，虽然存贷款余额逐年增长，但是显然存款的增加远远大于贷款余额的增长。

4. 金融发展程度和金融市场化程度不断提高，这为农村金融的快速发展奠定了基础。但是，与发达地区相比，金融市场化程度仍有待进一步提高。

（二）欠发达地区农村金融供给特征

1. 农村信用社事实上成为农村金融的主要供给主体，政策性金融功能缺失，商业性金融业务在农村领域不断萎缩。

2. 农村金融信贷市场中，农村信用社占据了主要的市场份额，占据了存款市场近1/3、贷款市场近一半的市场份额，对农村金融的发展发挥了主导作用。

3. 农村信用社发展存在如下特点：

第一，贷款期限分析：短期贷款占据较大比重，中长期贷款比重过小，而在中长期贷款中，农户和农村工商业贷款占据较小份额。

第二，贷款投向分析：传统的农户贷款占据较大比重，农户小额信用贷款和农户联保贷款所占份额较小，有待进一步发展。

第三，不良贷款分析：不良贷款比率逐年降低。从不同贷款投向不良贷款结构分析来看，农户小额信用贷款和农户联保贷款不良贷款占比明显偏低，这说明作为农村信用社金融业务创新的农户小额信用贷款和农户联保贷款有利于农村信用社资产质量的改善，有必要大力推广。

第四，负债业务分析：资金来源单一，储蓄存款尤其是定期储蓄存款占据较大份额。同时，农村信用社获得较多央行支农再贷款支持，这说明在我国经济欠发达地区，许多农村信用社还无法实现机构的可持续性，自身的资金实力有限。

第五，资金外流：虽然农村信用社是农村金融的主要供给主体，为满足农户和农村中小企业的信贷需求做出许多贡献，但是农村信用社依然是农村资金外流的主要渠道之一。

第六，财务损益分析：农村信用社收入来源结构不合理，利息收入占据较大份额，而中间业务发展十分有限，金融创新不足。而就支出结构而言，营业费用支出较高，机构内部交易成本过高，需要产权和治理结构方面的进一步改革。

五、结论与政策建议

根据金融发展与经济发展关系的理论，金融发展与经济发展之间存在着一种相互刺激相互影响的关系，随着金融业的发展，健全的金融制度、完善的金融结构，能够将储蓄资金有效地动员起来，引导到生产投资上，促进经济增长；而经济发展又使国民收入提高，从而提高储蓄和投资水平，刺激金融业的发展，带来金融相关比率的提高，促进金融发展（戈德史密斯，1969）。因此，具体到我国经济欠发达地区农村金融的实际，如何选择适合欠发达地区农村金融发展的路径，促进农村金融的发展，实现金融发展与经济发展良性循环是迫切要解决的问题。我们认为，在欠发达地区，农村金融发展的路径选择应该着眼于以下两个方面：

（一）金融应该发挥切实且更重要的作用

实际上，弱质产业融资与政策性金融支持是一对共生体，特别是在农业方面，因为农户的稳定和农业的发展始终是国家政策的内在需要，也是农户获取生存的需要，二者的一致性导致了农村金融天然具有政策性金融的特质（中国人民银行达州市中心支行课题组，2004），尤其在经济欠发达地区农村，最基本的金融产品与农户的生存发展具有更加紧密地联系。从公共经济学角度看，政府应该向农户提供一种平均水平的金融服务，这就是农户政策金融（何广文，2004）。当前，中国农业发展银行实际上在欠发达地区农村金融中发挥的作用极其有限，如何转换经营机制、明确功能定位，走上良性发展，真正发挥政策性金融的作用是农业发展银行必须要解决的问题。具体到欠发达地区，由其农村经济金融的特征决定，政策性金融发挥作用可以通过将扶贫项目开发与生产性活动相结合的方式，而不应仅仅着眼于基础设施建设投入，因为在经济欠发达地区，农户经济行为单一，创收能力和项目开发能力较低，缺乏其他收入来源，只有将扶贫项目开发与生产性活动相结合，才能真正使农民有参与其中的可能，也才能真正对农民的收入流产生影响，增加其收入来源或者为其提供基本的较稳定的收入来源，减少传统农业生产性风险。

农业发展银行为农户提供基本金融产品的方式可以采取多种方式，基于目前农业发展银行在基层营业网点较少，不可能直接的面对农户，因此，可以充分利用现有农村信用社的基层分支机构众多的资源，合作开展业务。同时，在金融产品设计上，可以通过整合当前由中国农业银行和农村信用社所承担的各种公共金融产品，如由农业银行所经营的农业综合开发贷款和扶贫贴息贷款，将具有政策性的业务全部由农业发展银行来经营。另外，为农户提供基本的金融产品不仅仅是信贷产品，还应该在信贷机制之外构筑政策性保险机制，包括农村保险、尤其是农业保险机制和农村社保机制，建立完善的政策性金融制度框架，切实发挥政策性金融的作用。

（二）充分挖掘制度优势，重新构建合作金融体系

合作金融是一种资金的联合，它通过资金余缺在社员间的调剂体现出资金的互助性，“采取‘社员导向型盈利分配’策略，按照社员与合作金融组织的交易量以及社员在合作金融企业股金贡献上的大小进行利润和盈余分配”（何广文，2001），体现合作金融激励机制的核心所在。由于“有组织的银行业在向欠发达国家的经济内地渗透上，在为一般的农村地区、特别是小额借款人服务方面，是很不成功的（麦金农，1988）”，因此认为在广大的农村和经济欠发达地区，为合作金融的发展提供了成长的土壤。然而，具体到我国，由于众所周知的原因，“中国真正的合作金融从来就没有存在过”（谢平，2001），特别是在经济欠发达地区，农村信用社发展举步维艰，难以贯

穿合作精神，合作金融的互助性没有体现出来，更没有让社员看到合作的收益所在，合作金融激励机制的核心没有发挥出来。事实上，合作金融在这些地区不仅有存在的基础，而且有发展的需要，例如农户小额度、季节性的信贷需求是难以通过商业金融获得满足的，而合作金融为其提供了融资互助的渠道。同时，农村信用社在欠发达地区也有发展的前景，可以通过储蓄动员和创新金融产品逐步走上良性发展。因此，构建真正的合作金融体系是解决欠发达地区农村金融困境的有效途径。

关于欠发达地区农村信用社的改革有许多的讨论，有多种选择模式，我们认为，在欠发达地区，农村信用社可以走联社的道路，因为许多基层信用社靠自身经营无法生存下去，将县以下农村信用社统一为县一级法人，以增强抗风险能力。同时，允许其建立村或乡镇级的合作金融组织，加强合作理念，真正搞合作制，让参与的人看到合作的收益所在。

当然，欠发达地区农村金融困境的解决并不只是政策性金融和合作金融的问题，虽然我们认为这是最重要的两个方面，但是，还需要从全局视角考虑，如何改革邮政储蓄机制，如何引导商业金融进入农村领域，以及如何使更多的金融机构涉足农村，实现机构多元化等等一系列的问题。

第六章　中国农村信用社改革的区域性评价*

以农村信用社为基点，中国政府在2003年启动了新一轮农村金融改革，它必将引起中国农村信用社领域的制度性变革。由于各省市经济社会发展的程度有差异，因此，农村信用社改革推进的绩效将存在差异。面对日益开放的金融市场和国际标准的实施，地方金融部门改革和创新的压力和动力也日益增长。但是，在新的环境面前，实施改革和创新时，各地的实施能力是有差异的。

本研究报告通过对改革试点的8个省市的国民经济发展各种经济指标、社会环境指标进行综合比较分析后认为，浙江农村信用社发展的内外部环境最好，其次是江苏和山东，然后依次是江西、重庆、吉林、贵州，陕西农村信用社发展的内外部环境相对较差。目前，地方政府和金融部门，均有改革和创新的压力和动力，也愿意尝试引入新的机制，江苏、浙江政府和金融机构本身的自主创新能力和改革能力较强，改革成本也较小；重庆、陕西、贵州，改革意愿强烈，改革压力大，但自我创新能力和改革能力弱，改革成本高，不过改革的绩效显著。亚洲开发银行应该更多地关注那些自我创新能力和改革能力弱但改革绩效显著的省市。

一、研究背景与目的

1. 中国在扶贫方面取得了巨大的进展，生活在贫困线以下的人口由

---

* 本报告由亚洲开发银行以《RCC Reform Location Assessment in PR China》为题委托中国农业大学经济管理学院教授、农村金融与投资研究中心主任何广文博士、中银国际控股有限公司首席经济学家曹远征博士研究而成，报告于2004年9月6日最终完成，此为研究成果的中文版。研究得到了亚洲开发银行Betty Willkomson女士、沈璐女士的指导。

1980年的2.64亿人下降到2003年的5 000万人[①]。目前，贫困人口主要分布在中国中西部地区。为了进一步缓解贫困，促进农村基础设施建设、开展培训和提高他们的信贷可得性是至关重要的。有必要深化金融市场改革，以推进农村金融服务特别是个体和微型企业的金融服务。应该特别关注妇女在金融服务中的地位，有关研究表明，她们在中国农村金融服务中没有享受到同等的正规金融服务，那些以女性为户主的家庭因此也一直陷于贫困。

2. 农村信用社是中国农村金融服务的主力军。2003年底，全国农村信用社有机构34 846个，存款余额2.41万亿元人民币（大约2 940亿美元），贷款余额1.72万亿元人民币（大约2 100亿美元）[②]。上世纪80年代初期开始，中国政府就开始致力于农村信用社体制的完善。1993年，中国人民银行倡导农村信用社自主经营、自求资金平衡，并直接贷款到农户[③]。然而，直到上世纪90年代末期，农村信用社的大部分贷款仍然被乡镇企业占用(83%)，农村信用社也一直在为强化管理、信贷决策的合理性和解决不良贷款方面而劳作。中国银行业监督管理委员会资料显示，2003年底，全国农村信用社的不良资产总值为5 049亿元人民币，不良贷款比率为29.72%，比2002年底下降7.5%[④]。

3. 2003年6月27日，中央政府颁布了《农村信用社改革试点方案》（国发［2003］15号）。2003年8月19日，中国人民银行行长宣布，农村金融改革应该系统性地推进，并确立主要从以下几方面推进：(1) 深化农村信用社改革；(2) 强化农业保险服务；(3) 开放大宗农产品期货市场；(4) 建立农村存款保险机制；(5) 逐渐放开县城及其以下地区的贷款利率。农村信用社的改革主要着眼于两个方面：明晰产权和完善农村信用社的经营管理。并确定首先在以下8个省市试点：浙江、山东、江西、贵州、吉林、陕西、江苏和重庆。在这些省市，农村信用社的管理权将移交给地方政府，不过，政府不得干预农村信用社的经营管理。在所有权结构上，农村信用社将在明晰产权的基础上，重组成农村合作银行、农村商业银行和真正的农村信用社

① 根据上海2004年5月25～27日世界扶贫大会《中国政府扶贫政策宣言》（Chinese governmental policy statement for poverty alleviation），大约3 000万人在农村，2 000万人在城市。

② 资料来源：中国银行业监督管理委员会。

③ 《国务院关于金融体制改革的决定》，1993年12月。

④ 《风险监管初见成效 不良贷款“双降”显著》，2004年1月11日，http://www.cbrc.gov.cn/yaowen。

合作社。中国银行业监督管理委员会将行使对农村信用社的监管职能[①]。

4. 农村信用社的8个改革试点区域，实际上体现中国经济发展水平的区域性差异。浙江、山东和江苏属于东部经济发达地区，江西和吉林属于中等收入的传统农区，贵州、重庆和陕西属于中国西部欠发达地区。在这些地区，经济发展程度差异较大。

5. 试点地区经济金融深化程度的差异有多大？新启动的这轮改革对农村经济发展的意义何在？改革是否有利于缓解农户和中小企业融资困境？改革能否提高农户和中小企业的信贷可得性？8个省市的农村信用社的管理和财务状况如何？在现有的文献中，对这些问题并没有系统而深入地分析。

6. 本报告试图通过对改革试点省市经济状况和金融市场的综合分析，对上述问题给出解释。然后，比较了试点地区经济金融能力、政府创新能力和金融发展深化程度，并给出了亚洲开发银行参与中国经济发展和农村金融改革促进应该关注的区域建议。

二、分析方法

为了比较分析8个省市的经济金融状况，需要使用一些具有可比性的指标。由于8个省市的社会经济和社会资源差异较大，不能直接用各省市的经济指标进行比较并排序，因此我们使用相对指标进行分析。排序的过程及方法如下（见附件1）：

1. 比较分析社会经济发展的各类可比性指标（A_i，$i=1\sim n$），展示各省市经济金融发展的水平，并根据社会经济活动发展在国民经济发展中的地位和重要性，确定各指标对于国民经济影响的权重系数C_{Ai}。

2. 确定8个省市某一指标的组中值A_{mi}，并计算各省市该指标的偏差值（Variation）$A_{iv}=\frac{A_i}{A_{mi}}\times 100-100$。

3. 然后以权重系数乘以偏差值（$C_{Ai}\times A_{iv}$）得出各省市某一指标的加权

① 中央政府又于2004年8月17日颁布了《关于进一步深化农村信用社改革试点的意见》（国发［2004］66号），并决定在除西藏和海南外的其余21个省市全面推开农村信用社改革。由此，农村信用社的改革号角，实际上已在祖国大地全面吹响，必将带来中国农村信用社领域的深刻的制度性变革。

分数（S_{Ai}）。

4. 对各省市的所有指标的加权分数（S_{Ai}）求和，得出对各省市的综合分析评分（$\sum_{i=1}^{n} S_{Ai}$），然后比较8个省市的综合得分，即得出8个省市的排序。

三、研究资料说明

研究资料来源主要包括：

1. 信用社改革试点地区各年的统计资料。

2. 中国银行业监督管理委员会访谈资料。

3. 研究者在信用社改革试点地区的调研资料。

4. 中国银行业监督管理委员会、中国人民银行的各种规章制度和现有的公开出版物。

四、中国农村信用社改革试点省市：经济区域性特征分析

（一）农村信用社改革试点省市的经济状况分析

1. 对8个省市一般经济能力的分析比较。8个省市的经济条件相差较大，通过对国民经济发展一般性指标的比较分析，我们在人均指标基础上进行了排序，结果见表6－1。通过对表6－1的分析，我们可以得出以下结论：

表6－1　　2002年8省市人均主要国民经济指标排序

	1	2	3	4	5	6	7	8
国民生产总值（元）	浙江	江苏	山东	吉林	重庆	江西	陕西	贵州
固定资产投资（元）	浙江	江苏	山东	重庆	吉林	陕西	江西	贵州
公共投资水平（元）	重庆	吉林	浙江	江苏	陕西	山东	贵州	江西
私人投资（元）	浙江	江苏	山东	江西	陕西	贵州	吉林	重庆
实际利用外资（美元）	江苏	重庆	山东	江西	吉林	陕西	贵州	浙江

续表

	1	2	3	4	5	6	7	8
农林牧渔产值（元）	江苏	吉林	浙江	江西	重庆	贵州	山东	陕西
主要作物产量（公斤/公顷）	江苏	浙江	吉林	江西	山东	重庆	陕西	贵州
铁路营运里程（公里）	吉林	陕西	江西	贵州	山东	浙江	重庆	江苏
高速公路里程（公里）	吉林	江西	陕西	贵州	浙江	重庆	山东	江苏
基本建设固定资产投资（元）	浙江	江苏	重庆	陕西	吉林	山东	江西	贵州
银行储蓄存款余额（元）	浙江	江苏	山东	吉林	陕西	重庆	江西	贵州
财政收入（元）	浙江	江苏	山东	吉林	重庆	陕西	江西	贵州
财政支出（元）	山东	浙江	江苏	吉林	重庆	陕西	贵州	江西

资料来源：根据《中国统计年鉴》(2003) 以及 8 个省市的统计年鉴整理。

（1）在研究涉及的三类地区中，江苏、浙江和山东的经济较为发达，因而其能够反映经济实力的一些指标，如人均国民生产总值、人均全社会固定资产投资、人均金融机构存款余额、人均财政收入和支出等均较高，排序靠前。

（2）在经济发达的 3 个省，人均民间投资也较高，而公共投资相对不足。重庆和吉林的民间投资极不发达，投资主要靠公共投资拉动，因而重庆和吉林的人均公共投资排序靠前。由此也可以看出民间投资与公共投资之间存在的替代效应。

（3）由于经济发达的浙江、江苏和山东人口密度相对较大，人均国土面积相对较小，因而其人均铁路和高速公路指标较低；而吉林、陕西、江西等，虽然经济发展相对不足，但其人口密度相对较小，人均国土面积相对较大，人均铁路和高速公路指标相对较高而排序靠前。

（4）8 个省市在利用外资方面的特征较为突出。江苏和山东是我国外商投资的传统省份，人均外资利用水平较高。而浙江由于民间投资异常活跃，公共投资也相对较好，所以人均外资利用最少。在重庆成为直辖市后，以及三峡工程的影响，重庆已逐渐成为较有吸引力的外商投资场所。

（5）在人均农林牧渔产值和主要作物单位面积产量方面，江苏、浙江和吉林排序靠前。

在上面分析的基础上，我们还对这些指标进行了综合评分和排序，结果见表 6－2。就分析结果按照分值高低的排序（见表 6－3）是：浙江、江苏、山东、吉林、重庆、陕西、江西、贵州。浙江是 8 个省市中经济实力最强的，其次是江苏和山东；贵州的经济实力在这 8 个省市中是最弱的。

表 6-2　2002 年 8 省市人均主要国民经济指标比较及其综合评分和排序

		江苏	浙江	山东	江西	吉林	贵州	重庆	陕西	中值（Ami）	权重（C_{Ai}）
A_1：国民生产总值（元）	绝对值	14 410.4	16 505.3	11 618.7	5 828.0	8 309.1	3 075.1	6 330.8	5 541.5	7 319.9	0.10
	偏差值（A_{1v}）	96.9	125.5	58.7	-20.4	13.5	-58.0	-13.5	-24.3		
	$S_{A1}=C_{A1}\times A_{1v}$	9.7	12.5	5.9	-2.0	1.4	-5.8	-1.4	-2.4		
A_2：固定资产投资（元）	绝对值	5 215.1	7 524.5	3 864.0	2 189.7	3 049.7	1 648.0	3 197.6	2 652.8	3 123.6	0.10
	偏差值 A_{2v}	67.0	140.9	23.7	-29.9	-2.4	-47.2	2.4	-15.1		
	$S_{A2}=C_{A2}\times A_{2v}$	6.7	14.1	2.4	-3.0	-0.2	-4.7	0.2	-1.5		
A_3：公共投资水平（元）	绝对值	1 926.6	2 427.0	1 362.2	1 022.9	2 653.6	1 084.6	2 962.6	1 511.7	1 719.2	0.08
	偏差值 A_{3v}	12.1	41.2	-20.8	-40.5	54.4	-36.9	72.3	-12.1		
	$S_{A3}=C_{A3}\times A_{3v}$	1.0	3.3	-1.7	-3.2	4.3	-3.0	5.8	-1.0		
A_4：私人投资（元）	绝对值	3 288.4	5 097.4	2 501.8	1 166.8	396.1	563.5	235.0	1 141.1	1 153.9	0.10
	偏差值 A_{4v}	185.0	341.8	116.8	1.1	-65.7	-51.2	-79.6	-1.1		
	$S_{A4}=C_{A4}\times A_{4v}$	18.5	34.2	11.7	0.1	-6.6	-5.1	-8.0	-0.1		
A_5：实际利用外资（美元）	绝对值	146.7	1.1	71.8	29.5	20.8	2.4	95.4	11.2	25.2	0.08
	偏差值 A_{5v}	482.0	-95.6	184.9	17.2	-17.4	-90.3	278.5	-55.6	-0.1	
	$S_{A5}=C_{A5}\times A_{5v}$	38.6	-7.6	14.8	1.4	-1.4	-7.2	22.3	-4.5		
A_6：农林牧渔产值（元）	绝对值	2 725.2	2 429.2	394.7	1 952.8	2 702.5	1 124.1	1 480.4	11.2	1 716.6	0.05
	偏差值 A_{6v}	58.8	41.5	-77.0	13.8	57.4	-34.5	-13.8	-99.3		
	$S_{A6}=C_{A6}\times A_{6v}$	2.9	2.1	-3.9	0.7	2.9	-1.7	-0.7	-5.0		
A_7：主要作物产量（公斤/公顷）	绝对值	5 954.0	5 709.0	4 763.0	4 860.0	5 485.0	1 034.2	4 151.0	2 960.0	4 811.5	0.05
	偏差值 A_{7v}	23.7	18.7	-1.0	1.0	14.0	-78.5	-13.7	-38.5		
	$S_{A7}=C_{A7}\times A_{7v}$	1.2	0.9	-0.1	0.1	0.7	-3.9	-0.7	-1.9		

续表

		江苏	浙江	山东	江西	吉林	贵州	重庆	陕西	中值（Ami）	权重（C_{Ai}）
A_8：铁路营运里程（公里）	绝对值	0.1	0.3	0.3	0.5	1.3	0.4	0.2	0.9	0.3	0.05
	偏差值 A_{8v}	−65.9	−10.9	−0.6	74.3	348.4	27.7	−32.3	214.1	13.6	
	$S_{A8}=C_{A8}\times A_{8v}$	−3.3	−0.5	0.0	3.7	17.4	1.4	−1.6	10.7		
A_9：高速公路里程（公里）	绝对值	8.1	10.1	8.2	14.4	15.5	11.5	10.0	12.7	10.8	0.06
	偏差值 A_{9v}	−24.6	−6.8	−24.5	33.1	43.6	6.7	−7.6	17.4	−0.1	
	$S_{A9}=C_{A9}\times A_{9v}$	−1.5	−0.4	−1.5	2.0	2.6	0.4	−0.5	1.0		
A_{10}：基本建设固定资产投资（元）	绝对值	1 551.8	2 573.5	1 212.9	823.9	1 402.5	798.8	1 467.3	1 402.6	1 402.5	0.10
	偏差值 A_{10v}	10.6	83.5	−13.5	−41.3	0.0	−43.0	4.6	0.0		
	$S_{A10}=C_{A10}\times A_{10v}$	1.1	8.3	−1.4	−4.1	0.0	−4.3	0.5	0.0		
A_{11}：银行储蓄存款余额（元）	绝对值	16 097.0	24 785.9	11 283.6	5 387.0	10 863.9	3 949.3	9 059.7	10 338.2	10 601.1	0.05
	偏差值 A_{11v}	51.8	133.8	6.4	−49.2	2.5	−62.7	−14.5	−2.5		
	$S_{A11}=C_{A11}\times A_{11v}$	2.6	6.7	0.3	−2.5	0.1	−3.1	−0.7	−0.1		
A_{12}：财政收入（元）	绝对值	2 010.1	2 571.8	1 345.3	555.2	924.5	529.1	769.5	686.7	847.0	0.08
	偏差值 A_{12v}	137.3	203.6	58.8	−34.5	9.1	−37.5	−9.1	−18.9		
	$S_{A12}=C_{A12}\times A_{12v}$	11.0	16.3	4.7	−2.8	0.7	−3.0	−0.7	−1.5		
A_{13}：财政支出（元）	绝对值	1 421.6	1 653.2	1 897.4	808.5	1 368.7	825.2	1 108.2	1 102.1	1 238.4	0.10
	偏差值 A_{13v}	14.8	33.5	53.2	−34.7	10.5	−33.4	−10.5	−11.0		
	$S_{A13}=C_{A13}\times A_{13v}$	1.5	3.3	5.3	−3.5	1.1	−3.3	−1.1	−1.1		
$\sum_{i=1}^{n}S_{Ai}$		89.9	93.2	36.7	(13.1)	23.0	(43.5)	13.5	(7.3)		
排序		2	1	3	7	4	8	5	6		

资料来源：根据《中国统计年鉴》（2003）以及 8 个省市 2003 年的统计年鉴整理。

表 6-3　　8 省市人均主要国民经济指标综合分析结果排序

排序	1	2	3	4	5	6	7	8
省市	浙江	江苏	山东	吉林	重庆	陕西	江西	贵州
得分	93.2	89.9	36.7	23.0	13.5	-7.3	-13.1	-43.5

2. 对 8 个省市主要经济指标增长率和基本经济结构的比较。

(1) 1978~2002 年期间，8 个省市国民生产总值的增长变动趋势是一致的（见图 6-1），这也反映了渐进市场化条件下的中国经济的周期性波动特征。在此期间，浙江、山东、江苏的国民生产总值年均增长率较快，分别达到 18.8%、17.4%、16.9%，吉林、贵州、陕西的国民生产总值年均增长率相对较慢，但也达到 14%以上（见图 6-2）。这种速度，不论是在发达国家，还是在发展中国家，均称得上高速度。

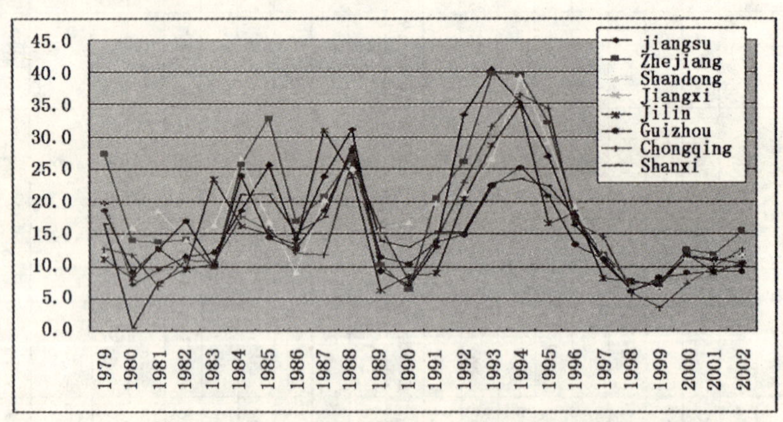

图 6-1　1979~2002 年 8 个省市国民生产总值较上年的增长率比较图

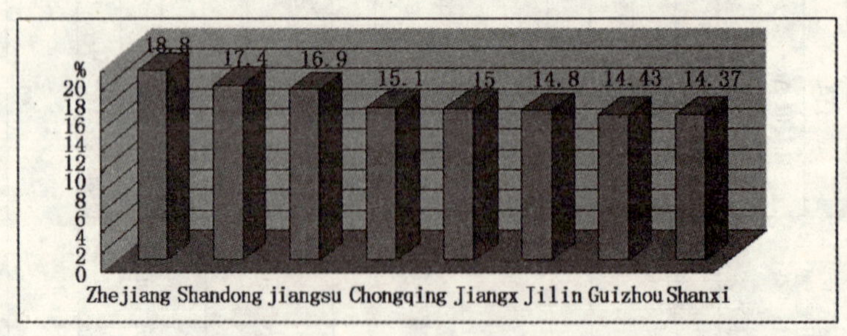

图 6-2　1978~2002 年期间 8 省市国民生产总值年均增长率排序及比较图

(2) 从 2002 年 8 个省市的劳动力产业分布状况（表 6-4）而言，经济较发达的浙江、江苏和山东，在第二、三产业就业的劳动力所占比重，已经明显高于在第一产业就业的劳动力所占比重；经济处于中等的江西和吉林，劳动力向第二、三产业转移的速度正在加快；而在经济较落后的贵州、重庆和陕西，在第一产业就业的劳动力所占比重明显高于第二三产业就业的劳动力所占比重，在贵州较为突出，这也是经济不发达的主要表现。

表 6-4　　2002 年 8 个省市劳动力就业的产业分布（%）

	第一产业	第二、三产业		
		总计	第二产业	第三产业
江苏	39.6	60.4	30.3	30.1
浙江	31.0	69.0	37.4	31.6
山东	41.4	58.6	23.1	35.5
江西	45.3	54.7	22.7	32.0
吉林	49.5	50.5	18.5	32.0
贵州	80.6	19.4	5.2	14.2
重庆	53.1	46.9	16.8	30.1
陕西	53.5	46.5	16.5	30.0

资料来源：根据《中国统计年鉴》(2003) 以及 8 个省市 2003 年的统计年鉴整理。

(3) 就 8 个省市 2002 年的人均工业总产值分析，其排序见图 6-3。浙江、江苏和山东的工业化程度相对较高，其人均工业产值显著性地高于其他地区。如果以浙江的人均工业产值为基础，8 个省市中其他省市与浙江比较（见表 6-5），陕西、重庆、江西和贵州人均工业产值均不到浙江的 20%，其中贵州人均工业产值仅是浙江人均工业产值的 9.6%，贵州的工业发展严重不足。

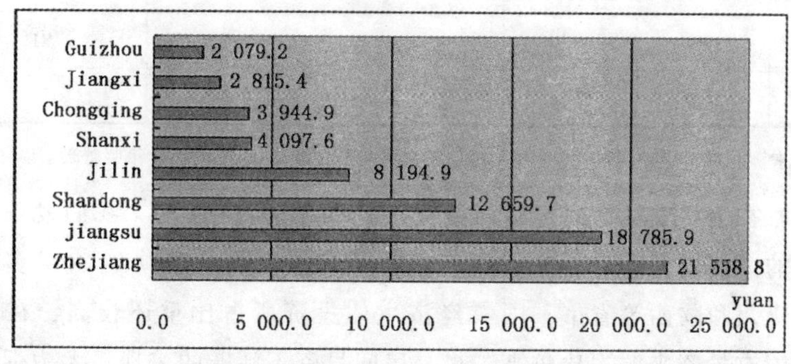

图 6-3　8 个省市 2002 年人均工业产值比较图（元/人）

表6-5 其他省市人均工业产值占浙江的（%）

浙江	江苏	山东	吉林	陕西	重庆	江西	贵州
100.0	87.1	58.7	38.0	19.0	18.3	13.1	9.6

从各省市轻重工业构成看（见表6-6），除浙江轻工业占比高于重工业外，其余省市均是重工业占主要部分。不过，从相关统计材料的分析中发现，近年来，江苏和山东的轻工业所占比重在持续上涨。除浙江、江苏和山东外的其余5个省市，工业发展是典型的重工业导向型的，吉林和陕西的轻工业产值占工业产值比重仅20%多。

从表6-6还可以看出，除国有企业和集体企业以外的私营企业和其他企业已经成为工业发展的中坚力量。其中，浙江、江苏和重庆的私营企业和其他企业工业产值占比已经达到80%以上，浙江为88.2%。由此也说明在中国保护私有产权的重要性。

表6-6 2002年8省市工业产值构成分析

	轻重工业构成%		所有制构成%		
	轻工业	重工业	国有企业	集体企业	私营和其他企业
江苏	42.2	57.8	10.2	8.7	81.1
浙江	55.0	45.0	5.3	6.5	88.2
山东	44.7	55.3	12.0	20.4	67.6
江西	31.4	68.6	39.0	3.7	57.3
吉林	20.7	79.3	37.0	4.5	58.5
贵州	31.7	68.3	43.8	4.7	51.5
重庆	39.0	61.0	14.1	4.2	81.7
陕西	26.2	73.8	38.8	4.1	57.1

资料来源：根据《中国统计年鉴》（2003）以及8个省市2003年的统计年鉴整理。

（4）在分析全社会固定资产投资来源时（见表6-7），我们发现，在经济发达的浙江、江苏和山东，国有经济主体投资占比已降到30%多，而在吉林、贵州和陕西等省市，国有经济主体投资所占比重还较高，在吉林达87%。国有投资来源占比较高，也是民间投资不活跃的表现。大力促进私营企业在这些省市的发展，是很有必要的。

表 6－7　2002 年 8 省市全社会固定资产投资所有制来源构成（%）

	国有企业	集体企业	私营和个体经济	其他企业
江苏	36.9	7.7	20.0	35.3
浙江	32.3		67.7	
山东	35.3	23.2	13.9	27.7
江西	46.7	10.9	25.2	17.1
吉林	87.0	3.2	9.8	—
贵州	65.8	1.0	6.8	26.4
重庆	46.2	8.9	20.0	24.9
陕西	57.0	5.6	15.6	21.8

资料来源：根据《中国统计年鉴》（2003）以及 8 个省市 2003 年的统计年鉴整理。

（5）随着农村工业化和农村城市化的推进，农林牧渔业对国民生产总值的贡献下降，农林牧渔业总产值占国民生产总值的比重越来越低，这是一个不争的事实。在我们考察的 8 个省市（见表 6－8），经济发达的江苏、浙江，已经低于 20%，而在传统的农业省市贵州、江西、吉林，该比例却仍然高于 30%；陕西和重庆的农林牧渔业总产值占国民生产总值的比重虽然也较低，甚至与山东接近（见表 6－9），但它们属于农业不发达地区，改革开放以来较快的工业增长又挤占了农林牧渔业总产值在国民生产总值中的份额。

从各省市农林牧渔总产值的构成分析，均是种植业占主导地位，林业、畜牧业和渔业发展相对不足，特别是林业发展严重滞后。

表 6－8　2002 年 8 省市农林牧渔业总产值结构分析（%）

	农林牧渔产值占国民生产总值的比重（%）	农林牧渔产值（%）			
		农业	林业	畜牧业	渔业
江苏	18.9	57.9	1.8	22.7	17.6
浙江	14.1	46.4	5.5	18.6	29.5
山东	23.9	56.2	1.9	27.6	14.2
江西	33.4	51.1	7.2	28.4	13.3
吉林	31.9	58.2	2.5	37.9	1.5
贵州	36.4	64.6	4.2	29.9	1.3
重庆	23.4	57.3	2.9	36.1	3.7
陕西	25.0	69.4	5.2	24.6	0.8

资料来源：根据《中国统计年鉴》（2003）以及 8 个省市 2003 年的统计年鉴整理。

表 6－9　　农林牧渔产值占国民生产总值的比排序

1	2	3	4	5	6	7	8
贵州	江西	吉林	陕西	山东	重庆	江苏	浙江
36.4	33.4	31.9	25	23.9	23.4	18.9	14.1

(6) 随着农村经济市场化程度的提高和城乡协调发展的进一步推进，农村人口的消费水平在提高，社会消费品零售总额在城乡之间的分布与城市和农村人口的比例之间逐渐趋于均衡，这是城乡一体化程度和城市、农村平衡发展的表现。

2002 年底，中国城镇总人口占全国人口总数的比是 39.09%，乡村总人口占全国人口总数的比为 60.91%①。在城乡协调发展，社会消费品零售总额在城乡之间的分配也应该大致趋近于该比例，但是在我们考察的 8 个省市(见表 6－10)，社会消费品零售总额在城乡之间的分配却出现刚好相反的情况，占比例较高的乡村人口，消费所占比例却较低，占比例较低的城镇人口，消费所占比例却较高。在城市化水平较低的陕西、吉林尤为突出。

表 6－10　　2002 年 8 省市社会消费品零售总额的城乡分布（%）

	城市及县城	县以下
江苏	75.4	24.6
浙江	67.3	32.7
山东	72.5	27.6
江西	71.2	28.8
吉林	83.4	16.6
贵州	77.6	22.4
重庆	70.9	29.1
陕西	83.6	16.4

资料来源：根据《中国统计年鉴》(2003) 以及 8 个省市 2003 年的统计年鉴整理。

(7) 外商在一个地区的直接投资力度和活跃程度，不仅是这个地区投资环境优劣的表现，而且也是该地区经济增长潜力的较好体现，外资总是流向那些经济成长最有潜力的地区和部门。从 8 个省市外商直接投资总量和投资的行业结构的比较（见表 6－11、表 6－12）中可以看出，外资主要偏爱经

① 资料来源：《中国金融年鉴》(2003)，第 631 页。

济社会基础较好的发达地区，而对不发达地区的关注较少[①]。2002年，外商在江苏的直接投资是外商在贵州的直接投资的280倍。且外商在我们观察的8个省市的直接投资主要投资方向是制造业，其次是房地产业。由于金融市场的准入还没有完全放开，因而外商对中国金融保险业的投资，从2002年的统计资料中没有观察到。

表6-11　　2002年实际外商直接投资的部门分布（%）

	江苏	浙江	山东	江西	吉林	贵州	重庆	陕西
总投资额（万美元）	1 036 615	316 002	558 603	108 725	31 703	3 699	28 089	41 064
农林牧渔业	0.8	Na.	3.3	4.6	Na.	1.0	0.7	0.5
采矿业	0.4	Na.	0.6	0.7	Na.	0.4	0.0	11.5
制造业	87.9	Na.	78.3	53.9	Na.	70.3	53.0	53.4
电力、煤气和水的生产和供给	0.7	Na.	1.8	1.3	Na.	0.0	0.0	1.2
建筑业	0.5	Na.	1.4	3.3	Na.	3.4	2.2	0.4
运输、储藏、邮政和电讯服务	0.7	Na.	2.0	1.3	Na.	6.5	0.2	7.1
批发和零售业	0.8	Na.	2.5	1.2	Na.	0.6	3.2	1.2
不动产	5.3	Na.	5.4	23.9	Na.	10.5	22.6	8.9
社会服务	2.2	Na.	3.1	8.4	Na.	7.2	4.4	2.3
保健、体育和社会福利	0.0	Na.	0.1	0.0	Na.	0.0	0.0	9.5
教育、文化艺术、广播和电视电影	0.0	Na.	0.0	0.7	Na.	0.0	0.0	0.0
科学研究和技术服务	0.2	Na.	0.5	0.1	Na.	0.0	0.0	0.0
其他部门	0.4	Na.	1.1	0.6	Na.	0.0	13.5	3.3

资料来源：8个省市2003年统计年鉴。

表6-12　　2002年8省市实际利用外商直接投资额排序　　单位：万美元

1	2	3	4	5	6	7	8
江苏	山东	浙江	江西	陕西	吉林	重庆	贵州
1 036 615	558 603	316 002	108 725	41 064	31 703	28 089	3 699

资料来源：8个省市2003年统计年鉴。

---

① 外商投资聚集于江苏、浙江和山东的主要原因有三：(1) 地处沿海，交通便利；(2) 人口密度大，当地也是产品的消费市场；(3) 在改革开放初期，政府对外商在这些地区的投资给予特殊优惠政策。

(二) 8个省市乡镇企业发展特征[①]

乡镇企业，是中国企业发展中的特殊企业群体[②]。如果以国际上流行的解释，乡镇企业应该属于中小企业群体。这部分企业群体，在促进中国农村经济发展、农民增收、农村剩余劳动力的转移方面[③]，发挥了重要作用。

就现有的统计材料分析，在我们观察的8个省市，浙江、江苏、山东是属于沿海经济发达省份，也是中国乡镇企业较为发达的省份。他们的企业数量较多（见图6-4），而且吸纳的劳动力也较多，是中国内地农村剩余劳动力的吸纳地（见图6-5）。从表6-13可以看出，平均每个企业从业劳动力并不多，乡镇企业平均从业劳动力最多的是重庆[④]，但也仅15.9个，吉林乡镇企业平均从业人员仅3.6个，贵州4个。这也仅映了乡镇企业发展规模普遍较小的特征。

单位：万个

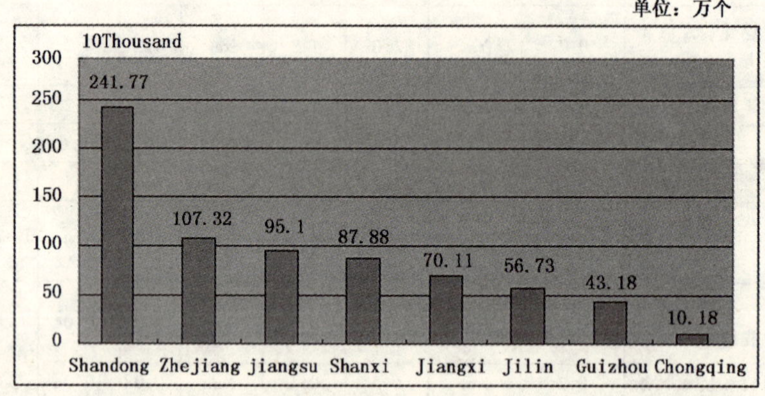

资料来源：根据《中国农村经济统计年鉴》(2003)和各省市2003年统计年鉴整理。

图6-4 2002年底8省市乡镇企业个数比较

---

① 在各省的统计资料中，仅对产值在500万元以上（所谓规模以上）的企业有统计，不能完全反映企业发展的总体水平，而通过《中国农村经济统计年鉴》（2003）和《中国乡镇企业年鉴》（2003）却能全面反映各省市乡镇企业发展的状况，所以，此部分集中归纳分析了乡镇企业发展的特征。

② 中国改革开放初期产生的乡镇企业，是乡镇政府和村民委员会立足于本地资源基础上建立的。他们的货币资本投资较少，属于集体所有制。在20世纪90年代，大多数乡镇企业均通过拍卖和股份制改造等方式而私有化了。

③ 特别是从种植业、畜牧业转移到加工业、商业、运输和第三产业。

④ 重庆乡镇企业为什么吸纳劳动力的能力属于最强的？其重要原因在于，重庆的乡镇企业以农产品加工型为主，需要的市场营销人员较多。

单位：万人

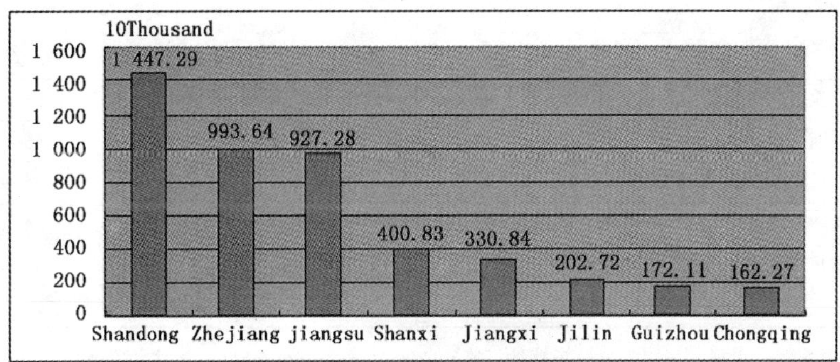

资料来源：根据《中国农村经济统计年鉴》(2003) 和各省市 2003 年统计年鉴整理。

图 6-5　2002 年底 8 省市乡镇企业从业劳动力人数比较

表 6-13　　2002 年 8 省市乡镇企业平均的就业人数排序

1	2	3	4	5	6	7	8
重庆	江苏	浙江	山东	江西	陕西	贵州	吉林
15.9	10.2	9.3	6.0	4.7	4.6	4.0	3.6

从产权角度考察，在中国乡镇企业发展的早期阶段，主要是以集体所有制方式出现的，但是在后来的发展过程中[①]，乡镇企业的产权形式出现多样化，并且有较多的以集体所有制形式存在的乡镇企业，实际上也是以承包、租赁等形式经营，所以他们曾被称为“红帽子企业”。在经历了 20 世纪 90 年代的所有制改革以后，绝大多数的集体所有制企业均被私有化。2002 年，在考察范围内的 8 个省市，私营和个体企业均已占到乡镇企业总数的 90% 以上（见表 6-14）。并且，乡镇企业主要从事加工业、运销和服务等活动，属于第二三产业。

表 6-14　　2002 年 8 省市乡镇企业的所有制结构和产业分布结构[②]

	所有制结构%			产业分布结构%		
	集体	私营	个体	第一产业	第二产业	第三产业
江苏	3.9	12.1	84.0	0.1	50.4	49.5
浙江	10.6	17.4	71.9	0.1	63.9	36.0

① 20 世纪 80 年代中期。

② 根据企业个数计算的结果。

续表

	所有制结构%			产业分布结构%		
	集体	私营	个体	第一产业	第二产业	第三产业
山东	2.4	10.0	87.6	2.1	34.5	63.4
江西	3.9	11.2	84.9	2.2	32.1	65.6
吉林	0.7	2.0	97.3	3.4	20.7	75.9
贵州	2.0	47.0	51.0	1.6	24.4	74.0
重庆	9.8	35.7	54.5	2.1	41.4	56.6
陕西	1.8	5.2	93.0	0.8	28.9	70.3

资料来源：根据《中国农村经济统计年鉴》(2003) 和各省市 2003 年统计年鉴整理。

(三) 8 省市城乡居民的收入和消费特征

1. 8省市城乡居民收入差距较大，显示出较大的收入不平衡性。

首先，是各省市内部城乡居民收入差距较大（见表 6－15、表 6－16)。从表 6－15 可以发现，经济较发达的江苏、浙江和山东，城乡居民收入差距要相对小于欠发达的贵州、重庆和陕西。经济越不发达，城乡居民收入之间的差距越大。在贵州和陕西，农民人均纯收入均相当于城镇居民人均可支配收入的 25%。

其次，是地区之间的收入差距较大。浙江城镇居民可支配收入和农民人均纯收入均是最高的，而贵州均是最低的（见表 6－17)。就城镇居民可支配收入而言，贵州仅是浙江的 50.7%；而农民人均纯收入，贵州仅是浙江的 30.2%；如果以贵州农民人均纯收入与浙江城镇居民可支配收入比较，贵州农民人均纯收入仅是浙江城镇居民可支配收入的 12.7%。

表 6－15　8 省市城镇居民人均可支配收入和农村居民人均纯收入

	城镇居民人均可支配收入（元）	农村居民人均纯收入（元）
江苏	8 177.7	3 995.6
浙江	11 716	4 940
山东	7 614.5	2 954
江西	6 225.64	2 334.2
吉林	6 260.16	2 360.81
贵州	5 944.02	1 489.91
重庆	7 238	2 097.58
陕西	6 331	1 596.25

资料来源：根据各省市 2003 年统计年鉴整理。

表 6-16　8 省市农民人均纯收入占城镇居民人均可支配收入的%

江苏	浙江	山东	江西	吉林	贵州	重庆	陕西
48.9	42.2	38.8	37.5	37.7	25.1	29.0	25.2

表 6-17　8 省市城镇居民人均可支配收入和农民人均纯收入排序

	1	2	3	4	5	6	7	8
城镇居民人均可支配收入	浙江	江苏	山东	重庆	陕西	吉林	江西	贵州
农村居民人均纯收入	浙江	江苏	山东	吉林	江西	重庆	陕西	贵州

资料来源：根据各省市 2003 年统计年鉴整理。

2. 农民人均工资性收入已占较高比重，但差异较大。从表 6-18 可以看出，农民人均纯收入来源构成中，工资性收入所占比例已较高，但是家庭经营纯收入仍占有较高比例，就吉林、贵州、重庆和陕西等传统农区而言，家庭经营收入主要就是农业收入，所以他们对农业的依赖程度仍然较高。其中吉林农民对农业的依赖程度最高，为 79.5%；其次为贵州。农村居民的工资性收入，实际上就是外出务工的收入。这部分收入已经成为农村居民收入来源的重要部分。

表 6-18　2002 年农村居民人均纯收入来源构成（%）

	工资性收入	家庭经营性现金收入	财产性收入	转移性收入
江苏	49.9	45.0	1.6	3.6
浙江	49.3	42.0	3.9	4.8
山东	35.8	58.5	1.8	3.9
江西	39.8	56.9	0.9	2.4
吉林	16.5	79.5	2.0	2.1
贵州	26.0	66.4	2.0	5.7
重庆	37.3	55.5	0.8	6.3
陕西	34.5	57.3	2.5	5.7

资料来源：根据各省市 2003 年统计年鉴整理。

3. 从被观察省市农村居民和城镇居民生活支出的分析中发现如下特征：

首先，城乡居民生活消费支出差异较大，农村居民消费支出明显低于城镇居民（见图 6-6 和表 6-19）。重庆城乡居民之间的生活消费支出差距最大，城镇居民支出是农村居民生活支出的 4.2 倍；这种差距在江苏和浙江相对较小，但仍然达到 2 倍以上。

其次，农村居民的恩格尔系数[①] 明显高于城镇居民（见图 6－6）。

再次，就农村居民人均现金支出结构（表 6－20）而言，消费性支出仍然是最主要的部分，其次是生产性支出。

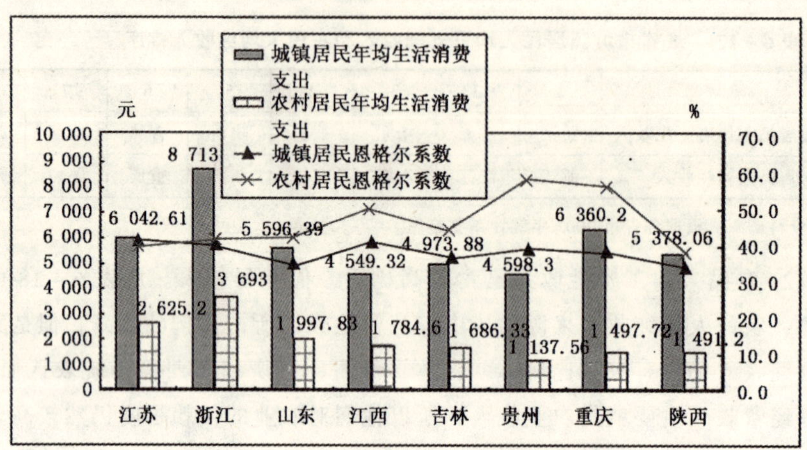

资料来源：根据各省市 2003 年统计年鉴整理。

图 6－6　城乡居民生活消费支出及恩格尔系数比较

表 6－19　　城镇居民生活支出与农村居民生活支出之比排序[②]

1	2	3	4	5	6	7	8
重庆	贵州	陕西	吉林	山东	江西	浙江	江苏
4.2	4.0	3.6	2.9	2.8	2.5	2.4	2.3

表 6－20　　农村居民人均现金支出构成（%）

	生产成本	税收支出	消费性支出	财产性支出	转移性支出
江苏	20.2	2.3	59.4	18.1	
浙江	20.9	1.3	77.8		
山东	34.1	3.8	56.7	0.4	5.0

① 恩格尔系数（%）＝食品支出总额/家庭或个人消费支出总额×100%，表述的是食品支出占总消费支出的比例随收入变化而变化的一定趋势。按照恩格尔的推论，一个国家越穷，每个国民的平均收入中用于购买食物的支出所占比例就越大；随着国家的富裕，这个比例呈下降趋势。恩格尔系数成为表示生活水平高低的一个指示。依据该系数，联合国粮农组织提出了一个划分贫困与富裕的标准，即恩格尔系数在 60%以上者为绝对贫困，50%～59%为勉强度日，40%～50%为小康水平，30%～40%为富裕，30%以下为最富裕。

② 居住地登记在县城以下地区的居民为农村居民。

续表

	生产成本	税收支出	消费性支出	财产性支出	转移性支出
江西	25.0	3.3	66.2	0.4	7.3
吉林	35.9	5.0	48.4	0.8	9.9
贵州	29.1	2.0	59.9	—	9.0
重庆	24.8	1.9	66.3	0.2	6.7
陕西	35.2	—	64.8	—	—

资料来源：根据各省市 2003 年统计年鉴整理。

最后，从城乡居民人均年生活消费支出占其人均年收入的比例的分析（见表 6－21）中可以发现，在考察的 8 个省市，不论是城镇居民，还是农村居民，不论是在经济欠发达地区，还是在经济发达地区，这个比例均相当高。

表 6－21　　城乡居民年生活消费支出占收入的比例（%）

	城镇居民人均年消费支出占可支配收入比例	农村居民人均年消费支出占纯收入比例
江苏	73.9	65.7
浙江	74.4	74.8
山东	73.5	67.6
江西	73.1	76.5
吉林	79.5	71.4
贵州	77.4	76.4
重庆	87.9	71.4
陕西	84.9	93.4

资料来源：由表 6－15 和图 6－6 的资料计算。

五、农村信用社改革试点省市：金融市场的区域性特征分析

（一）金融服务发展深度和广度比较

就全国而言，中国金融机构分布上出现区域分布、城乡分布不均衡状况，并由此导致金融服务的深度和广度上的区域性差异。这就导致金融机构

储蓄、贷款服务的差异。进而导致农户和中小型企业信贷可得性上的差异。发达地区一般经济较发达，金融机构分布密度、多样性也应该相对较高。欠发达地区，金融机构分布密度、多样性也相对较低。在中国较多地区，出现农户和中小型企业信贷可得性较差和贷款融资难现象，就是由于金融服务的深度和广度较低的结果。从8个省市金融发展的基本经济指标中，我们可以得出如下一些结论：

1. 1998~2002年期间，城乡居民储蓄存款余额有较快的增长（见表6-22、图6-7）。由图6-7还可以看出，虽然贵州和重庆2002年底人均储蓄存款余额较低，但在1998~2002年期间，贵州和重庆均拥有较高的人均储蓄存款年均增长率，重庆达到年均增长21.8%的最高水平。

表6-22　　1998~2002年城乡居民人均储蓄存款余额　　单位：元

	1998~2002年均增长率%	2002	2001	2000	1999	1998
江苏	14.5	8 503.2	7 008.3	6 038.2	5 598.1	4 953.9
浙江	16.4	6 713.4	5 467.4	4 610.9	4 183.4	3 652.2
山东	11.7	6 392.5	5 575.6	4 918.2	4 525.3	4 112.9
江西	12.4	4 041.8	3 385.5	2 944.2	2 753.1	2 532.2
吉林	11.7	7 113.1	6 326.2	5 721.6	5 015.9	4 573.9
贵州	15.7	1 978.0	1 672.1	1 405.9	1 262.5	1 102.5
重庆	21.8	5 122.3	4 230.1	3 485.6	2 919.6	2 326.8
陕西	14.1	5 737.2	4 813.5	4 144.1	3 734.0	3 379.5

资料来源：根据《中国金融年鉴》(2003)和各省市2003年统计年鉴整理。

2. 2002年，8省市人均居民储蓄存款余额差异较大（见图6-7），江苏居民人均储蓄存款余额最高，达8 503.2元（若以1US$=8.26RMB元计算，相当于1 029.44US$)，而最低的贵州，仅有1 978元（239.47US$)，约为浙江人均储蓄存款余额的四分之一（24.6%）(见表6-23)。

表6-23　　8省市人均国民生产总值储蓄率排序

	人均新增储蓄	人均国民生产总值	储蓄率	排序
陕西	923.7	5 523	16.72	1
重庆	892.2	6 347	14.06	2
江西	656.3	5 829	11.26	3
江苏	1 494.9	1 4391	10.39	4
贵州	305.9	3 153	9.70	5

续表

	人均新增储蓄	人均国民生产总值	储蓄率	排序
吉林	786.9	8 334	9.44	6
浙江	1 246	16 838	7.40	7
山东	816.9	11 645	7.02	8

资料来源：根据《中国金融年鉴》(2003) 和各省市 2003 年统计年鉴整理。

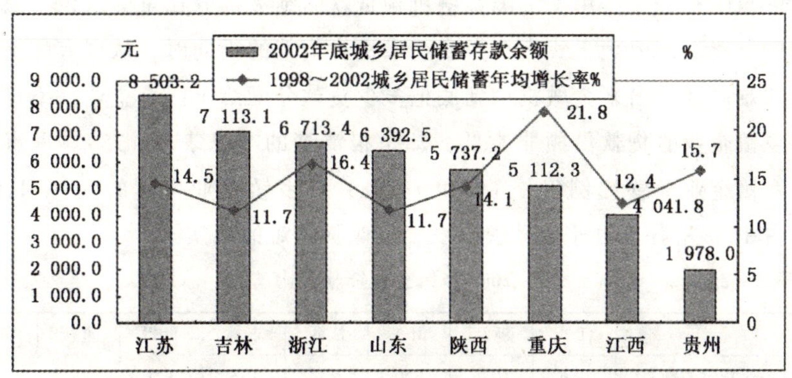

资料来源：根据《中国金融年鉴》(2003) 和各省市 2003 年统计年鉴整理。

图 6-7　2002 年 8 省市人均居民储蓄存款余额排序
及 1998~2002 年均增长率

3. 金融机构贷款总量增长较快，但对于乡镇企业的贷款份额较低。从表 6-24 可以看出，1998~2002 年期间，我们观察的 8 个省市，金融机构贷款的总量均有较高的增长率，其中浙江金融机构贷款的增长率最高，达到 21.93%；吉林和江西金融机构贷款的增长率相对较低，分别为 6.57% 和 7.39%，这与吉林和江西在相关年份内经济增长的趋势和经济的多样性是相关的。

表 6-24　　1998~2002 金融机构贷款余额　　单位：亿元

	1998~2002 年均增长率%	2002	2001	2000	1999	1998
江苏	13.00	8 234.58	6 671.74	5 967.66	5 535.15	5 063.57
浙江	21.93	8 612.81	6 482.22	5 423.52	4 650.50	3 897.00
山东	13.68	8 536.60	7 017.66	6 209.05	5 679.95	5 106.79
江西	7.39	2 130.76	1 880.94	1 739.87	1 690.9	1 603.58
吉林	6.57	3 057.70	2 828.25	2 651.19	2 580.41	2 373.21

续表

	1998~2002年均增长率%	2002	2001	2000	1999	1998
贵州	10.30	1 403.92	1 212.20	1 066.10	1 012.90	949.10
重庆	13.51	2 250.26	1 871.98	1 881.29	1 611.68	1 358.61
陕西	12.29	2 950.84	2 537.55	2 193.12	2 105.84	1 859.54

资料来源：根据《中国金融年鉴》(2003) 和各省市2003年统计年鉴整理。

中国国有企业占用了中国金融机构贷款的绝大部分比重的认识，似乎已经被广泛接受，但是，我们在考察金融机构贷款的投向时，从现有的统计材料中却难以区分出来金融机构到底把多少贷款分配给了国有企业，不过，分配给乡镇企业的贷款份额非常低，却是很清楚的（见表6-25)。贵州和吉林，乡镇企业贷款比例仅1.1%和1.5%，在乡镇企业发达的浙江和江苏，也仅占10%左右。由此也反映出乡镇企业贷款难的事实。

表6-25　　　　2002乡镇企业贷款占比

	江苏	浙江	山东	江西	吉林	贵州	重庆	陕西
乡镇企业贷款占比%	9.6	10.6	6.0	Na.	1.5	1.1	Na.	3.9

资料来源：根据各省市2003年统计年鉴整理。

4. 就1998~2002年期间各省市金融机构存款与贷款之间的比较而言，存差额在扩大，贷差额在缩小①。从表6-26可以看出，2002年底，除吉林以外，其余省市均存在存差，并且江苏、浙江和山东金融机构已经存在较大的存差。虽然存差并不一定表明资金的过剩，但是巨额存差背后一定有资金运用不充分的原因。经济发达地区金融机构资金运用不充分的原因主要有二：一是经济发展到一定程度后资金积累能力增强所致；二是金融机构之间在贷款市场上的竞争加剧，金融机构放款难②。经济欠发达地区金融机构资金运用不充分的原因主要在资金需求不足。江苏、浙江的情况就属于上述2种原因。江苏和浙江的金融机构，实际上已经面临较为激烈的竞争环境。而陕西属于需求不足，江西和重庆略显需求不足，但不严重。贵州的存差应该属于金融机构正常的法定准备（legal reserve）和备付金准备（payment re-

① 如果存款余额大于贷款余额，成为存差，否则，则为贷差。

② 竞争可以使得市场更加有效。但是，经济发展到一定程度后，社会居民收入增加，金融机构吸收的储蓄越来越多，在金融市场深化层次较低的情况下，金融产品较少，贷款是金融机构的主要盈利模式，金融机构之间在贷款市场上的竞争必然越来越激烈，出现放款难现象。

quirement）范围。

表 6-26　　1998~2002 年 8 省市存贷款余额比较表　　单位：亿元

	2002	2001	2000	1999	1998
江苏	3 646.61	3 028.94	2 433.09	1 935.28	1 515.23
浙江	2 630.03	2 340.90	1 876.05	1 622.65	1 367.00
山东	1 711.20	1 484.07	1 262.15	883.04	648.69
江西	576.61	405.71	226.90	95.23	(35.44)*
吉林	(179.42)*	(343.93)*	(414.48)*	(652.16)*	(664.87)*
贵州	149.08	66.50	40.50	(67.10)*	(133.70)*
重庆	576.32	422.07	23.42	(30.88)*	1.42
陕西	847.43	667.34	469.88	180.22	155.15

(1)* 表示贷款余额高于储蓄存款余额；

(2) 计算了所有金融机构的存贷款。

资料来源：试点改革 8 省市 2003 经济年鉴。

5. 各地在银行金融机构多样性上差异不突出。金融机构的多样性，是金融发展的结果，也是金融需求拉动的产物。因此，经济越发达的地区，金融机构的种类将越来越多。在中国，由于国有商业银行机构设置上的行政性①，分支机构是按照行政区划近乎于均匀分布的。就目前的总体状况而言，在这些地区存在的金融机构，除了四大国有商业银行和农村信用社外之外，还有农业发展银行、各类股份制商业银行、城市商业银行、邮政储蓄机构，在部分地区还存在一定的外资银行的办事处或分行（见表 6-27）。

表 6-27　　金融机构的多样性分析②

	外资（中外合资）银行在中国的代表处	外资银行区域分布	城市商业银行	城市商业银行分支机构数	邮政储蓄业务网点数
江苏	6	3	11	467	2 307
浙江	2	0	8	386	1 032
山东	3	3	8	394	2 721
江西	0	0	3	134	1 235
吉林	0	0	2	93	1 089

① 金融机构的设置必须由中国银行业监督管理委员会批准。

② 在这些地区，实际上还有小额信贷试验项目、信用担保公司、保险公司、财务公司和其他存贷款机构从事金融活动，但是这些机构没有纳入官方的统计范围，没有可以利用的数据。

续表

	外资（中外合资）银行在中国的代表处	外资银行区域分布	城市商业银行	城市商业银行分支机构数	邮政储蓄业务网点数
贵州	0	0	2	136	548
重庆	3	1	2	71	714
陕西	0	1	3	167	1 075

资料来源：《中国金融年鉴》(2003)，第621~624页。

但是，若考察到县乡，发达地区与欠发达地区在金融机构的多样性方面却存在较大差异。主要原因在于：国有商业银行逐步从一些欠发达地区金融市场退出。从我们在浙江南溪和重庆武隆县的案例调研中也可以发现这多样性的差异（见表6－28）。

表6－28　浙江南溪和重庆武隆县银行金融机构多样性比较

	中国银行	农业银行	工商银行	建设银行	农村信用社	农业发展银行	邮政储蓄	城市商业银行
南溪市	√	√	√	√	√	×	√	√
武隆县	×	√	×	×	√	√	√	×

武隆县一直没有中国银行的分支机构，但工商银行和建设银行的分支机构是在2002~2003年期间撤销的。在它们撤出以后，存贷款市场就主要留给了农业银行、农村信用社和邮政储蓄。

就各省市金融机构体系发展的现状而言，浙江、江苏南部和山东东部，金融机构密度较大，商业金融较为发达，金融机构体系布局已经比较合理。金融服务发展的主要约束在于金融产品单一；而在其他一些地区，虽然从形式上看金融机构体系较为健全，但是存在结构性失衡的问题，如农村领域金融机构网点布局不合理，农业发展银行的业务不健全，农户和中小型企业贷款难，农村储蓄动员不充分等。

与银行信贷市场发展紧密相关的是信用担保业①，特别是中小型企业的担保。在我们考察的省市，担保业相对发达的是浙江省和江苏省。浙江有125家担保机构，江苏有80多家，其他省市较少。主要有两类：一类是财政出资，一类是民营，民营比例大，但没有专门的农业担保公司。

① 中国农户和农村中小企业资产积累较差，缺乏商业银行贷款要求的抵押能力，出现农户和农村中小企业贷款问题。在这种情况下，为中小企业提供信用保证的担保公司应运而生。

6. 各省市的金融深化程度差异较大。根据 McKinnon（1973 年）和 Show（1973 年）[①]的理论，经济越发达，金融越发展，金融深化率（FIR）越高，但是从表 6－29 可以看出，作为不发达地区典型的陕西，我们考察的两个指标均最高，而作为经济发达地区的江苏、山东，这两个指标却最低。其比较合理的解释应该是，陕西居民投资渠道和融资渠道均有限，所以居民的存贷款行为较多地通过银行进行；而在发达地区，居民投资渠道和融资渠道均较多，企业投资活跃[②]，所以 FIR_1 相对较低，企业银行信贷融资难，民间融资发达，所以 FIR_2 较低。

表 6－29　　2002 年底城乡居民储蓄存款余额和金融机构贷款余额与国民生产总值之比排序

排序	1	2	3	4	5	6	7	8
FIR_1	陕西	吉林	重庆	江西	浙江	贵州	江苏	山东
	1.035	0.839	0.809	0.691	0.671	0.641	0.590	0.550
FIR_2	陕西	吉林	贵州	重庆	浙江	江西	山东	江苏
	1.449	1.361	1.185	1.142	1.105	0.863	0.809	0.775
FIR_3	陕西	吉林	浙江	重庆	贵州	江西	江苏	山东
	3.31	2.65	2.59	2.57	2.51	1.97	1.89	1.78

FIR_1 = 城乡居民储蓄余额与国民生产总值之比，FIR_2 = 金融机构贷款余额与国民生产总值之比，FIR_3 = （城乡居民储蓄余额 + 金融机构贷款余额）与国民生产总值之比

资料来源：根据各省市 2003 年统计年鉴整理。

7. 非正规金融活跃，但高利贷现象并不突出[③]。非正规金融，在中国农村一直存在，只不过在不同的时期和不同的地区以不同的形式和不同的规模出现。在传统农区和欠发达地区，非正规金融普遍以居民之间、中小型企业之间、居民个人与企业之间的非组织化、偶发性的借贷行为形式存在；而即使在发达地区，以钱庄、合会、互助会等形式存在的有组织的非正规金融，也不是很普遍，仅在浙江部分县市存在。并且，根据本报告研究者曾在浙

① McKinnon，Ronald（1973）. Money and Capital in Economic Development. Washington，D.C.：Brookings Institution. Shaw，E.（1973）. Financial Deepening in Economic Development. New York：Oxford University Press.

② FIR 仅仅计算了正规金融部门的资料，而发达地区的居民投资时的非正规渠道融资较多。

③ 根据中国人民银行的规定，民间借贷的利率如果达到中国人民银行规定的利率的 4 倍，则为高利贷。根据中国农业大学农村金融与投资研究中心 2003 年 8 月在浙江和宁夏对 290 个农户的调查分析，农户间的借贷虽然较为频繁，但是利率超过中国人民银行规定利率 4 倍的现象比较少。

江、江苏、重庆、贵州等地的调研显示，非正规金融活动中的贷款利率，是一种真正意义上的市场利率，同时，90%左右的非正规金融不属于高利贷。

所谓民间金融是与官方金融相对而言的。官方金融属于正式金融体制范围，是经过中国人民银行等金融监管机关批准设立的金融机构所开展的金融活动。民间金融则是属于正式金融体制范围之外的，即没有纳入中国人民银行等金融管理机构常规管理系统的金融活动。

长时间以来，民间金融在中国被视为地下金融，政府对待民间金融的态度一直是打击与整治，而没有对其积极面与消极面进行客观分析，也没有对它的生成机理和运作机制进行理性研究，以致“打”而不倒，“治”而不顺。

中国农村民间金融活动的范围很广，主要有7种具体形式：

(1) 典当行。指通过实物抵押，取得借款，规定期满后还本付息，赎回实物。1987年，新中国第一家典当行在成都市出现之后，浙江温州、上海、四川、江苏、湖北等地也陆续出现典当商行。1988年2月始，温州在不到半年时间内，开设了34家典当商行；1994年底有19家。在经历了20世纪90年代中后期的金融治理整顿后，数量减少较大，2000年底，温州尚有6家。在发展过程中，有一些典当商行还逐渐演变成吸收存款，发放抵押贷款的变相的钱庄。

在中央政府2000年将其定义为特殊性质的工商类企业之前，一直是属于中国人民银行管理的特殊性质的金融企业。2000年底，北京有3家，广州市已发展到8家。绝大部分典当行经营稳健，以房产作抵押，90%以上的资金投放在生产经营领域，而且正在探索“网上典当”，但典当行的信誉和地位似乎仍处于求证过程当之中。

(2) 民间集资。一般是指农村个体工商户、小业主、乡镇企业以及乡村经济组织筹集资金的活动。在中国各地均不同程度存在，且较为普遍，越是乡镇企业发达地区，集资额越大。民间集资基本上有5种形式：

A. 以资带劳。即规定一个劳动力必须带一定数额的资金才能进厂，一定时期后企业还本付息。

B. 招股集资。一些农村中小型企业通过发行企业股票、债券的形式向农民、小业主集资；这种集资多数并没有取得完全的合法性，由于有地方政府的庇护，金融监管部门当时对此的态度也不明朗。1997年以后，企业内部集资已受到政府的严格控制。

C. 联营集资。有关单位或个人采取入股联营，保息分红的方式集资。

D. 风险抵押金。为了风险共担，业主为加强雇员责任，企业雇员向业主交纳一定数额的抵押金，其金额少则数百元，多则数千元，这是目前企业较为普遍的一种筹资方式，这些资金多数用于企业经营活动。

E. 行政性集资。 般由乡村行政组织出面，采取社会募捐，或给有关单位、个人分配指标的方式集资，通常也付息还本。

(3) 自由借贷。指农户与农户、农户与企业、农户事业单位、农户与城镇居民之间直接发生的无息或有息借贷，规模不等，小到几十、大到上万，多者达十几万，甚至上百万。这种借贷行为，在农村非常普遍，是农村民间借贷的一种主要形式。据浙江绍兴等县典型调查，发生在亲戚朋友之间有借贷活动的农户的占总农户数的 90%。自由借贷大部分有书面契约，但多是简单的借条。一般没有担保抵押。少部分仅凭口头协议承诺。自由借贷在 20 世纪 50 ~ 70 年代，以无息或低息为主，20 世纪 80 年代以来，有息或高息借贷急剧增加，除了亲友间生活互助性借贷仍是无息或低息外，生产经营性借贷，一般月息多在 15‰ ~ 35‰。利息支付办法有按月支付、到期一次性总付、预扣利息三种。

据内蒙古哲里木盟科左中旗调查资料，该旗宝康镇、巨宝乡、白兴图苏木等乡镇、苏木 60% 的农户存在这两种借贷行为，金额在 700 ~ 7 000 元之间不等，户均 1 000 元左右，远远大于正式金融机构的借贷发生额，在这些地方，民间金融占主要地位。

(4) 银背和私人钱庄。银背是借贷款的中介人，是在借贷人信息闭塞或无人担保而难以实现自由借贷的情况下产生的，中介人为借贷双方牵线搭桥，开始中介人只收取手续费、介绍费或担保费，有的逐步发展成“借贷存收”、经营存贷业务、收取利差。钱庄则是由银背集合发展起来的私人信用机构。20 世纪 50 ~ 70 年代以来，银背和钱庄一度消失。20 世纪 80 年代以来，随着民间借贷重新活跃，一些地区地下的、非公开化的银背和私人钱庄又相继出现。在浙江温州等地，银背信用规模甚至接近当地银行、信用社的信用规模。银背实质上是一种资金买卖行为，即利用资金低进高出，赚取利差，其收入资金月息约在 15‰ ~ 25‰，放出利率 25‰ ~ 30‰，坐吃利差 5‰。

1998 年广东省在取缔非法金融机构和非法金融活动工作中，就取缔地下钱庄 1 间、查封涉嫌从事外汇买卖店铺 4 间，冻结非法资金 5 300 万元，港币900万元；缴获非法资金273万元，港币104.3万元，美金11万元。

此外，还有利用民间的“会”、“社”非法集资的；对物业、地产等资产进行等分化，通过出售其份额的处置权进行非法集资的；发行庄园、度假村等会员卡和发行地下彩票、有价证券集资等等。

(5) 合会。合会是一种传统的民间借资形式，各地名称不一，有邀会、摇会、打会、抬会等等。最初产生于商品经济发展较快的沿海地区，后来内地也开始仿效，20世纪80年代初期，合会多是会款少、会期短、会息低的具有互助性质的平会；20世纪80年代中后期，合会发展成具有规模大、涉及面广、月息高、以会养会等特点的营利性合会。合会有大会主、小会主、会脚之分。会主即聚会发起人，首先取得首会权，会脚按标额或“摇”出的点数或抽签依次决定会权。取得会权者，从分权转移出去之时起，支付本金和利息，直至聚会结束；未取得会权者，仅支付本金。由于合会缺乏监督和法律约束，产生了许多漏洞，加上一些人为因素，使合会某一环节不能正常运转，进而波及全体，产生恶性循环。带有金融投机性质的合会易被不法之徒利用，演变成金融诈骗活动。如20世纪80年代中后期温州乐清的抬会失控，演变成一声场严重影响农村社会安定的大诈骗活动。

(6) 其他民间借贷组织。其种类繁多，据不完全统计有十多种，例如，金融服务公司、财务服务公司、企业自办的养老保险退休金基金会、股份基金会等。还有一些由各种社会组织和个人兴办的基金会资金融通组织，它们的组织构造和盈利分配一般都依据股份制原则进行，存贷业务依据“高进高出”原则，月息多为15‰～30‰，实质上是股份式的钱庄。

1998年农村合作基金会被关闭后，中国农村民间金融活动的规模和利率都具有上升的趋势，这也从另一方面反映出，中国农村发展资金短缺，正规金融渠道资金供给不足。

20世纪90年代中期以来，不断有国内外NGOs组织、国际组织、国际经济组织等在中国开展以扶贫为目的的小额信贷项目，在贵州、重庆、陕西、江西、山东西部、吉林部分地区，均曾经实施过这样的小额信贷项目，在浙江、江苏没有实施过。它们在中国也没有取得正式的法律地位，事实上，也可以称为一种非正规金融①。

① 至2002年末，全国共有108个非金融性质的小额信贷机构，覆盖面达554个乡（镇），4 635个村，贷款余额16 743.5万元。

(二) 农村信用社改革与发展

中国农村信用社除了在组建之初有过一段合作化的发展时期外，1958年以后就再也没有回到合作制的道路上来；尽管1984年进行了恢复农村信用社合作性质的改革，但由于改革未触动体制，以1985年的信贷紧缩为诱因而失败。这时期，农村信用社的管理权不是在地方，就是在国家银行，而在这两种方式下，农村信用社根本就不可能办成合作金融组织。

1996年8月，《国务院关于农村金融体制改革的决定》要求农村信用社与中国农业银行脱离行政隶属关系，在此基础上把农村信用社办成农民入股、社员民主管理、主要为入股社员服务的合作金融组织。1996年底，全国农村信用社基本上完成了与中国农业银行的“脱钩”工作。

“脱钩”后，农村信用社多年集聚起来的潜在风险逐步暴露了出来，突出表现是，信贷资产质量差，亏损严重，资不抵债比例高。为加强监管和行业管理，有效地防范化解风险，1997年6月，中国人民银行总行设立了农村合作金融监督管理局，承担农村信用社改革、行业管理以及监管三项职责。1998年8月中国人民银行机构改革时，又增加了对县（市）城市信用社的监管职能。

农村信用合作社是中国最为著名的农村金融机构，它同时也是惟一的一家拥有完整乡村网络的金融机构，尽管名义上看属于合作社，但它实际上由国家银行严密监管（Albert. Nyberg and Scott. Rozelle，1999）。

在目前的界定下，农村信用合作社仍然是合作组织，例如，中国人民银行（1998a）在《关于进一步做好农村信用合作社改革整顿规范管理工作的意见》中明确强调：必须“坚持按合作制原则改革农村信用社管理体制”；同年，人民银行在《关于进一步做好农村信用社规范工作的意见》中，对如何体现信用社的合作制性质就社员入股、参与管理等问题作了详细的规定（中国人民银行，1998b）。但在学术界，不仅就目前的农村信用合作社是否真正具有合作制性质和是否为农民服务存在异议，而且即便是某些具有官方背景的研究人员，对信用社今后的改革是否应坚持合作制方向，也存在尖锐的质疑（如谢平，2001）。

农村信用社点多面广、贴近农民生活、服务农民，已成为广大农民难以割舍的经济生活中的一部分，由于农村信用社肩负着支农的重要职责，所以不论其经营状况和性质如何，其市场的退出是受到很大限制的，或者说原则上是不允许进行市场退出的。

尽管如此，为了满足农村金融需求和推进发展，农村信用社的改革一直在持续性地推进。

1. 国有商业银行和农村信用社机构撤并，农村金融领域出现金融服务弱化现象。20 世纪 90 年代中期以来，国有商业银行大量撤并设置在乡镇及其乡镇以下的分支机构，机构设置上表现出城市化倾向。据中国银行年报数据显示：1998 年到 2002 年间，中国银行分支机构总数减少了 3 189 家，其中撤并县支行 247 家，县支行总数比 1997 年末减少 22%。仅 2002 年，中国农业银行就减少支行及其以下机构 5 043 个，减少 12.43%①。对于中西部落后地区大多数农村居民和农村中小型企业而言，可以享受的金融服务仅仅来自农村信用社的垄断性供给。20 世纪 90 年代中期以来，在四大国有商业银行撤并地县以下基层机构的同时，农村信用社也走上了撤并机构之路，2002 年底，具有法人资格的农村信用社个数较 1990 年底减少四分之一。从表 6－30 可以看出，在我们分析范围内的 8 个省市，无一例外地均表现出这种趋势。

表 6－30　　2000～2003 年农村信用社法人个数

（包括农村信用联社和乡镇农村信用社）

	2000	2001	2002	2003
江苏	85	82	84	77
浙江	1 240	1 197	1 092	1 062
山东	2 130	1 932	1 222	1 211
江西	1 709	1 662	1 611	1 599
吉林	964	894	888	873
贵州	1 071	1 063	1 044	1 044
重庆	1 023	809	769	638
陕西	1 779	1 795	1 682	1 635
中国	40 141	38 057	35 544	32 975

资料来源：（1）《中国金融年鉴》（2002、2003）。

（2）银监会。

由于多数农村信用社不良资产率较高②，资产实力和资金规模十分有限，在中国新兴股份制商业银行和外资银行难以对金融需求分散的农村金融

① 《中国金融年鉴》（2003），第 612 页。

② 根据银监会发布的信息，2003 年底，中国农村信用社不良资产总额为 5 049 亿元人民币，不良资产占比为 29.72%。

市场形成有效的金融服务供给的情况下，直接导致了农村金融服务的缺乏，在经济弱势地区出现所谓“金融空洞化”现象。在中西部农村，金融服务供给主体区域布局非均衡现象严重，金融服务供给严重不充分。

2. 农村信用社是各省市金融市场上的一支重要力量。虽然农村信用社在这次改革试点以前一直没有能够形成体系，各信用社独立经营，它们单个的力量较弱，但是由于它们机构数量众多，分布面广，在较多地区农村是惟一的正规金融机构，并且是惟一的面对农户开展金融服务的金融机构，因此，在我们考察的 8 个省市，农村信用社均拥有较高的存贷款市场份额。从表 6－31 可以看出，除了吉林和贵州以外，其余 6 个省市，农村信用社的存贷款市场份额均在 10%以上。在山东，农村信用社的存款和贷款市场份额均高于 16%。在表中，我们还对 8 个省市农村信用社的存贷款市场份额进行了排序。

表 6－31　8 个省市农村信用社存贷款市场份额（%）及其排序

	1	2	3	4	5	6	7	8
贷款	山东	浙江	江苏	重庆	陕西	江西	贵州	吉林
	16.4	15.5	13.0	12.2	12.1	11.1	8.9	5.2
存款	山东	浙江	江西	江苏	重庆	陕西	贵州	吉林
	16.9	16.4	16.1	13.4	12.8	11.9	9.3	9.0

资料来源：根据各省市 2003 年经济统计年鉴整理。

3. 邮政储蓄是农村信用社的重要的竞争者。在国有商业银行收缩在欠发达地区农村领域的业务以后，农村金融资源已主要向邮政储蓄和农村信用社集中。2002 年底，邮政在全国有 31 704 个营业网点吸收储蓄，农村网点达 20 242 个，且邮政储蓄规模发展较快。年增额从 1998 年的 557 亿元增长到 2002 年的 1 465 亿元。2002 年底余额已达 7 363 亿元，其中 65%来自县及县以下地区，乡镇及其所辖地区农村占 34.11%①。邮政储蓄已经成为农村信用社较为重要的竞争者，其存款余额增长较快。如陕西的邮政储蓄存款余额，从 1998 年的 67.25 亿元发展到 2003 年底的 287.45 亿元，年均增长 33.71%，2004 年 2 月中旬达到 300.03 亿元（《陕西日报》2004 年 3 月 4 日）。从表 6－32 可以看出，在我们考察的 8 个省市，邮政储蓄在存款市场上均占有较高的市场份额。不过，邮政储蓄在农村金融领域内的作用一直受

① 《中国金融年鉴》(2003)，第 602 页。

到非议。因为邮政储蓄，不发放贷款，资金全部转存中国人民银行，直接流出了农村，虽然中国人民银行以部分转贷农业发展银行和对农村金融机构再贷款方式将部分资金又返还给了农村领域，但很有限。2003年底，中央政府虽然调低了邮政储蓄转存中央银行的利率，但并没有建立起一种邮政储蓄资金与农村信贷资金之间的关系。

表6-32　　城乡邮政储蓄在存款市场上的市场份额（%）

江西	山东	江苏	陕西	贵州	吉林	重庆	浙江
15.7	11.5	10.8	10.5	9.4	8.7	7.9	5.5

资料来源：根据各省市2003年经济统计年鉴整理。

4. 农村信用社开展小额信用贷款，有较高的回收率，但仅能对农户和中小企业贷款难问题有部分缓解。非正规金融的产生，与正规金融制度安排不能满足农户和中小企业的信贷需求有关。为了改善农户和农村中小企业融资状况，2001年12月，中国人民银行出台了《农村信用社农户小额信用贷款管理指导意见》（microfinance lending scheme），鼓励农村信用社对缺乏抵押和担保能力的中低收入群体提供信用贷款。2002～2003年，我们考察的8个省市的农村信用社，均开展了小额信用贷款，但其贷款的额度、期限、回收情况、小额信用贷款的农户覆盖面等有一定差异（见表6-33）。经济较发达地区，农村信用社资金实力相对雄厚，工商企业贷款市场和城市金融市场的竞争较为激烈，农村信用社主要针对农村领域开展业务，因而农户小额信用贷款的开展较为深入。传统农区和欠发达地区，虽然存在对小额信用贷款的巨大需求，但农村信用社资金实力有限，难以深入开展该项业务。

表6-33　　农村信用社开展农户小额信用贷款的情况分析

<table>
<tr><th></th><th>最高贷款额：千元</th><th>最低贷款额：千元</th><th>贷款期限：年</th><th>农户覆盖面%</th><th>按时还款率</th></tr>
<tr><td>江苏</td><td>100</td><td rowspan="8">1</td><td rowspan="8">1或2或3</td><td rowspan="4">50～60</td><td rowspan="8">95%～99%</td></tr>
<tr><td>浙江</td><td>100</td></tr>
<tr><td>山东</td><td>150</td></tr>
<tr><td>江西</td><td>10</td></tr>
<tr><td>吉林</td><td>5</td><td rowspan="4">30～40</td></tr>
<tr><td>贵州</td><td>5</td></tr>
<tr><td>重庆</td><td>10</td></tr>
<tr><td>陕西</td><td>5</td></tr>
</table>

资料来源：根据以前的调研结论和经验估计。

5. 农村信用社具有较高的不良贷款，但改善较快。至于农村信用社不良贷款比例到底是多少，谁也说不清楚。根据银监会公布的资料，2003 年底，中国农村信用社不良贷款总额为 5 049 亿元，不良贷款率（delinquency rates）为 29.72%，比 2002 年减少了 7.5%[①]。本研究者根据有关资料估计，考察范围内的 8 省市，农村信用社不良贷款率高低排序见表 6－34。

表 6－34　　农村信用社不良贷款比率高低排序

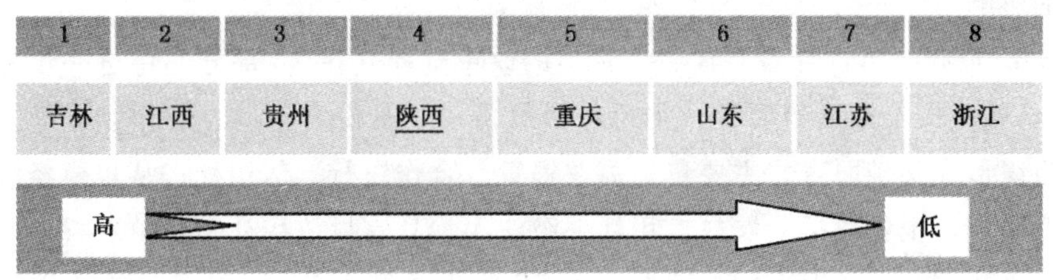

为了促进农村信用社的可持续发展，提高农村信用社市场竞争能力，2003 年开始启动的农村信用社改革试点，把消化不良贷款作为重要内容，中央政府并采取四大扶持政策，帮助农村信用社消化解决历史包袱，这四大政策分别是：

一是对亏损农村信用社因执行国家宏观政策开办保值储蓄而多支付保值贴补息给予补贴[②]。

二是从 2003 年 1 月 1 日起至 2005 年底，对西部地区试点的农村信用社一律暂免征收企业所得税；对其他地区试点的农村信用社，一律按其应纳税额减半征收企业所得税；从 2003 年 1 月 1 日起，对试点地区所有农村信用社的营业税按 3%的税率征收。

三是对试点地区的农村信用社，可采取两种方式给予适当的资金支持：一是由人民银行安排一部分专项再贷款。二是由人民银行发行专项中央银行票据，用于置换农村信用社的不良贷款，票据期限两年，按年利率 1.89%分年付息[③]。

① 《风险监管初见成效不良贷款“双降”显著》，2004 年 1 月 11 日，http://www.cbrc.gov.cn/yaowen.

② 农村信用社改革开始，中央财政分 3 年对农村信用社 1994 年至 1997 年期间实付的保值贴补息，给予补贴。全国将补贴 300 多亿元。

③ 为不良贷款的 50%和政策性贷款损失。根据银监会的测算，要清算农村信用社的不良贷款和政策性贷款损失，大约需要资金 1 500 亿元人民币。

四是实行灵活的利率政策，允许农村信用社贷款利率灵活浮动。贷款利率可在基准贷款利率的1.0倍至2.0倍范围内浮动①。对农户小额信用贷款利率不上浮，个别风险较大的可小幅（不超过1.2倍）上浮，对受灾地区的农户贷款，还可适当下浮。

前三种措施，实际上可以在一定程度上理解为中央政府对农村信用社的直接的资金支持，对农村信用社的直接注资。将对农村信用社的发展产生巨大的影响。

6. 现有改革选择各有优劣。目前的改革选择（在VI部分还将进一步论述），就产权安排形势而言，主要包括股份制、股份合作制、合作制；就企业组织形式安排而言，主要包括商业银行、合作银行、信用社；从规模经济角度而言，主要包括县农村信用社一级法人、县农村信用社和乡镇农村信用社各为独立法人（即保留原有格局）；从管理体制上分析，8各省市均选择了省级农村信用联社——县市农村信用联社——乡镇农村信用社的体制，在除江苏以外的其他省市，目前虽然均存在一些地市级农村信用联社，但从发展趋势上看，均将被逐渐弱化。

股份制商业银行机制在促进产权明晰、强化约束机制等方面具有无可比拟的优越性，但不适应传统农区和经济欠发达地区，因为在这些地区的农户和农村中小型企业，进入商业银行市场的能力弱小，股份制商业银行。股份制商业银行模式更适合工业化程度较高、农业信贷需求不突出的经济发达地区。

股份合作制，把合作制的互助与股份制的现代企业制度结合起来。既有利于扩大资本实力，又可以顾及农户、农村个体及私营企业等社会弱势群体的利益，充分体现大多数入股金额少的小股东意志，可以说，对中国大部分农村地区而言均是一种可行的金融制度安排。不过，实行股份合作制后，股权分散，可能出现股份制企业发展历史上一个没有解决的难题，就是自然人股东股金有限，股本小，不关心对农村合作银行的监督，不能有效解决所有者现实缺位问题。

农村信用社实行县一级法人体制②，有助于发挥资金规模优势、增强信用社抵御风险的能力③。但取消基层信用社的法律地位后，基层信用社经营

---

① 农村信用社对农户贷款1年期的基准利率5.31%。

② 在本轮改革之后，在实行一级法人的县市，仅有一个法人性质的农村信用社。

③ 新的县级农村信用社，是在原有各乡镇信用社基础上改组而成的，通过改组提高了全县市范围内农村信用社作为一个整体的业务能力。

自主权势必受到一定影响，基层信用社原有的在独立自主经营中得到的激励减少或消失，可能出现效率的下降。同时，一级法人制，实际上是对现有二级法人制下农村信用联社对乡镇农村信用社管理办法的进一步强化，一级法人体制并不是一种创新。

六、亚洲开发银行参与改革的可能性分析

与以往的改革相比，2003 年的新一轮以农村信用社为中心的农村金融改革具有全新的设计思想，其中最为核心的是将明晰产权放在第一位，并且以股份制改造为其重点，由此，将摆脱以往固守合作制[①] 框架的改革思路所带来的"锁定"（"lock in"），以此为核心将带动组织模式、规模经济及中央与地方政府关系方面新的突破，从而为中国农村金融体系的演进拓展了空间。考察省市农村金融改革能力，从某种意义上讲，是能否把握住机遇，将上述设计思想操作化，并能推行下去的能力。据此，可用内部和外部两组指标来衡量。

所谓外部指标，主要是指试点地区经济发展水平的相关指标，其逻辑含义是：该地区因工业化、城市化等结构因素发展而引致的经济社会发展总是水平的提高，该地区商业化金融需求上升，从而为当地原有的金融机构向商业化方向及与商业化相适应的产权安排形式和组织模式的转变提供了条件。反之，互助共济性则有较好的存在条件。除了表 6 - 1 的分析，我们还对受教育的程度、城镇人口比例（城市化率）、一二三产业的比例、国民生产总值进行了分析排序，见表 6 - 35。

表 6 - 35　　八省市经济社会发展相关情况排序

	1	2	3	4	5	6	7	8
受教育程度	吉林	江苏	山东	陕西	浙江	江西	重庆	贵州
一二三产比例（二三产之和）	浙江	江苏	山东	陕西	重庆	吉林	江西	贵州
城镇人口比例	吉林	浙江	江苏	山东	重庆	江西	贵州	陕西
国民生产总值	江苏	山东	浙江	江西	吉林	陕西	重庆	贵州

受教育程度：受教育 6 年以上的成年人所占%。

资料来源：2003 年 8 省市经济年鉴。

---

① 原有农村信用社实际上不是合作社，而是准国有金融机构。

所谓内部指标，主要是指试点地区政府及农村信用社本身的改革意愿和能力的相关指标。其逻辑含义是，该地区政府和农村信用社改革意愿强，其对外部环境的响应度就高，表现在产权安排、组织模式、规模经济等都会出现多样化倾向。反之，至少表明农村信用社改革意愿和能力相对较弱。依此，8省市的基本情况及排序见表6－36。

表6－36　　八省市农村信用社改革的多样化程度

省份	产权安排形式				组织模式			规模经济（法人数目）		
	股份制	股份合作制	合作制	其他	商业银行	合作银行	信用社	联社（一级法人）	独立核算（联社及基层二级法人）	关闭
浙江	●	●	●			●	●	●	●	◔
江苏	◑	◕	◕			◕	◕	◕	◕	
山东	◑	◑	◑			◑	◑	◕	◕	◔
江西	◔	◔	◕		◔		◕	◕	◕	◔
吉林	◔	◔	◕		◔		◕	◕	◕	◔
重庆	◔	◔	●		◔		●	●	◑	◔
陕西	◔	◔	●		◔		●	◕	◕	◔
贵州		◔	◕				◕	◕	◕	◔

高●　较高◕　一般◑　差◔

将上述两表相加对照，可以看到，浙江省对外部环境的响应效果最好。浙江省在经济发达、城市一体化程度较高、信用社资产规模较大的县市，采用了介乎农村信用社与农村商业银行之间的组织模式——农村合作银行，目前有20余家；信用社经营状况较好，账面资产能抵偿债务的地区实行县级联社的统一法人，在这个层次目前有40余家，其中20余家规模较大；针对其他10余家资不抵债、严重亏损的信用社，暂时保留二级法人体制，争取在2006年底前全部实行县级社统一法人。江苏省对外部的响应效果弱于浙江省，出现了两种现象，在经济发达的江苏南部地区，信用社基本采取了农村合作银行或准备与其他商业银行合并。在经济相对不发达的江苏北部地区则基本采取了县联社一级法人制。其余6个省份，即山东、江西、吉林、重庆、陕西、贵州则均采用了县联社一级法人制模式。

除浙江和江苏外的其余6省市采用县联社的统一法人制，从外部原因看，是农村工业化和一体化程度不高，并且各县之间的差异很小，从而不仅整个相对薄弱，而且各区域各县的分布也相对均匀，但从内部原因看，则取决于以下两个因素：一是当地政府和信用社的改革意愿。由于农信社是农村金融的主渠道，而农村发展又是当地政府的主要职责。在未看到明显的商业性金融发展前景前，政府和农信社都不愿意冒改制的风险，更何况在传统体制内，中央政府还有可能作为最后的贷款人承担化解金融风险的责任。在这种情况下，地方政府和农信社的努力方向就是扩大规模经济。而以县为单位一级法人的联社制是扩大经营规模最方便且成本最小的方式。二是取决于当地农村信用的经营状况和当地政府的财力。此次农信社改革中，设计方案中规定在试点省份农信社已往的不良资产和亏损按中央和省各50%予以承担。换言之，地方政府要承担50%的改革成本，而且农信社的不良资产及亏损额愈大，地方政府承担的改革成本的总额便愈大，而这些省市特别是中西部的省市因农村人口众多，农村信用社的经营状况一般较差。与此同时，因经济发展水平相对滞后，其地方财政收入相对较差，再加上各县的经济差异性小，迫使省政府只能采用统一的模式平均分配资源，而联社又成为较佳的选择。

但是，进一步观察，在这选择联社制的6省市中也是有差异的。这一差异主要表现在联社是否比较快的速度形成。这不仅反映了当地政府和农村信用社追求规模效益意愿强度和执行能力强弱，而且也预示着其未来抗风险能力及发展机会的把握。观察表明，在反映独立核算信用社数目的快速减少方面，重庆表现最佳，陕西次之。就重庆而言，一个合乎逻辑的猜测是，重庆地域面积相对较小，农村人口相对较少，同时城乡人口比例相对较高，客观上使政府资源可以有效地集中使用。同时，重庆市本身有较好的工业基础，政府有相对雄厚的财力，并且重庆是特大型城市，城市功能齐全，吸纳农村劳动力就业和消费农产品的能力较强，这也有利地支持农村经济的活跃和农民收入的提高。就陕西而言，一个合乎逻辑的猜测是，经管其地域面积相对较大，农村人口相对较多，但陕西省的一个重要特点是城市较多。除有西安这样特大型城市外，尚有宝鸡、咸阳、渭南、汉中、安康、铜川、延安等近十个规模接近的中等城市。其地理分布较为均匀，便于发挥城市对周边农村的带动作用。建议考虑重庆市和陕西省作为亚洲开发银行的工作重点。

就工作进入路线而言，须遵循现有中国的农村信用社相关体制框架进行，如图6－8[①]：

在上述中央与地方的分工中，银监会及其在当地的银监局主要负责政策指导及外部监管，地方政府的金融办公室则负责组织实施进行协调。省联社

① 就目前的改革而言，各省市均选择了农村信用联社模式，没有采用其他模式。在该模式下，有些县市农村信用社U改组成了农村商业银行或农村合作银行。

是实施主体，负责内部操作。建议在初步选定工作重点后，征得银监会的同意后，进入选定省份与当地政府（金融办公室）和农村信用社（省联社）建立密切的工作关系，再行决定工作的内容，一旦工作内容确定，如进行商业性活动，如投资入股或贷款，可聘请中资背景的中介机构担任亚行的财务顾问、法律顾问等，便于项目实施的顺利展开。

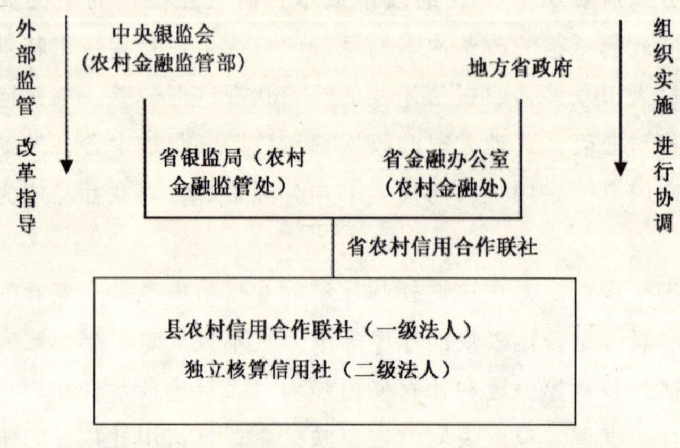

图 6-8　中国农村信用社管理体制框架图

七、8省市农村信用社SWOT分析

SWOT是一个缩略语，四个字母分别代表S（Strengths）、W（Weaknesses）、O（Opportunities）、T（Threats）。即信用社内部环境中的优势与劣势、信用社外部环境中存在的机会与威胁，是信用社战略决策的四大基本因素。SWOT分析就是一种识别信用社内外部环境间相互作用、相互一致的环境分析技术。其中，S代表信用社内部的优势，W代表信用社的劣势，O代表信用社外部机会，T代表对信用社的威胁。这4种因素在市场中处在运动状态中，其重叠或离散，会给信用社带来战略机遇，也会带来一定的威胁。

SWOT分析，就是帮助信用社识别来自外部环境的机会或威胁和来自内部资源的优势或劣势的适应性和差异性，即内外部环境因素的相互一致或相互偏离的程度。信用社通过内外部的变量一致吻合和相互适应，使管理人员认识和预测外部机会和内部优势的切合点，从内外部环境条件的组合中寻求信用社快速发展的契机，基于环境条件的组合进行信用社经营策略调整。单个信用社采用这种环境分析技术，对信用社的现状和未来发展状况进行分析与决策，决定现在和未来发展态势，制定市场战略，提高企业在市场中的竞争力。

农村信用社改革试点的8省市SWOT分析结果见表6-37。

表6-37　　8省市农村信用社SWOT分析

	考察因素＼评分	江苏	浙江	山东	江西	吉林	贵州	重庆	陕西	权重
S	地区经济发展状况	5	5	4	3	2	1	1	1	0.15
	民营经济、中小企业发展程度	4	5	3.5	2	1.5	1.5	1.5	1	0.16
	信用社创新意识和能力	5	5	4.5	2	2	1.5	2.5	1	0.1
W	信用环境	5	5	4	2	2	1.5	2	1.5	0.1
	金融产品成熟度	5	5	4	2	1.5	1.5	2.5	1.5	0.05
	信用社自身基础	5	5	4	3	2	2	3	2	0.08
O	电子化发展带来的机遇	5	5	4	2	2	2	2	2	0.05
	改革取向	4	5	4	2	2	2	2	2	0.05
	与其他金融机构的合作	4	4	3	2	1	1	2	1	0.08
T	竞争对手进入程度	1	1	2	4	4	4	4	4	0.05
	地域限制、发展受影响	5	5	4	2	1	2	2	2	0.08
	用户对银行商誉的看重	5	5	4	2	1	1	2	1	0.05
综合加权分数		4.51	4.72	3.79	2.33	1.785	1.615	2.025	1.485	——

表6-38　　8个省市农村信用社经营内外部环境排序

排序	1	2	3	4	5	6	7	8
省市	浙江	江苏	山东	江西	重庆	吉林	贵州	陕西
分数	4.72	4.51	3.79	2.33	2.025	1.785	1.615	1.485

5最高，0最低。

总加权分数意味着内外部环境对农村信用社经营的综合影响，如果高于平均分2.5分，说明内外部环境对于信用社而言，机会大于威胁，相反，则说明信用社处于一种较为恶劣的经营环境之中。从表6-38的综合评价结果可以看出，浙江农村信用社发展的内外部环境最好，其次是江苏和山东，然后依次是江西、重庆、吉林、贵州，陕西农村信用社发展的内外部环境相对较差。

2004年，是中国加入WTO的第三个年头，在中国金融市场的日益开放和国际标准的实施面前，不论是地方政府，还是金融界本身，均有改革和创新的压力和动力，也愿意尝试引入新的机制，但是各省市的自主创新能力有较大差异（见表6-39）。

表6-39　各省市农村信用社改革意愿和创新能力综合评价

	改革意愿	改革压力	创新能力	自主改革能力	改革成本
江苏	+++	++	+++++	+++++	+
浙江	+++	++	+++++	+++++	+
山东	+++	+++	++++	+++++	++
江西	++++	++++	+++	+++	+++++
吉林	++++	++++	+++	+++	+++++
贵州	+++++	+++++	++	++	++++
重庆	+++++	+++++	++	++	++++
陕西	+++++	+++++	++	++	++++

“+”表示最低水平，“+++++”表示最高水平。

所以，建议亚洲开发银行更多关注重庆、陕西和贵州，在这些地区，改革意愿强烈，改革压力大，虽然自我创新能力和改革能力弱，改革成本高，但是改革的绩效显著。

附件

附件1　农村信用社改革试点8省市经济金融市场综合分析排位方法

A_i		江苏	浙江	山东	江西	吉林	贵州	重庆	陕西	权重（C_{Ai}）	Medium（A_{mi}）
A_1	Volume									C_{A1}	A_{1m}
	偏差值 A_{1v}										
	$S_{A1}=C_{A1}\times A_{1v}$										
A_2	Volume									C_{A2}	A_{2m}
	偏差值 A_{2v}										
	$S_{A2}=C_{A2}\times A_{2v}$										
A_n	Volume									C_{An}	A_{nm}
	偏差值 A_{nv}										
	$S_{An}=C_{An}\times A_{nv}$										

续表

A_i		江苏	浙江	山东	江西	吉林	贵州	重庆	陕西	权重（C_{Ai}）	Medium（A_{mi}）
	$\sum_{i=1}^{n} S_{Ai}$										
	排序										

参考文献

Albert. Nyberg and Scott. Rozelle (1999), The Transition and Development of Chinese Agriculture, Department of Rural Development and Natural Resouces in East Asia and Pacific Region, World Bank, Materials.

何广文（1999a）：《从农村居民资金借贷行为看农村金融抑制与金融深化》，《中国农村经济》1999（10）。

何广文等（1999b）：《不同地区农户借贷行为及借入资金来源结构研究》，载万宝瑞主编：《农业软科学研究新进展》中国农业出版社 1999 年 12 版，第 178～203 页。

何广文（2001b）：《合作金融发展模式及运行机制研究》，中国金融出版社 2001 年 9 版。

何广文（2001C）：《中国农村金融供求特征及均衡供求的路径选择》，《中国农村经济》2001（10）。

何广文、林万龙（2002）：《中国农村小额信贷》，JBIC working paper。

财政部（2003）：《农村信用社保值储蓄补贴办法》，2003 年 11 月 14 日。

中国人民银行（1998a）：《农村信用社管理暂行规定》，1998 年 4 月 20 日。

中国人民银行（1998b）：《进一步加强农村信用社管理的若干意见》，1998 年 6 月 19 日。

中国人民银行（1999）：《农村信用社农户小额信用贷款管理暂行办法》，1999 年 7 月 21 日。

中国人民银行（2000a）：《农村信用社农户贴息贷款指导意见》，2000 年 2 月 1 日。

中国人民银行（2000b）：《农村信用社农户小额信用贷款管理暂行规定》，2000 年。

中国人民银行（2003a）：《农村信用社改革试点专项借款管理办法》，2003 年 9 月 3 日。

中国人民银行（2003b）：《农村信用社改革试点转向中央银行票据管理办法》，2003 年 9 月 3 日。

国务院（2003）：《深化农村信用社改革试点方案》，2003 年 6 月 27 日。

谢平（2001）：《中国农村信用社体制改革的争论》，《金融研究》2001（1）。

第七章　农村基础设施的非政府融资：理论与现实分析

一、导　言

（一）研究背景与研究意义

本报告所指农村基础设施是指农村中的道路、通信设施、校舍、农田水利、生态建设等需要有固定资产投资的公共性基础设施。理论和实践证明，良好的公共设施和公共服务是农村经济增长的重要源泉，日益成为农村持续发展的内在变量。因此，农村中的公共设施对农村经济的发展有着关键的作用。

然而，公共品的供给问题却长期困扰着农村尤其是经济发展水平相对较差的地区；特别是，家庭承包制的实施使原来的农村公共品供给制度失去了坚实的基础，大大削弱了其供给能力；而在现行制度环境下，靠加重农民负担来筹集公共品供给资金的办法只能使这一问题更为突出。

政府在解决这一难题中无疑承担着关键性的作用。农村税费制度改革实质上是政府主导的农村公共品筹资制度的改革（林万龙，2000）。但是，这一改革所暗含的假定是：农村公共产品是由政府提供的；因此其合理性的基本前提是：必须界定清楚哪些公共品必须由政府来提供。但是，一方面，我们目前所讨论的农村公共品，事实上有许多是政府所承担的非公共品，在农村经济日益市场化的今天，政府完全可逐步退出对这一部分产品和服务的供给；另一方面，从公共产品理论上讲，许多受益可以排他的准公共产品也完全可能由民间提供或逐步转变为私人产品，并且一般来说，农村公共品供给制度的诱致性创新是符合农民需求而产生的，容易达到公共品的最优供给。

因此，所谓的农村公共品筹资制度问题的解决，税费制度改革是一个重要方面，但显然不是问题的全部。事实上，如果政府能采取合适的公共政策，在农村公共设施的非政府融资中起正确的引导作用，以创造条件诱导农村公共品供给制度的诱致性创新，将不仅能充分利用民间资本，拓宽公共品筹资渠道，形成农村公共品的供给主体多元化格局，从而减轻政府财政的公共品供给压力，逐步建立与市场经济环境相适应的农村公共财政体制，而且有助于优化资源配置，最终建立完善的农村公共品筹资制度和提高农民消费者的福利水平。因此，对农村公共设施的非政府融资进行研究，将有助于农村公共品供给难题的解决。

目前，在许多农村地区已经出现了农村基础设施的非政府融资现象。我国已经成为世贸组织的一员，农业所面临的竞争更为激烈，在国家总体财力有限、而政府农业支持方式急需调整的情况下，本课题的研究结果的现实意义更为强烈。

（二）已有研究综述

按照公共经济学和产权经济学一般理论，公共产品是由政府提供的（大卫·N. 海曼，中译本，2001；张军，1994）；但是，在技术水平和收入水平等约束条件发生变化时，一部分可以实现受益排他性的公共产品将完全可能由民间供给或是转化为私人产品。这方面已有一定的研究。例如，Buchanan，J.M.（1968）的研究表明，在收入水平提高的情况下，“俱乐部”产品可以私人供给。他对美国农业社区的研究对此予以了佐证。Ostrom.E.（1990）对小规模“公塘资源”（Common Pool Resources，CPR）问题的案例研究则证明，在一定条件下，公共品的管理与服务完全可以由民间来供给。部分对林业产业的研究也证明：尽管存在外部性，林业的私营化也是可能的（Lu Wenming，etc，2002）。与上述理念相一致，E.C. 萨瓦斯的研究更进一步表明，没有任何逻辑理由可以证明公共服务必须由政府机构来提供，而摆脱政府公共服务低效率和资金不足困境的最好出路是打破政府的垄断地位，积极实行公共服务的民营化，建立起公私机构之间的竞争（E.C. 萨瓦斯，中译本，2002）；世界银行的研究也认为：基础设施的融资和供给方式可以多样化，不仅仅限于政府单一主体（世界银行，1994）。上述研究为本课题的研究理念与研究方法提供了借鉴。

虽然不同的公共设施对农业和农村经济的影响有所差异（Fan，etc，

1997；1999；2002)，但是大量研究表明，它们总体来说都对提高农业生产率起了显著的推动作用（Sylvie.Demurger，2001；Jin and Huang，etc，2002；Zhang，Huang and Scott，2002)。这些研究结论具有强烈的政策含义，即：必须提高农村基础设施的供给水平。

但是，上述研究都倾向于认为，政府是农村基础设施的当然供给主体。目前关于农村税费制度改革的研究（如国务院农村税费改革工作小组办公室，2001；国家计委宏观经济研究院课题组，2001；冼国明等，2001；林万龙，2002）实际上是对农村财税体制本身的研究，因而也是将政府作为农村基础设施与公共服务的供给主体来考察的。而这样，如本报告第一段所言，这些研究就忽视了合理农村税费制度改革的重要前提。有许多学者则悲观地认为：家庭承包制的实施在极大促进了农村私人产品供给的同时，带来了农村公共品供给方面的问题，即家庭承包制缺乏对农村公共品供给的激励（Nee Victor and Frank W·Young，1990；特丽·西库勒，中译本，2000)。

这两种观点都存在偏颇。首先，如前所述，理论和实践都表明，在一定条件下，某些农村基础设施完全可以由民间提供；其次，有研究指出，并不是家庭承包制缺乏对农村基础设施供给的激励，而是恰恰相反，家庭承包制的实施为包括农村基础设施在内的农村公共产品供给制度的创新提供了可能（林万龙，2003)，所以问题的关键在于：农村基础设施供给制度本身必须创新，而这种创新即包括了农村基础设施的非政府融资与非政府供给。

但是，这方面的已有研究却较为薄弱。在已有的研究中，复旦大学的张军教授曾与别人合作，发表了三篇论文（张军和何寒熙，1996；张军和蒋琳琦，1997；张军和蒋维，1998)，运用制度变迁理论提出了农村经济发展将使农村公共产品供给制度发生诱致性变迁的观点，并提出了这一变迁的不同的方式和主导模式，其中即包括农村公共品的民间供给和私人产品化；林万龙（2000）曾运用制度变迁理论和公共产品理论对上述观点加以了论证并以若干案例材料予以了佐证；王金霞和黄季焜等对农村地区地下水灌溉系统制度创新的研究（王金霞，1999；王金霞和黄季焜等，2000；Wang and Huang，2002）是这方面的一个较为深入的个案研究。他们的研究表明，随着水资源和人均耕地稀缺程度的提高、集体经济的衰落、社区人力资本的改进和市场发育程度的提高等，农村地下水灌溉系统存在由集体产权制度向非集体产权制度（私人产权和股份制产权）转化的趋向。

总的来说，尽管目前已经大量存在农村公共产品民间供给和私人产品化的现实（Lin，2003），但其理论基础是什么？现实障碍是什么？对农村贫困有何影响？对这些重要问题，已有的研究均基本没有系统的分析。本课题的目的就是要对上述问题进行研究，以填补已有研究的空白。

（三）研究内容、研究方法与报告结构安排

本报告拟对农村基础设施的非政府融资问题进行初步的分析。本报告所要研究的内容包括：农村基础设施非政府融资的理论可行性、现实可能性及现实障碍。报告所用的研究方法是理论与实证研究相结合的方法。报告力求对农村基础设施的非政府融资进行理论论证，并采用案例研究的方法对其现实可能性和面临的障碍进行分析。

具体来说，本报告的结构安排如下：报告第 2 部分描述农村基础设施的融资现状；第 3 部分对农村基础设施非政府融资的可行性进行理论分析；第 4 部分和第 5 部分则从实证角度分别对农村基础设施非政府融资的现实可能性和面临的现实障碍进行分析；最后，第 6 部分是报告的结论性评述。

二、农村基础设施融资现状

（一）农村基础设施投资总量

对于我国农村基础设施的投资水平，目前缺乏系统的统计。图 7－1 显示的是 2000 年至 2002 年我国农村水、电、煤气的生产与供应业、道路、教育文化艺术及广播电影电视业、卫生体育和社会福利业、社会服务业等基础设施方面的投资情况。

如图 7－1 中的雷达图所示，2000 年至 2002 年，我国农村水、电、煤气的生产与供应业方面的投资分别为 120.40 亿元、145.50 亿元、125.00 亿元（另据 2004 年中国农村统计年鉴提供的资料表明，2003 年此方面的投资为 155.9 亿元），这表明 2000 年至 2003 年我国农村水、电、煤气的生产与供应业方面的投资整体增幅明显，但由于上下波动较大，所以其增长趋势并不平稳；道路设施方面的投资分别为 234.90 亿元、293.70 亿元和 368.50 亿元，其增长稳定，上升趋势明显；教育文化艺术及广播电影电视业方面的投资分别为 219.80 亿元、21.50 亿元、213.40 亿元，整体呈下降趋势，且

波动明显；卫生体育和社会福利业方面的投资分别为54.90亿元、8.60亿元、80.00亿元，增幅落差较大；社会服务业方面的投资分别为92.20亿元、49.90亿元、90.40亿元，整体情况呈下降趋势，且起伏明显。

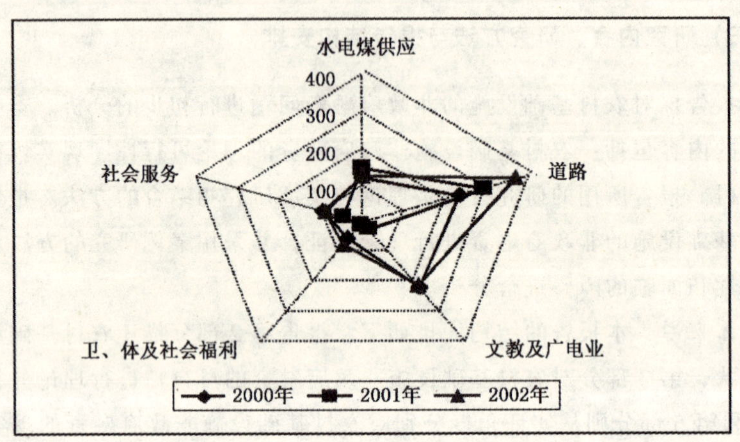

资料来源：根据《中国农村投资问题研究》（中国统计出版社2004年版）有关数据整理。

图7－1　我国农村水、电、煤气的生产与供应业方面的投资：2000～2002

总体来说，目前我国农村基础设施的投资水平增长不明显，且存在较大的波动。

（二）农村基础设施筹资来源结构

2003年农村非农户固定资产投资中，自筹资金高达7 832.47亿元，占总投资的80.29%，是农村非农户固定资产投资的主要来源；国内贷款820.41亿元，占总投资的8.41%；利用外资387.60亿元，占总投资的3.97%；其他资金占386.69亿元，占总投资的3.96%；国家资金327.68亿元，占总投资的3.36%。因此，农村非农户固定资产投资以自筹资金为主，其他来源为辅。但是，农村非农户固定资产筹资来源结构并不能代表农村基础设施的筹资来源结构。因为，大量的农村非农户固定资产投资并不是投向了农村的基础设施，而是盈利性的生产性投资。

相对于农村基础设施投资总体水平的统计，目前关于我国农村基础设施筹资来源结构的系统统计更为缺乏。在此，我们选取农业基建投资和农村道路建设为两个农村基础设施投资的典型案例，分析农村基础设施筹资的来源结构。

1. 农业基本建设投资。自1981年以来，我国农业基本建设投资一直呈稳步上升趋势（见图 7－2）。特别是 1998 年以来，受国家积极财政政策影响，我国农业基本建设投资的增幅又明显加大，1998 年我国农业基本建设投资额高达 460.75 亿元，比 1997 年增长 188.34%。到了 2003 年，我国农业基本建设投资额达到 527.36 亿元，是 1981 年农业基本建设投资额（24.15 亿元）的 22 倍。

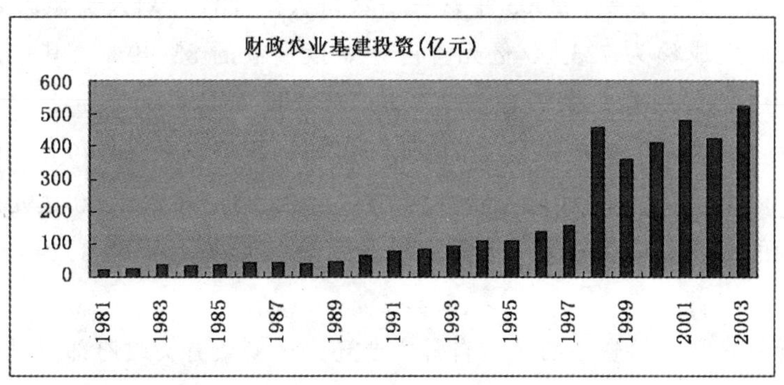

资料来源：历年《中国农村统计年鉴》。

图 7－2 财政农业基建投资额

图 7－3 所给出的信息是多重的。一方面，虽然国家对于整个农业投资的绝对数额在大幅增长，但图 7－3 显示，财政农业投资在国家财政总支出中的比重并没有发生根本变化，甚至有下降趋势。由此可见，国家对于农业的重视程度并没有实质性转变；另一方面，在财政农业投资中，基建投资的比重则整体呈增长趋势，特别 1998 年，其增幅达到 40%。

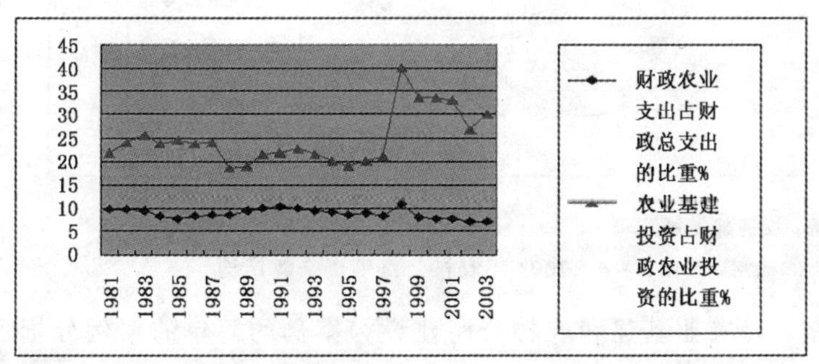

资料来源：历年《中国农村统计年鉴》。

图 7－3 我国财政农业支出状况：1981～2003

图 7－3 的两条曲线所蕴含的两重含义结合在一起，表明：在 1980 年代

以来，在国家财政农业投资力度增长不明显的情况下，财政农业支出中的基建投资比重却在不断增长，这就意味着，国家财政用于农业的有限支出面临将更多的投资用于农业基建的压力。

2. 农村公路投资。严格意义上的农村公路的概念是2002年底才提出的，因此，有关农村道路投资的相关统计在此之前并没有统一的口径。国家交通部提供的资料表明，2003年，我国农村公路建设计划投资额为817.00亿元，实际完成额为723.00亿元，占计划投资额的88.49%。其中，上年结余5.60亿元，占实际投资额的7.7%；国家投资128.00亿元，占实际投资额的17.70%；国内贷款78.00亿元，占实际投资额的10.79%；地方自筹资金486.00亿元，占实际投资额的67.22%；利用外资1.60亿元，占实际投资额的0.22%；其他资金23.80亿元，占实际投资额的3.29%，见图7-4。

由于农村公路筹资中的地方自筹主要还是政府或有关政府部门投入的资金，因此，上述筹资结构意味着：目前在我国的农村公路建设中，政府筹资仍占据着主要的地位，银行贷款和其他渠道的非政府筹资在农村公路筹资中的比重仍然较低。

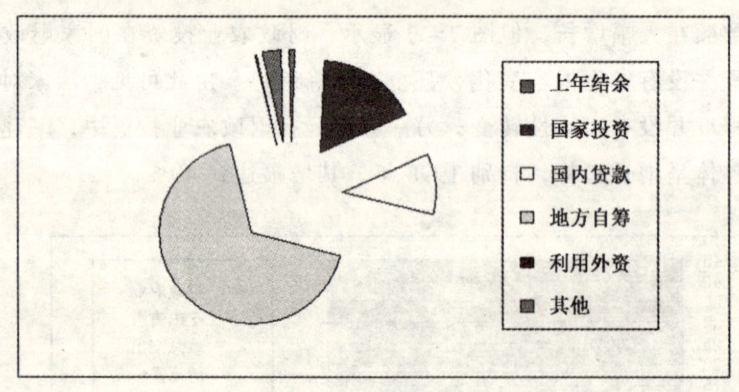

资料来源：交通部规划司。

图7-4 2003年农村公路筹资来源结构

3. 小结。以农业基建和农村公路建设为案例的简单的案例分析表明，在我国的农村基础设施融资中，政府融资的地位仍非常突出。虽然这表明了政府在农村基础设施筹资方面的主体地位，但是这种状况也同时意味着筹资渠道的单一性，在农村基础设施需求日益增长的情况下，这必将对政府财政形成巨大的压力。

三、农村基础设施的非政府融资：理论可行性分析

（一）农村基础设施非政府融资的理论可行性

长期以来，农村基础设施被划为公共产品，因此必须由政府来提供，相应地农村基础设施建设所需的资金也应由政府来承担。对此观点，有必要从理论和已有研究进行仔细考证。

1. 有必要回顾一下公共物品的相关理论，探讨基础设施非政府融资的可行性。公共物品分为纯粹公共物品和准公共物品。纯粹的公共物品是指每一个人消费这种物品不会导致别人对该物品的消费的减少（Samuelson，1954），与之相反的是私人产品。而界于纯粹公共物品和私人品之间的是一种准公共产品，准公共品又分为资源类的准公共产品和“俱乐部”产品，具体特征见表 7-1。纯粹的公共物品很难实现收益的排他，只能由政府来提供，实行政府融资。而准公共品和私人产品的界限是很模糊且不断变化的，随着某些条件的变化一些准公共产品会转化为私人产品，可由私人等非政府组织来提供，实行非政府融资。如 Buchanan J. M.（1968）通过对美国农业社区的研究，得出在收入水平提高的情况下，大型农机器可以由私人来购买经营。

表 7-1　公共物品的分类和特征

类别	特征	举例
1.1 纯公共产品	受益难以排他，消费非竞争	国防、外交、环保等
1.2 准公共产品公共资源	受益难以排他，消费有竞争性	基本医疗卫生服务、教育、公共卫生
俱乐部产品（拥挤性公共产品）	受益可以排他，消费（在一定范围内）没有竞争性	各种俱乐部、公路、桥梁、影院、非满载火车

资料来源：林万龙，2003。

农村中的一些基础设施所提供的服务在效用上是可以清楚界定和计量的，受益很容易实现排他，具有明显的私人品特征，可实现非政府融资；而

受益较难实现排他的也可能实现非政府融资。比如农民只有安装了电话才能享受通信服务，这就清楚地界定了服务的使用者，而且使用量通过计时器也是很容易计量；再如农田水利设施，一个农田水利设施的服务对象就是其服务范围的土地使用者，提供的灌溉服务量也能够通过各种约定俗成方式来计量，如按抽水或放水时间、按用电量和按亩计算等。以上这些服务受益较容易实现排他，可以通过市场机制进行融资。农村的道路，虽然其外部性很大，排他成本很高，但享受道路建设带来便利最多的还是当地的社区农民，当对道路的需求很强烈的时候社区农民有可能愿意承担外部性带来的成本共同出资修建道路。而农村中教育、卫生和生态建设等服务虽然受益很难排他，但随着社会的进步和经济的发展，人们越来越注重消费这类产品给自己带来的直接受益，很少考虑自己消费以后自己给别人带来的收益，因此，将这类产品认为是一种“私人产品”的人越来越多，从而为此类产品的基础设施建设的非政府融资提供了可能。

2. 奥斯特罗姆（2000）对小规模“公塘资源”问题的案例研究则证明，传统公共池塘资源理论并不是一个放之四海皆准的普遍规律，在某些条件下，公共品的管理和服务完全可以由民间来供给。此外，当代行政改革的主导理论——公共选择理论认为：没有任何逻辑理由证明公共服务必须由政府官僚机构来提供，摆脱政府公共品提供困境的最好出路是打破政府的垄断地位，建立公私机构之间的竞争；新公共管理理论也认为一系列创造性改革的通用标签，其最显著的特征是将市场机制引入政治领域（E.S. 萨瓦斯，2002）。上述理论均为农村基础设施非政府融资供给提供了理论支持（涂凯彪，林万龙，2004）。

3. 已有的代表性研究表明农村基础设施非政府融资具有可行性。世界银行（1994）认为许多基础设施服务几乎都是私人货物（即私人产品），基础设施部门提供的大部分服务在特定情况下都是独占的（即可实现排他性），可以通过市场和其他等非政府融资渠道为基础设施建设筹集资金。而且，目前政府是提供基础设施资金的主体，政府几乎承担了所有项目的风险，私人资金有助于减轻政府的财政负担，更重要的是在基础设施建设中可以更好地分担风险、分清责任、加强监督和管理（世界银行，1994）。另外一份世界银行的工作报告研究表明，在欠发达国家，可通过实行竞争性补贴的政策，使农村的公共基础设施如电力、水、卫生和交通等由市场的力量来提供，而且这种做法具有很好的前景。与传统的政府融资提供农村基础设施相比，利用竞争性补贴政策通过市场机制融资能够动员私人投资，减少为实现特定农村基础设施建设的政策目标的政府资金漏出，提高资金的使用效率，培养新的企业家和加强农业基础设施建设中的透明度（Björn Wellenius，Vivien Foster，and Christina Malmberg - Calvo，2004）。

张军（2005）也认为农村基础设施建设筹资渠道除了财政渠道之外还有市场渠道和其他渠道。市场渠道的主要做法有利用资本市场筹资、成立旨在推动某项公共产品生产和建设的专向发展基金、向金融机构融资和利用减免税收和给予信贷优惠等政策，调动经济组织增加对公共产品生产的投入。而其他渠道主要有：(1) 非政府组织筹资渠道；(2) 境外筹资渠道；(3) 个人筹资渠道，包括个人直接投资从事某项基础设施的生产和建设、个人对某项基础设施的生产和建设进行部分资金捐助、农村集体或社区政府倡导下的村民集资和企业家捐助。而且这些非政府融资在解决农村基础设施生产和建设资金不足，推动农村发展上确实起到了积极作用。一些学者也有类似的观点(张军，何寒熙 1996)，认为一些小区域范围内的公共产品，可以由私人组织来供给。

以上理论分析和已有研究都表明农村基础设施实行非政府融资具有可行性，而且我国农村基础设施非政府融资具备如下有利条件：

1. 原有的农村基础设施供给机制不能满足现在的需求。计划经济时代留下来的“计划安排，财政负担”的农村基础设施的供给机制，在实行家庭承包制后被逐步瓦解。国家政府对农村基础设施投资步伐落后于农村经济发展，在财政困难的地区，政府很难拿出资金投资于农业基础设施。单一的筹资渠道不仅加重了政府财政的负担，而且造成农村基础设施投资的不足，不能满足农村居民的需求。

2. 农村居民迫切地需要农村基础设施提供的服务。农民对农村基础设施的需求是随着收入水平的变化而变化的（张军，何寒熙，1996)，收入水平较低时，对基础设施的需求较少，当收入增加时首先表现出来的是对私人物品需求的增加，如改革初期兴起的建房热；当收入进一步增加时，农民对基础设施的需求相应地增加，比如农民的住房条件得到改善以后，对农村的道路、通信和卫生就会提出更高的要求，从而对这些设施的需求增加。因此,改革开放增加农民收入的同时也增加了对农业基础设施的需求。另外，有些农村基础设施已经成为当地农民脱贫致富的瓶颈，如山区的公路，工程性缺水地区的灌溉设施，像这类基础设施，当地农民是很渴望获得的。

3. 宏观政策环境允许农村基础设施非政府融资。中共十六大三中全会明确提出:“要大力发展和积极引导非公有制经济,允许非公有资本进入法律法规未禁入的基础设施、公用事业及其他行业和领域。”这就为农村非政府融资消除了政策障碍。

4. 非政府力量(如农民、企业、村集体和国际组织等)愿意且能够为农村基础设施建设投入资金。上文的理论分析表明农村中的基础设施一些在收益上很容易实现排他,这一点就能吸引希望从中获利的农民或企业投资于此类基础设施,而且经过多年的改革开放拥有投资能力的农民和企业不少。收益很难实现排他的基础设施经常存在“搭便车”的行为,但是,速水佐次郎指出,在一个结构紧密的社区内,“人们个人主义较少并会严重地遵从社会规范”,因而可以弱化搭便车行为(张军,何寒熙,1996)。我国的大部分农村都是属于这种联系紧密的社区,而且在这个社区里信息可以说是充分对称的,农民天天在一起打交道,为了长期利益的最大化,理性的农民的“利己主义”和表面的“利他主义”并不冲突,从而使集体提供农村基础设施的交易成本低于其获得的预期收益,进而使村集体组织农民投资修建这类基础设施成为现实。而现在,国际组织对我国农村基础设施的融资行为有很多,如世界银行对华援助资金有一大部分就投入到了农村基础设施建设。

以上有利条件进一步增强了农村基础设施非政府融资理论上的可行性。

(二)农村基础设施非政府融资的可能渠道

综合已有的研究(张军,2005;世界银行,1994;等),农村基础设施非政府融资存在如下几种主要的融资渠道:

1. 农户渠道。农户渠道既包括农户单独投资农村基础设施,也包几个农户合伙投资农村基础设施。目前我国农村小范围的基础设施投资来源于农户占了很大的比例,就拿农田水利建设来说,2001和2003年,各级政府的投资分别为223和242亿元;而群众的投资分别为246和231亿元;群众投劳分别为75和53亿个工日(翟浩辉,2003);由此可保守推测在农田水利的投入上农户的投资比重超过了50%。据调查,个人筹资渠道在农村公共产品生产和建设过程中,越来越占有重要位置(张军,2005)。

2. 私人企业。目前,私人企业对农村基础设施进行融资还处于探索阶段,而且有些私人企业投资于基础设施并不是想从基础设施经营中获益,而是在其商业开发项目中受到基础设施条件的制约，不得不投资于基础设施。比如在林业资源丰富的山区，经常可以看到私人企业为了开发当地的森林资源出钱修建山区公路的现象。与农村道路私人融资困难相比，农村电力建设对私人投资的吸引就比较大，在广东私人企业投资修建中小型电站的现象就比较普遍。据世界银行（1994）估计私人企业在基础设施方面的投资总额一年约为150亿美元，相当于发展中国家每年投入基础设施建设的2 000亿美元的7%，而且私人企业在基础设施方面的投资会不断地增加，份额会不断扩大。

3. 商业银行等金融机构。农村基础设施建设对农村经济的发展具有重要的作用，在农村基础设施建设中面临资金短缺的困难，而据统计我国2005年2月末居民人民币储蓄存款余额为12.78万亿元（毛晓梅，2005），因此充分利用商业银行等金融机构掌握的资金投资于农村基础设施，具有可行性，且有望实现双赢。

4. 非政府组织和境外筹资渠道。在我国非政府筹资渠道主要有春雷行动、春苗行动、希望工程、母婴医疗卫生安康行动等。非政府组织筹资不仅增加了乡村地区公共产品生产和建设的资金投入，弥补了财政资金投入不足导致城乡公共产品生产和建设供给日益扩大的裂痕，而且，在筹资形式上引入了社会和非政府的概念。而境外筹资主要有两种形式，一种是国际组织的非商业性资金，另一种是针对农村，尤其是贫困农村地区引入的境外非政府组织小规模援助资金。这些资金在改善贫困农村外部发展环境，增加公共产品供给的作用和影响越来越大（张军，2005）。

以上是目前农村基础设施非政府融资主要的可能渠道，此外在融资方式上，应用项目融资的方式对基础设施融资越来越受到各国的亲睐。

四、农村基础设施非政府融资的现实可能性：若干案例研究

本节拟通过农村水利和生态林业建设两个案例，说明农村基础设施非政府融资的现实可能性。其中，农村水利建设案例是微观分析，素材主要来自课题组的实地调研，所用的分析方法是现金流量分析法。具体来说，本报告拟通过农村小型水利投资所产生的净现金流量，测算该类投资的财务投资回

报率，如果财务投资回报率较高，即意味着投资农村小型水利设施具有较好的财务盈利性，从而也就具备了农村水利非政府融资（如私人融资和信贷融资）的现实可能性；生态林业建设案例则主要侧重于宏观和总体分析，素材主要来自课题组所收集的各类案头材料。

（一）农村水利建设案例

1. 案例研究背景。实行家庭承包制以后，农村的小型水利设施的集体和政府供给能力大为下降，通过增加农民负担的办法提高供给能力又与减轻农民负担的政策相悖，这时农村中的现实和理论界研究表明在一定条件成立下，农村小型水利设施是可以由私人供给的。因此，政策也进行这个方向的引导，既解决了农村小型水利设施的供给问题，又减少了政府的财政负担。特别是在农村税费改革后，原来小型农田水利投入所依赖的劳动积累工和义务工被取消。在这种形势下，小型农田水利建设寻求新的资金投入渠道，才能确保税费改革后农田水利事业的持续发展，保证农业生产的顺利进行。因此，在2003年中央出台了《小型农村水利工程管理体制改革实施意见》，提出了全面完成现有小型农村水利工程的管理体制改革，逐步建立适应社会主义市场经济体制和农村经济发展要求的工程管理体制和运行机制。明晰工程所有权为核心，建立用水户协会等多种形式的农村用水合作组织，投资者自主管理与专业化服务组织并存的管理体制；以建立良性运行机制为重点，采用承包、租赁、拍卖、股份合作等灵活多样的方式，搞活经营权，落实管理权等政策措施（水利部　农村水利司，2003）。政策的核心实质即为鼓励农村水利建设的非政府融资。

林万龙（2003）对发生在山东省和河北省的案例研究表明，家庭承包制实施以后，在一些农村地区，面对用水需求的上升以及集体供给能力的下降，农户并没有表现得“束手无策”，他们自发组织起来，采取合伙、承包或单独投资等方式，兴建了一批小型农田水利设施，并且形成了行之有效的管理制度，解决了生产用水问题。林万龙（2003）并且认为，从已有的材料来看，山东和河北的案例并不缺乏代表性。若干材料均表明，许多农村地区已发生了类似的制度变迁。农村小型农田水利的诱致性制度变迁行为得到了政府的肯定，中共十五届三中全会决定：鼓励农村集体、农户以多种方式建设和经营小型水利设施。1998年，小型农田水利工程产权制度改革在全国范围内展开。截至1998年底，在全国现有的1600万处小型水利工程中，已有 264 万处进行了产权制度变革，其中实行股份合作制的 39 万处，进行拍卖的 37 万处，租赁的 19 万处，承包出去的 169 万处（中国农业年鉴编辑部，1999，第 60 页）。

本报告下面的两个具体的农村水利投资案例，将从微观层面上对农村水利投资的财务盈利性进行分析，从而对农村水利投资非政府融资的现实可能性进行论证。

2. 农户自建小型农田水利设施案例。唐海县原称柏各庄农场，属国营农场性质，下设 11 个农场，达到一定年龄和条件的农民即为农业职工。农场下一级单位为村。八农场是唐海县的 11 个农场之一，管辖 20 个村。四队位于八农场最南端，全村共有耕地 4 300 亩，均为水田，全部种植水稻。全村 640 人，职工 530 人，共 150 户。

根据实际调查，四队村民中在本村承包土地的小户没有一户打井（其原因见本报告第 5 节专栏一），但四队 5 户在本村外承包土地的农户均打了井，他们的资金来源中，没有一户农民从政府或集体获得了资金支持，全部是农户的自筹资金，自有资金不足的均向亲友借款，因而属于明显的非政府融资。

农户自己打的机井一般深 200 米左右，使用 22kw 的潜水泵抽水，每小时出水量为 80t，一口机井能保证灌溉 200 亩左右农田，使用期限为 12 ~ 13 年。根据一口机井所能灌溉的农田亩数，一般 3 ~ 5 户农户合伙打一眼机井共同使用。机井占地约为 10 平方米，打井费用由几家农户按所各自需灌溉面积分摊，对因打井而占其土地的农户可以扣除其相应面积的打井费用。打井工作承包给打井队，农户无需再出人工。井打好后，所有农户根据自己农田用水量的需要，自己开井灌溉，视降雨量多少适当调节，因机井是农户自己筹资建设，因此农户的节约意识比较强，机井维护状况良好，灌溉的水电费以及维修费各户按地亩数分摊。在外承包土地的农户土地全部集中在一起，一户一块，便于农户打井进行灌溉，也便于农户集中经营，形成一定的经营规模。在外承包土地在未打井情况下产量一般比村内土地产量低 50 公斤左右，而打井后农田的产量则比其打井前产量高出 100 公斤左右。

下面以课题组所选定的打井的模式农户为例对农户打井的可行性进行分析。根据未打井农户和打井农户在土地经营中的不同因素的比较来分析影响农户打井的因素。

农户打井的财务现金流量表如表 7 - 2。

表 7-2　打井农户财务现金流量表　单位：元/亩

经济事项/年份	2001 年	2002~2003 年	2004~2009 年	2010 年
1. 效益流入	895	895	895	900
1.1　主产品（稻谷）收入	850	850	850	850
1.2　副产品（稻草）收入	45	45	45	45
1.3　机井残值收入	0	0	0	5
2. 成本流出	288.26	640	638	648
2.1　承包费	330	330	330	330
2.2　基础设施建设费用	351.74	0	0	0
2.3　营运费	-393.48	310	308	318
3. 净效益	-196.74	155	154	159
4. 无项目净效益	89	89	89	89
5. 增量净效益	-285.74	66	65	70

注：表中基础设施建设费用指打井费用。一口机井可灌溉农田 200 亩左右，农户按地亩数分摊打井费用，故每亩基础设施建设费用为打井总费用除以 200。

根据农户的财务现金流量表，可以计算农户打井投资的收益率为 18%。

模式农户打井投资所产生的每亩地的这一投资收益率不仅高于一般的银行贷款利率，而且比通常所设定的项目投资基准收益率（10%~12%）要高出许多，因此，对四队农户而言，自筹资金建设小型农田水利是一项财务回报率很高的投资，这就确保了农户自筹资金打井的现实可能性。

3. 利用贷款投资建设机电井案例。内蒙古巴林右旗是世界银行贷款中国西部（甘肃、内蒙古）扶贫项目的一个项目区。该旗利用世界银行贷款的一个项目活动是投资建设机电井，以改善当地的农田灌溉条件。机电井贷款的获取遵循自愿原则，有意投资机电井的农户或组织可以提出申请，并相应承担贷款的还本付息责任。在这种情况下，投资机电井的效益将直接决定农户或组织的贷款积极性和未来的还款能力。

2000 年以来，巴林右旗有许多农户或村集体利用世界银行贷款进行了机电井投资。课题组对其情况进行了调研。一口机电井的投资大约在 50 000~60 000 元，受益面积在 300~400 亩之间。偿债的资金来自于灌溉水的水费收入。调研显示，在利用世界银行贷款进行的机电井投资活动中，至少存在四种投资模式。这四种模式的基本描述如表 7-3 所示。

表7-3　　巴林右旗利用世界银行贷款投资机电井的主要模式

模式编号	模式名称*	基本特征
模式A	多农户联合借贷	若干农户联合借贷并经营机电井，债务由这些农户承担，还本付息资金来自机电井出售的灌溉用水收入
模式B	单一农户借贷	由单一农户借贷并经营机电井，债务由这些农户承担，还本付息资金来自机电井出售的灌溉用水收入
模式C	集体统借统还	村集体作为机电井的借贷、投资和经营主体，机电井的服务对象为承包村机动地的农户，偿债资金来自于农户上交的承包费
模式D	集体管理，农户还贷	债务落实到机电井的受益农户上，集体负责井的日常管理并从受益户收取管理费

*名称是由课题组自行提出的。

资料来源：课题组调研总结。

现金流量分析表明，在所有的四种模式中，财务投资收益率均非常高，在30%～55%之间（具体的现金流量表见本节附录）。这意味着投资于机电井是盈利性很高的经济活动。对于购买了机电井所提供灌溉服务的农户来说，与无项目状态相比，每亩所能增加的净收益在70元以上，因而对于受益农户而言，接受灌溉服务的效益也很显著。尽管实地调研表明，巴林右旗的这一投资活动也存在一些不足，例如，对于模式C来说，由于调研村收取的承包费过低，致使在贷款偿还上存在还款能力不足的隐患，但是这仅仅属于项目方案设计不够科学的操作性问题，从投资收益本身来讲，由于高盈利性，利用贷款进行机电井投资的现实可能性是有坚实基础的。

（二）生态林业建设案例①

1.案例研究背景。

（1）我国生态林业资金需求面临加速增长的趋势。在新中国成立后相当长的一个时期，由于经济建设的需要，林业发展基本上是以木材生产为中心的，由于没有充分认识自然资源和生态环境这笔重要财富的价值，我国森林资源遭受到严重的毁坏和浪费。

由于过去多年来的滥砍滥伐，使得我国林业面临着十分严峻的问题，包括森林覆盖率低、生态环境恶化等。这些问题严重制约了我国生态林业可持

① 本案例根据课题组成员文彩云：《生态林业建设中的非政府融资》（中国农业大学经济管理学院本科毕业论文，2005）一文改编。

续发展。为了保护森林，改善生态环境，同时还要满足人们对林产品日益增长的需求，依靠大量资金投入内涵式的集约经营，以提高生态林业多功能效益的现代生态林业生产方式便成为必然的选择。而这种生产方式是需要有大量资金流入为前提的，也就是说，所有这些问题的解决都需要大量的资金流入。所以，从需求来看，我国生态林业资金需求面临加速增长的趋势。

(2) 财政资金供给不能满足生态林业对资金的需求。尽管财政投入是实现林业可持续发展的主要力量，但是仅靠财政投入还是远远不够的。现有生态林业工程资金投入结构中，1993 年前生态性林业工程投入中财政资金占重要地位，1993 年后财政资金投入绝对量缓慢增长，增长速度年均 20%，其他投资的增长速度 25%。1991 年国家预算投入 17 782 万元，占生态性林业工程总投资 34 777 万元的 51.1%。1997 年国家预算投入 55 696 万元，占生态性林业工程总投资 244 283 万元的 22.8%。国家预算投入在林业重点工程总投资中的比重下降了 55.4%。这与 20 世纪 80 年代财政收入能力逐步下降不无关系。财政收入占 GDP 的比重从 1980 年的 27%下降到 1994 年的不足 10%。与之相反的是 20 世纪 80 年代以来财政支出迅速增长，财政预算中赤字逐步增加，1979 ~ 1995 年除 1985 年外均出现财政赤字。尤其是进入 20 世纪 90 年代，财政赤字总体急剧上升。1994 年和 1995 年财政赤字总和为 110.7 亿元，约等于 1986 ~ 1993 年财政赤字的总和，反映出国家财政支付能力逐步减弱。因此，生态林业建设完全依靠政府有限的财政支持是不可能也不现实的。

由此看来，当前情况下，要发展和壮大生态林业行业，急需巨额资金投入，而国家财政目前无力更多投资和建设生态林业，根据罗森斯坦—罗丹的大推进理论，投资低→劳动生产率低→收入低→储蓄低→投资低的恶性循环。因此，要打破这种恶性循环，投资增长是经济发展的重要突破口。利用非政府资金既可以增加生态林业资金投入，弥补生态林业资金缺口，也可以增大生态林业投资规模，提高生态林业资金使用效率，所以它应当作为生态林业资金重要的融通渠道之一。

(3) 非政府投资可以提高资金使用效率。生态林是一种公共物品，既然公共物品造成市场机制失灵，政府介入就成为一种必然。但是，政府提供公共物品绝不等于政府生产全部公共物品，更不等于完全取代公共物品的“市场”。单纯由政府生产和经营公共物品，由于多种原因往往缺乏效率：第一，政府在生产和经营公共物品时，没有私人部门与之竞争，处于垄断地位，容易造成效率低下；第二，从政府部门生产和经营公共物品的非营利性来看，缺乏利润动机的刺激，因而不可能实现高效率；第三，政府部门生产和经营公共物品的支出来自预算，不同的部门为了各自的利益，往往强调本部门公共物品的重要性，尽可能地扩大预算比例，结果势必造成某些部门的过度供给，损害效率。因此，要区别“政府提供”和“政府生产”这两个概念：后者是政府对公共物品进行直接生产，而前者是通过某种适当方式，也许是自己直接生产某些公共物品，也许是将某些公共物品委托给其他组织包括私人企业进行间接生产。政府的职能应该是“提供”，而不是自己“生产”全部的公共物品。

总之，非政府融资不仅可以缓解政府财政的压力，增加生态林业资金投入，弥补生态林业资金缺口，而且可以引进新思想、新技术、新管理，提高生态林业资金使用效率。因此，在市场经济条件下，生态林业建设利用非政府融资是十分必要的。

2. 生态林业非政府融资的可行性分析。

(1) 我国生态林业自身的投资吸引力。一直以来，人们认为林业由于生产周期长，风险大，林业预期盈利能力远远低于其他产业，因此，对国内、国外资金都缺乏足够的吸引力，未来林业行业对以盈利为目的的私人及企业投资的吸引力并不大。上述观点具有一定的片面性。原因是林业行业具有其他行业所不可比拟的优势，而且这种优势随着时间的推移还会越来越明显。

首先，森林是一个巨大的绿色的宝库，其中蕴藏的资源种类最多，储量最大，只要善于开发，林业产业将是一个非常具有经济效益的产业。因此，对那些资源寻求型的商业直接投资，林业目前是一个很好的投资选择。

其次，改革开放二十年来，我国吸引社会资本及外商资本发展的重要领域是工业。目前，我国工业已经有了很大的发展，并且出现了相对过剩，根据边际递减原理，再投资工业项目投资回报率将明显降低，而我国林业目前发展水平仍然处于一个低级阶段，林业长期投入不足，生产力水平低下，粗放经营的局面仍未改变，整个林业的发展处于传统林业向现代林业的过渡时期。因此，我国林业生产上具有很大的潜力可挖，只要稍加投入，就能获得明显的回报。一个比较典型的例子是外资在中国建立速生丰产林基地和纸浆厂。目前，我国林业的集约经营水平仍较低下。而外商投资培育项目采用先进的生物工程措施，使得林木科技含量显著增加。其中具有代表性的是泰国顺合成集团公司采用优质组培苗培育的5年生的速生丰产林，年每公顷苗木生长量和蓄积量分别为0.3立方米和0.9立方米，集约经营的林木的生产量和蓄积量的约为广东省粗放经营的12倍和3倍。截至2000年底，此项目累计利用外资6 900万元，共造林12万多亩和育苗基地600亩，该公司繁育的苗木除自用外，还大量出售其他造林企业和农户，取得了不错的经济和社会效益。

再次，维持和开拓市场是商业直接投资的一个重要原因，而对林业行业来讲，林业的资源相当丰富，品种众多，多种林产品市场需求巨大，这些都为林业吸引商业投资创造了条件。我国目前是拥有13亿人口的大国，近年来，随着我国经济的不断发展，我国人民的人均收入不断上升，这就使得我国人民对林产品的需求与日俱增，据专家预测，到2000年仅全国木材总消费量达到4.4亿~5.4亿立方米，实际供应总量为4.5亿立方米，最大缺口9 000万立方米。而随着我国在全国范围内实施天然林保护工程，我国木材供需矛盾更加突出，目前世界人均年消耗木材0.65立方米，发达国家已经达到1立方米，而我国人均消耗木材只有0.2立方米，对我国来说，人均每增加0.1立方米木材消耗量，需要增加1.3亿立方米的木材总量，这就相当于世界目前年木材贸易量的总和。国内木材及林产品市场需求量的急剧上升，使外商对我国林业投资的预期收益看好，所以他们将会很乐意地在我国林业中进行直接投资或者是以合作的形式进行投资。

最后，利用风景林和森林公园发展森林旅游、文化活动可提供直接的经济效益，有利于维持和改善生态公益林的经营。人口的剧增，建筑的密集，使人们对于回归自然环境的要求越来越迫切。而营造风景林则为人们提供了游憩场所并美化了城市。巴黎是营造风景林的典范。如枫丹白露森林、法里叶森林、勃里凡森林等，森林公园面积大，环境优美，风光奇特，游客极多。我国的张家界、千岛湖、嵩山、琅琊山、流溪河等国家森林公园已接待了大量的游客。种类繁多的森林植物构成了丰富多彩的森林植物景观，使游客从大自然中得到美的享受、知识的启迪和情操的陶冶。

(2) 非政府资金的供给能力。从国际筹融资看，国际筹资方式日益增多，融资证券化趋势明显增强，国际股票融资得到较大的发展，债券融资比例逐步上升，为我国生态林业开辟新的投资方式，拓宽筹资渠道提供了可能。

从林业自身发展来看，林业的发展和森林问题备受国际社会关注。自

1999 年联合国环发大会以来，森林问题逐步演变成环境发展的新热点。联合国森林论坛的成立把林业的地位提高到了前所未有的高度。当前，世界上有一股环境热，作为陆地生态系统的主体，森林问题备受国际社会关注。联合国环境保护项目组织撰写的联合国保护森林报告向世界各国发出警告说，如果人类不采取切实的行动，不改变对待森林的态度，那么，世界上绝大部分的森林在今后几十年内将面临消失的危险，这会给地球的气候和生态带来灾难性的影响。当前森林问题已经成为全球生态环境的核心问题。我国林业虽然薄弱，但对维系世界的生态平衡起到非常重要的作用。我国目前森林面积位于世界的第六位，一些发达国家希望我国林业高速发展，以促进国际生态环境的保护。因此，出于生态和环境的需要，我国将能够在国内和国际上融得大量生态保护和建设资金。

从国内形势看，经过二十多年的改革开放和经济快速发展，我国综合国力进一步提高，社会主义市场经济体制已经初步建立，全方位、多层次、宽领域的对外开放格局已基本形成，开放性经济日益发展，国内市场秩序和投资环境不断改善，这些都为我国林业利用民间资本和外资创造了有利的宏观环境。国民经济的持续快速，健康的发展，加快结构调整和产业优化升级，深化国有企业改革、实施西部大开发战略等，都为林业扩大社会投资创造了更为广阔的空间和领域。我国政治稳定，人民安居乐业，国内宏观经济形势较好，GDP 继续保持较高的增长，这些将有利于扩大我国的市场规模，增加对外资的吸引力。

市场因素是中国吸引社会资本，尤其是外资最大最重要的因素，巨大的中国市场对追逐利益最大化的国际资本形成了巨大的吸引力，这使中国在很长的时间一直保持发展中国家吸引外资第一大国的地位，作为发展中国家吸收外资最多的国家，我国巨大的市场容量和日益改善了投资环境，在未来会对国际资本形成更大的吸引力。随着我国对外开放程度的扩大，经济实力的不断增强，利用外资将会有更大的增长。有资料显示，1996 年流入发展中国家外资总额为 1 290 亿美元，其中亚洲占 2/3 而流入我国又占亚洲投资总额的 1/2 也就是说，对世界各发展中国家的投资有 1/3 流入我国，从绝对量上看，我国协议和实际利用外资总额，也呈年年递增的趋势（国家林业局，1998）。

改革开放以来，随着国家经济实力的不断加强，人民的收入水平也不断提高，中国城乡居民储蓄存款余额也在不断增长，由 1987 年的 21 亿元增长到2003年的10万亿元。这是一个融资的好机会。目前，部分省市的非公有制林业中民间资本占了大部分。这种筹资形式既促进了经济的发展，也减轻了国家财政的压力，并且较其他资金来源形式看，具有筹资程序简便，资金到位及时等优点。一旦这些从民间筹集起来的资金用于各个投资领域，那么当地出资的居民一方面会更积极地参与到该投资领域中去，充分发挥他们的积极性；另一方面，也会加强对该投资领域的监督与保护力度。这种融资方式既适合大型的非公有制林业企业，也适合规模较小、集约化程度较低的造林大户。

金融机构贷款是最基本的融资手段之一，它较其他形式而言，具有融资成本低，手续简便，到位及时等优点。在当前非公有制林业进入快速发展期时，向金融机构贷款是一个必然的趋势。尽管目前金融机构的信用、抵押、担保等机制不够完善，但它仍有助于解决非公有制林业发展中的资金短缺问题。国家应该鼓励金融机构向林业投资者开展信贷业务，并采取一些措施，适当放宽贷款条件，让所有的金融机构都参与林业贷款业务的竞争，这样才能有效地调动金融部门扶持林业生产的积极性。但值得注意的是，所有这些金融机构贷款的发放必须按规范化操作，按照市场经济规则来进行，绝不能用行政命令支配。

3. 生态林业非政府融资的途径。

(1) 金融方式。改革开放以来，我国经济体制的变革给金融业带来了显著的变化，金融中介机构的信用创造和货币供给愈来愈成为经济增长的基本支撑与推动因素。在全社会融资总量中，通过金融中介机构媒介的比重达85%，银行信贷资金占企业资金的平均比重在85%以上，金融因素已成为影响中国宏观经济运行及发展态势最活跃、最敏感、最引人注目的变量。社会金融资产尤其是居民部门金融资产2002年末突破8万亿。证券化、金融化水平已有了很大的提高。而生态环保的资金缺口逐年加大，这就为金融资本进入生态领域提供了可能性。

①信用型结合方式。信用型结合方式是指金融资本通过债权债务关系进入生态领域，两者以信用为基础相联系的结合方式。信贷资金与生态环保的结合使生态金融重要的结合方式。从我国生态环保和建设资金需求现状看，来自财政和政策性金融的支持都是有限的，当财政资金的诱导作用显现后，信贷支持应将作为主要的后续资金介入到生态环保建设中，商业性金融应作为信贷资金投入的主渠道。2001年各金融机构的存款余额达到14.4万亿

元，同比增长16%；而同期贷款余额为11.2万亿元，同比仅增11.7%，有较大的存贷差。因此如何引导这些资金的流向，使之即能为生态建设发挥其融通资金的作用，又能把金融风险控制在合理的范围内，是金融机构面临的一个新的考验。此外，争取发行地方环保债券。可以采取同一生态区域的几个省区联合的形式，如北京、天金、河北针对沙尘暴严重问题，发行环保债券，用筹资到的一部分资金支持上游地区内蒙古生态环境的建设。

②股权型结合方式。股权型结合方式是指以股权为基础，通过参股、控股彼此融为一体而形成的结合方式。在现代经济中，资本市场是融资、筹资、投资的有效场所，又是投融资的主渠道。自1996年以来国家银行逐步实施商业化运做作，贷款业务的风险意识及责任约束逐渐强化，银行主要从事短期信贷业务，长期资本的融通将更多依靠资本市场。截至2002年9月，我国深、沪两市股票市值4.6万亿，约占GDP的比重为50%，随着资本市场的迅速发展，通过债券和股票形式融资的规模将有更大的扩张，因此，在对生态环境保护建设的过程中依托资本市场来进行环保资金的筹集应成为大力拓展的方式，争取社会投资，尤其是利用民间资本显得尤为重要。引入民间资本首先要政府政策的支持，还需要保证环保资金有一个健全的退出机制，以方便投资者的绿色资产以合理的价格在二级市场变现。

③咨询服务型结合方式。咨询服务型结合方式是指生态系统与金融业之间以提供咨询服务而彼此联系与结合的方式。咨询服务型结合方式已经存在于现实经济生活中，只是人们没有重视咨询服务型结合方式对于生态产业和生态环保建设的作用。尤其是随着证券市场的发展，咨询服务型结合方式在提高融资效率，推动生态存量资产合理流动等方面发挥着不可替代的作用。

④生态环保与外资结合方式（主要是优惠贷款、无偿援助）。这种结合方式属于信用性方式的一种，但随着国际性环保组织的蓬勃发展以及各国之间环保交流的加强，发展中国家接受的援助性资金、技术越来越多，已经成为各发展中国家生态保护和建设中不可忽视的力量。积极有效地利用外国政府贷款是环境保护投资资金筹集的重要手段之一。有如下特点：一是贷款条件比较优惠，主要表现在贷款利率低、贷款期限长。贷款有无息的，也有低息的，一般年利率在2%～3%左右。贷款期限一般在20～30年。贷款条件优惠还表现在附加费用少，政府贷款含有较高赠与成分，具有双边援助性质。二是一般为项目贷款，一般只资助贷款项目在国外采购设备、材料、引

进技术等费用。因此，使用外国政府贷款建设的项目需要筹措足够的国内配套资金。三是一般都含有限制性的采购条件。规定某个比例的贷款必须在贷款国采购物资、设备等。另外，要积极利用国际金融机构的绿色贷款。近几年，国际组织机构越来越重视环保问题。据预测，今后15年全世界对“绿色工程”贷款的投资银行数量将增加2倍，这些银行将把环保项目作为贷款直接投资优先考虑的重点。世界银行贷款分为计息贷款和免息信贷两种，通常称为硬贷款与软贷款。硬贷期限20年还有5年的宽限期，软贷期限50年，宽限期为10年。不但贷款期限及宽限期较长，而且贷款利率低、汇兑风险较小、一贷款支用方便（可自由采购、任选货币支用），实行每半年均衡还贷，还款压力分散。从以往的情况来看，世界银行贷款项目普遍成功率高，微观财务效益好。

⑤其他结合方式。

第一，创立生态发展基金，特别是建立生态风险投资基金。基金主要用于改善自然生态环境、治理水土流失、森林、草原资源的保护、开发和有序利用等。同时，运用风险投资推进生态环保技术的普及和生态产业化是应重点搞好的系统工程。生态环保技术的研究、开发和生态产业化投资所产生的环境效益和社会效益往往超出投资本身的经济收益，具有极大的外部“溢出效益”，据国外经济学家的估算，每投入1元的环保产业投资，可带来10元的社会外部收益，其中30%是避免健康损失。所以，在目前进行环境技术创新和生态产业化的资金不足的情况下，政府应带头组建风险投资基金，引导和带动民间资本的参与，以推动生态环保技术的开发和普及。

第二，创立生态环境保护基金会。如北京环境保护基金会是在原首都环境保护宣传教育基金会的基础上成立的，一个旨在坚持可持续发展战略，通过募集资金、开展资助等活动，推动首都环境保护事业发展的社会团体。

第三，发行生态环保彩票。彩票发行主要是政府行为，所聚集的资金应该主要用于工期长、见效慢、经济效益低、社会效益和生态效益高的公益事业。近几年，全国各地的彩票发行如火如荼，体育彩票、福利彩票、希望工程彩票等，为国家在相关领域的建设聚集了大量的资金，强有力的支持了这些事业的发展。据有关专家论证，我国的彩票市场潜力很大。生态环保产业是最大的公益事业，地方政府可考虑发行生态环保彩票以动员社会资金支持生态环保事业，更重要的是让民众心系生态，能真正实现“取之于民、用之于民”。

第四，培育和发展生态资本市场。在现代经济中，资本市场的筹资功能越来越明显，充分发挥资本市场的功能是金融支持生态建设的重点。

一是利用股票市场支持具有比较优势和竞争优势的生态环保企业进行股份制改造，将效益好的企业推荐上市。在上市公司的审批上，国家应给予优惠政策，加快从事生态投资的企业的上市速度，鼓励和支持生态环保企业上市发行股票，通过社会融资实现企业资本的筹集和扩张，增强企业的环保投资能力。环保企业可采取政府、企业、银行合作投资，也可采取国内企业和国外企业合作投资，以及国内外企业和金融机构独立投资。目前，我国已有数十家与环保有关的企业上市，并以良好的业绩与高成长性在证券市场上形成了环保板块。

二是利用债券市场发行生态环保债券，主要用于防风治沙、植树种草、退耕还林、生物圈建设等生态工程。

三是利用资本市场推行地方政府债券发行，规范债券市场。

第五，培育生态环保信托业。主要包括两方面：一是生态环保信托投资。环保部门可建立专项环保基金，引导投资者及时、高效、集中地将资金投向生态环保产业，促进环保产品的研制、开发、生产和推广应用。环保信托部门可将基金投资集中于债券和股票等形式，向投资者发放受益证，持证者按比例提取收益。二是生态环保信托租赁，即由生产企业向相关企业租赁环保设备或设施，也可由信托部门购进后再租赁，以解决企业资金不足的矛盾。

（2）市场方式。

①碳补偿贸易。碳补偿贸易是排放 CO_2 的一方（公司或国家），向本国或外国森林拥有者、经营者，支付森林环境生态效益生产成本的货币交换过程。碳贸易市场为森林所具有的大气净化功能提供了市场交换的方式，实现了森林环境效益资金的市场补偿。碳补偿贸易基于对森林缓和全球气候变化作用的支付意愿。

碳补偿贸易促进了商业形式的从工业化发达国家到发展中国家用于森林资源保护所需资金的转移支付。这种资金的转移支付是以环境保护全球性资金负担份额为基础的，碳补偿贸易涉及排放 CO_2 的公司或国家向森林拥有者、经营者或其他国家在现有植被水平上因其吸收或减少 CO_2 排放活动而提供资金支付，弥补其成本。

森林是大气碳循环重要的平衡器，因此碳补偿贸易成为具有公益性质森林经营活动重要的融资渠道。公益性森林经营活动被认为是最具成本—收益优势并且是最迅速取得二氧化碳排放缓和的方式。因为同时满足了环境和经济目标的碳补偿贸易被描述为一个“双赢”的发展过程。热带森林，以较低的土地劳动力成本和相对温带森林较高的森林生物量生长速度成为了减少 CO_2 排放的最经济的方式。据 FAO 统计，目前热带森林碳抵消成本在 2 ~ 10 美元/每吨 CO_2，而通过燃料转化缓解二氧化碳排放的转换成本平均在 137 美元/每吨 CO_2。通过测算，二氧化碳导致气候变化引起的经济边际成本损失在 25 ~ 35 美元/每吨 CO_2（从成本—效益分析角度，如果碳排放缓和成本高于这一数字，则没有可执行的经济意义），因此通过发展保护森林实现减少 CO_2 排放是最经济的方式（联合国粮食及农业组织：《世界森林状况——1999》，第 27 卷）。通过碳补偿贸易，赋予森林公共产品体现价值的市场。通过购买提供了森林公共产品相对价值的货币形式，通过出售保证了生产资金的及时回流。这种碳补偿贸易最后会形成一个可进行贸易的交换市场。在市场上如一国碳排放小于分配给其的碳排放份额，则可以出售其剩余的碳排放份额给那些碳排放超过其份额的国家，同时后者也可以通过资助其他国家的生态平衡性森林的发展项目增加其碳排放的份额。这类交易中一切可能的收益都只能被指定用于维护、保护森林可持续发展的活动。

碳补偿贸易自 1992 年以来发展迅速，目前已有 25 个以森林为基础的碳补偿贸易在涉及 15 个国家内开展，并通过联合机制得到资助。美国、澳大利亚、加拿大是官方首先实行该机制的国家。1997 年世界银行建立碳投资基金，初始资金为 15 亿美元。并计划森林的碳抵消支付比以前更高的价格（约 20 ~ 25 美元/每吨 CO_2），以此来推动碳贸易的发展（联合国粮食及农业组织：《世界森林状况——1999》，第 35 卷）。这一点来看，碳贸易自身具有国际融资的能力。另一些国际商业组织和国际性金融机构已着手建碳交易的有形市场，为公司寻求碳贸易的机会。

尽管在碳补偿贸易中存在着森林碳排放基准量确定困难，交易政治成本高，交易风险大等种种问题，但碳补偿贸易为森林生态效益价值的市场化提供了一种途径，解决了生态林生产活动中的资金补偿问题，为我国发展林业、走向国际化开辟了新的通道，也为国内企业增加森林抵消 CO_2 生产，用市场经济的办法合理配置碳交换机制找到了新的出路，在可持续发展的国际经济背景下有着广阔的前景。

②生物多样性交易。与森林相关的生物多样性交易，主要在以制药为主的生物业与原始天然林经营机构之间进行。制药业基于对基因利用的需求，愿意支付拥有原始天然林的经营管理机构森林保护的费用。为了促进生物多样性的交易，已由美国牵头建立了旨在促进森林生物多样性交易的国际生物多样性协作集团。从制药业获得的生物多样性交易收益，主要用于原始天然林的保护发展。1982 年在 MERCK&CO.（世界最大的制药公司）和尼日利亚国家天然林保护局之间进行了一笔 100 万美元的森林生物多样性交易。前者获取在原始森林物种中进行新型基因提取培养的权力，后者利用该交易取得用于原始天然林保护发展的资金。

虽然这种生物多样性的交易混合了获利和保护的双重动机，并具有一定的局限性，但在权属明确的条件下，为森林生态环境效益形成市场资金补偿、循环提供了思路。

③环境债务互换。环境债务互换更象是一个遗传意义上的概念，它表现为在不影响自身融资（财政手段）能力前提下，一个认识到森林产品效益国对自身森林效益破坏严重的同时又是其经济债务国的金融资源转移。在这个互换中包含了捐助者（非政府环境组织）与一个债务国。为了取消债务作为交换条件由债务国承担某种环境义务（保证）。第一笔环境债务互换发生在 1987 年，在国际保护组织与玻利维亚之间互换金额 650 000 美元的债务。1987 与 1989 年的互换交易提供了 1 000 万美元用于保护森林生态效益项目的资金。1997 年又有近 1 亿 3 000 万美元的自然债务互换产生。因为债务可以被第三方购买，并且债务国必须将互换的资金作为森林生态功能保护之用，因此环境债务互换，为不发达国家进行森林的公益性保护建设提供了一个融资的渠道。当然，这种方式还有许多缺陷，不少国家认为这种方式含有生态殖民的意味。但这毕竟是森林公益效益市场化融资的一种考虑。

(3) 私人投资。自上世纪 80 年代以来，各种社会资本加速向林业流动，林业产业中非公有制的比例更大。近 5 年，在我国林产工业发展的总投入中，87%是民间资本，有 17 万家非公有制企业成为我国林业产业发展的生力军。非公有制林业已呈现出投资主体多元化、规模化的局面。第六次全国森林资源清查显示，我国非公有制林业发展迅猛。到 2004 年底，中国非公有制森林面积已达到 3 510 万公顷，占森林总面积的 20.32%，森林蓄积比例为 6.77%，现有未成林造林地面积中，非公有制比例则高达 41.14%，

2003年和2004年非公有制林业造林面积占全国造林总面积高达80%以上。但这些社会资本大多是投向经济林建设，用于生态林建设的很少。

以退耕还林为例：国务院对种植生态林和经济林的用地范围及比例做了明确的规定："在水土流失和风沙危害严重、25度以上的陡坡地段及江河源头、湖库周围、石质山地、山脉顶脊等生态地位重要地区，要全部还生态林草，……在立地条件适宜且不易造成水土流失的地方，在保证整体生态效益的前提下，适当发展经济林"，"退耕还林要以营造生态林为主，营造的生态林比例以县为核算单位，不得低于80%，超过比例的经济林，国家只给种苗和造林补助费，不补助粮食和现金。"但实际中，很多地方都热衷于经济林。有关部门调查显示，先行启动的陕西、甘肃、四川三省，种植经济林占退耕还林面积的比重为64.1%。按退耕还林政策规定，生态公益林连续补助8年，经济林连续补助5年，经济林5年后已具备了经济收入条件，但生态公益林8年后怎么办？这是摆在生态公益林建设问题上的一个难题，既然为生态公益林，以生态效益为重，也就意味着不能采伐，不准采伐，林农无收入，那么8年后的森林管护，包括护林防火，森林病虫害防治及管护等谁来承担费用。由于缺乏补偿机制，对于生态公益林，林权所有者（包括国家、集体和个人）不仅不能通过从事木材或林副产品生产获得正常收益，而且还要进行长期无偿管护，以致公益林经营者所创造的生态价值无法体现，所付出的社会必要劳动时间也得不到合理的补偿，投入的资金得不到回收。林农无收入，乱砍滥伐将可能在一定程度上存在，森林生态效益的发挥将难以得到有力地保障。

为了保证退耕还林工程生态目标的实现，同时兼顾广大退耕农户的脱贫致富，2001年底，国家林业局下发了《退耕还林工程生态林与经济林认定标准》（林退发［2001］550号），首次引入了"兼用树种"的概念。所谓"兼用树种"，是指部分传统意义上的经济林树种，如果达到国家规定的造林密度、植被配置方式和经营措施等方面的要求，即可在验收过程中被认定为生态林，退耕还林者可以享受生态林的补助标准（杜纪山，2003）。退耕还林工程涉及千家万户，要使这项造福子孙的生态工程得以稳定发展和健康推进，就需要充分考虑到退耕农户的现实利益和经济收益。对于一些既有生态效益又有经济效益的兼用树种，在满足一定的条件下，可以认定为生态林，享受生态林的补助政策，同时，允许各地根据自身需要适当调整经济林和生态林的比例，在坡度较平缓、立地条件好、农民又愿意的地方，经济林比例应大大放宽。这样，促进退耕还林工程生态效益、社会效益和经济效益的综合发挥。

（三）小结

本节的两个案例表明，在农村基础设施建设中，利用非政府资金在现实中是完全可能的。对于具有直接盈利性的农田水利等基础设施投资来说，受益农户的自我筹资或者利用银行贷款筹资都是可能的；而对于生态林业建设等具有较强外部性的农村基础设施而言，则可以通过建立适当的“外部性交易市场”（如碳排放量交易）、附加价值特许经营（如生态旅游）或吸引国际组织赠款等方式来多渠道融资，从而减轻政府筹资的压力。

对于农村基础设施的非政府融资方式，可以总结如表 7－4 所示。

表 7－4　　农村基础设施的非政府融资方式小结

基础设施类别（按属性）	受益易于排他的基础设施	受益难以排他的基础设施
典型产品	水利、交通、通讯	生态、教育、卫生
可能的融资主体	私人、工商资本、银行	私人、工商资本、国际组织
可能的融资方式	自我投资、商业性投资	外部性交易、特许权经营、赠款

附录：

巴林右旗利用世行贷款机电井投资的现金流量表

模式 A：联户经营——村长联合其他 4 个农户承贷，由村长管理，债务和水费收入均 5 家平分。

基本情况：2000 年利用世界银行贷款打井，投资 5.62 万元，其中世行贷款 1.28 万元（6 年分期付息，年利率 4.5%，第 6 年还本），财政补助 2.2 万元，其余自筹。

主要参数：

水费	17	元/亩
服务面积	300	亩
服务农户	18	户
浇水次数	3	次/年
电费	400	元/次
贷款	12 800	元
财政补助	22 000	元
年利率	0.045	
还款期	6	年

模式 A 投资财务现金流量表 单位：元

年份	打井总投资	流出			流入			净流入
		电费支出	机井维修	贷款偿还	贷款取得	财政补助	水费收取	净现金流
1	56 200				12 800	22 000		-21 400
2		1 200	2 810				15 300	11 290
3		1 200	2 810				15 300	11 290
4		1 200	2 810				15 300	11 290
5		1 200	2 810				15 300	11 290
6		1 200	2 810	16 669			15 300	-5 379
7		1 200	2 810				15 300	11 290
8		1 200	2 810				15 300	11 290
9		1 200	2 810				15 300	11 290
10		1 200	2 810				15 300	11 290
11		1 200	2 810				15 300	11 290
12		1 200	2 810				15 300	11 290
							IRR =	47%

模式 B：个体经营——单个农户承贷，由本人管理，债务和水费收入均归该农户。

2000 年利用世界银行贷款打井，投资 5.9 万元，其中世行贷款 1 万元（6 年分期付息，年利率 4.5%，第 6 年还本），财政补助 3.9 万元，其余自筹。

主要参数：

水费	12	元/亩
服务面积	300	亩
服务农户	12	户
浇水次数	3	次/年
电费	3	元/亩．次
贷款	10 000	元
财政补助	39 000	元
年利率	0.045	
还款期	5	年

模式 B 投资财务现金流量表 单位：元

年份	打井总投资	流出			流入			净流入
		电费支出	机井维修	贷款偿还	贷款取得	财政补助	水费收取	净现金流
1	59 000				10 000	39 000		-10 000
2		2 700	2 950				10 800	5 150
3		2 700	2 950				10 800	5 150

续表

年份	打井总投资	流出			流入			净流入
		电费支出	机井维修	贷款偿还	贷款取得	财政补助	水费收取	净现金流
4		2 700	2 950				10 800	5 150
5		2 700	2 950				10 800	5 150
6		2 700	2 950	12 462			10 800	-7 312
7		2 700	2 950				10 800	5 150
8		2 700	2 950				10 800	5 150
9		2 700	2 950				10 800	5 150
10		2 700	2 950				10 800	5 150
11		2 700	2 950				10 800	5 150
12		2 700	2 950				10 800	5 150
							IRR =	41%

模式 C：集体承贷、集体还贷——集体承贷，由集体管理，用承包地的承包收入（集体收入）还贷，承包农户受益。

2001 年利用世界银行贷款打井 2 口，投资 17.5 万元（包括拉电费用），其中世行贷款 8.4 万元（6 年分期付息，年利率 4.5%，第 6 年还本），财政补助 8.2 万元，其余自筹。

主要参数：

水费（承包费）	20	元/亩
服务面积	420	亩
服务农户	40	户
浇水次数	2	次/年
电费	18	元/亩．次
贷款	84 000	元
财政补助	82 000	元
年利率	0.045	
还款期	6	年

模式 C 投资财务现金流量表

	无项目收益	无项目净收益	有项目总投资	管理人员工资	电力消耗	有项目维修	有项目收益	有项目净收益	增量净收益
1	25 578	25 578	175 000				25 578	-149 422	-175 000
2	25 578	25 578		3 600	15 120	8 750	123 970	96 500	70 922
3	25 578	25 578		3 600	15 120	8 750	123 970	96 500	70 922
4	25 578	25 578		3 600	15 120	8 750	123 970	96 500	70 922
5	25 578	25 578		3 600	15 120	8 750	123 970	96 500	70 922

续表

	无项目收　益	无项目净收益	有项目总投资	管理人员工资	电力消耗	有项目维　修	有项目收　益	有项目净收益	增量净收　益
6	25 578	25 578		3 600	15 120	8 750	123 970	96 500	70 922
7	25 578	25 578		3 600	15 120	8 750	123 970	96 500	70 922
8	25 578	25 578		3 600	15 120	8 750	123 970	96 500	70 922
9	25 578	25 578		3 600	15 120	8 750	123 970	96 500	70 922
10	25 578	25 578		3 600	15 120	8 750	123 970	96 500	70 922
11	25 578	25 578		3 600	15 120	8 750	123 970	96 500	70 922
12	25 578	25 578		3 600	15 120	8 750	123 970	96 500	70 922
									IRR = 39%

注：所浇耕地为村里机动地，承包收入（40户）作为村集体收入，以该收入还贷；承包期10年，承包费一次交齐，作为承包水浇地的代价。村里还有另外400亩机动地，承包费为30元/亩，一年一交。

模式D：集体管理、农户承贷——由村集体组织申请贷款，贷款额由农户按受益地亩分摊，井为集体所有，集体管理并收水费。

2000年利用世界银行贷款打井，投资5万元，其中世行贷款2.8万元（6年分期付息，年利率4.5%，第6年还本）。

主要参数：

水管理费	0.5	元/亩
服务面积	300	亩
服务农户	56	户
浇水次数	3	次/年
电费	10	元/亩
贷款	28 000	元
财政补助	0	元
年利率	0.045	
还款期	6	年

模式D投资财务现金流量表

	无项目收　益	无项目净收益	有项目总投资	村管理费	电力消耗	有项目维　修	有项目收　益	有项目净收益	增量净收　益
1	90 000	90 000	50 000				90 000	40 000	-50 000
2	90 000	90 000		450	9 000	2 500	120 000	108 050	18 050
3	90 000	90 000		450	9 000	2 500	120 000	108 050	18 050
4	90 000	90 000		450	9 000	2 500	120 000	108 050	18 050
5	90 000	90 000		450	9 000	2 500	120 000	108 050	18 050

续表

	无项目收　益	无项目净收益	有项目总投资	村管理费	电力消耗	有项目维　修	有项目收　益	有项目净收益	增量净收　益
6	90 000	90 000		450	9 000	2 500	120 000	108 050	18 050
7	90 000	90 000		450	9 000	2 500	120 000	108 050	18 050
8	90 000	90 000		450	9 000	2 500	120 000	108 050	18 050
9	90 000	90 000		450	9 000	2 500	120 000	108 050	18 050
10	90 000	90 000		450	9 000	2 500	120 000	108 050	18 050
11	90 000	90 000		450	9 000	2 500	120 000	108 050	18 050
12	90 000	90 000		450	9 000	2 500	120 000	108 050	18 050
									IRR = 35%

五、农村基础设施非政府融资所面临的现实障碍

虽然农村基础设施非政府融资在理论和现实中均具有可行性，但是，非政府融资仍面临许多障碍。

农户或私人企业在投资农村基础设施时考虑最多的是其投资行为能否获利，只有当投资的预期收益大于投入和成本时，农户和私人企业才有可能投资于农村基础设施。对于农户、私人企业等民间组织投资农村基础设施的行为，林万龙（2003）构建了一个公共品供给制度诱致性变迁的理论模型。对该模型略作改动，即可提供一个可行的分析农村基础设施市场化融资障碍的分析框架。该模型如下：

$V_i = P_n/N - (I_n + C_r + C_o + C_e + C_s)/N$

V_i——投资者可获得的预期净收入；

P_n——投资活动总收入；

I_n——投资额；

C_r——投资活动预期经营成本；

C_o——组织成本，由于投资农村基础设施的经济主体可能不止一个，因而需要承担不同经济主体协商的组织成本，如几个农户合伙打井灌溉；

C_e——排他成本，对于追求利润的融资主体来说，如果收益不能排他，

就不会有投资的动力，因此承担一定的成本使基础设施服务实现排他；

C_s——阻滞成本，农村基础设施非政府融资相对于以前的单一政府融资来说是一种创新，可能会受到各种各样的阻力，将这些阻力带来的成本归为阻滞成本；

N——投资活动的参加经济主体数。

只有当 $V_i \geqslant 0$ 时，农户或私人企业才有投资的动力，而 V_i 的大小由投资、收入和各种成本来决定，因此，它们均有可能成为非政府融资的障碍。而这些自变量有的是由农民或私人企业等微观个体决定的，有的则是由政策或社会环境决定的，因此，可把我国农村非政府融资所面临的障碍具体可分为微观和宏观层面的障碍。

（一）微观层面的障碍

微观层面的障碍主要是指阻碍微观经济组织从投资农村基础设施活动中获利的微观因素，主要有自有资金不足、农民收入水平低，收费征收成本高、市场潜力有限，难获得规模效益、农村基础设施固有特点和非独立的现金流。

1. 自有资金不足。与农村基础设施大额的投资相比，农户或私人企业等微观经济组织的自有资金不足。由于受资金的制约，有些农户即使有投资的意愿，也只能看着机会流走。而农户或私人企业自有资金越多，其成本承受能力越强，从事农村基础设施投资活动的可能性就越大。有的研究表明农村村民不能打机井的一个重要原因就是相对于农户的收入来说打机井费用太高，即使打井收益率很高，农民依然因资金不足而不能打机井，见专栏 1。

专栏 1　河北省唐海县八农场四队村农户打井灌溉案例

唐海县位于河北省东北部，唐山市最南端，东隔小青河与乐亭县相望，西与丰南市交界，南临渤海，北与滦南县相接，总面积 700 平方公里，耕地面积 32.2 万亩。1997 年来，河北省持续六年的干旱期间，有的农户能够自筹资金打机井，有效地抵制或减轻旱灾，保证粮食丰收，而无力打机井的农户则损失惨重。那么是什么因素使一部分农户无力打机井呢？研究表明影响农民打井的障碍因素有：

续

1. 自有资金不足。四队村民不能打井的一个重要原因就是相对于农户的收入来说打井费用太高，即使打井收益率很高，农民依然因资金不足而不能打井。1996 年到 2002 年唐海县农民平均纯收入为负增长，使农民在打井时很难有足够的自有资金，由于缺乏抵押品和关系，向信用社贷款也存在困难，最终导致农户不能打井。

2. 土地承包政策。在唐海县土地政策实行“三田制”，即口粮田、责任田和承包田。在口粮田和责任田按人口数和职工数分配给本村农户以后，以招标的形式将剩余的机动地高价承包给农民，机动地面积所占比例达到 43.3%。在四队口粮田和责任田承包期是 4—5 年，承包田的承包期限是 1 年。而打井项目的投资回收期是 6 年，因而在土地承包期内根本不能收回项目的投资并产生效益。又因为农户打井后没有好的协调机制，在重新承包土地后，只能由别的农户享受打井带来的收益。所以农民在较短的承包期内就没有对耕地增加长期投入的积极性，因此在为期 6 年的干旱期间没有一个当地农户在承包土地上打井。

3. 土地细碎化。在分田地时，土地政策为了保证农民所分到土地的公平性，每户农民均有好几块地，这就使本来就少的土地更加支离破碎。在四队，各户都是小规模经营，若要打井，一口灌溉能力为 200 亩农田的机井要由井周围的十几户农户合伙建设，众多农户中有的愿意打井而有的不愿意，有的能筹到资金有的筹不到，各农户之间很难达成一致的意见，较多的农户参与打井大大增加了打井项目的组织成本。政府对农户打井又没有直接的经济补贴，因此在本村的农田里打井成为一件很困难的事。

资料来源：课题组调研。

2. 农民收入水平低，收费征收成本高。农民收入水平低，收费征收成本高，降低了非政府融资激励。农户的收入水平反映了农村公共物品需求方的支付能力，因此，农民的收入水平能反映农民对公共物品的购买力，从而影响农村基础设施融资者的收益。在西部欠发达地区，由于农民的收入水平普遍比较低，农村基础设施由农民或企业来提供的现象就比较少。此外，农村基础设施的服务对象是分散的农户，收费必须挨家挨户地收，费时费力，增加了经营成本，而且经常会出现欠费的现象。Björn Wellenius, Vivien Foster, and Christina Malmberg - Calvo (2004) 也认为农民能够且愿意为所享受的农村基础设施服务付费是私人提供基础设施能否成功的关键因素。

专栏2提供了这方面的一个案例。

专栏2　　河北献县某村小组机井承包经营案例

献县位于河北省东南部，地处华北平原，属温带大陆性季风气候。献县经济比较落后，贫困村比较多，农民人均纯收入在2 000元左右。当地灌溉主要依赖地下水，水资源严重缺乏。近年来由于集体经济的衰退和集体管理机井的低效率，献县农村逐步将农村中的机井承包给农户由农户管理。某村虽然不是贫困村，但农民的人均收入也不高，大约在2 100元左右。2002年该小组的农民张某承包了本村小组的3口机井，承包费每年300元。2002年张某在维修机井和灌溉花费的柴油及电方面共支出1 300元。该小组有200亩耕地，按每亩10元的水费计算，灌溉收入有2 000元，一年下来有400元的收入。但据张某讲，由于该村小组村民由于收入水平不高，水费征收过程中要花费很多时间，有时为了收一个农户的水费要花一个上午的时间；而有小部分农户确实存在交费困难，交不起钱，只能自己先垫着，辛苦一年最后才能挣个三四百块，不划算。

资料来源：课题组调研。

3. 市场潜力有限，难获得规模效益。农户或私人企业所面临的市场是近乎给定的，市场潜力有限，且很难获得规模效益。农村基础设施的服务对象几乎仅限于本村或相连几个村范围内的农民，市场规模不大，对有些基础设施来说很难达到其最佳的服务量，见图7－5。图7－5中农村基础设施提供的最佳服务量为OA，但由于农民数量有限，实际提供的服务量为OB，此时，平均成本由OC增加为OC′，增加额为CC′，从而不能获得规模效益。农村中的通讯设施、电网和道路的服务对象仅仅为当地的农民，服务对象有限且极其分散，很难达到理想的服务数量，一方面使平均成本高于最佳点的平均成本；另一方面可能使得收入流很难弥补高额的初始投资和维护成本。

4. 农村基础设施固有特点。有的农村基础设施投资大，周期长，风险太大，商业化能力低，投资不足。农村中的道路和通讯设施等基础设施投资额大，经营周期长，进行非政府融资时面临的风险也比较大，降低了其商业化的能力，如农村生态林建设中由于投资大，周期长，也很难获得民间融资

(见专栏3)。

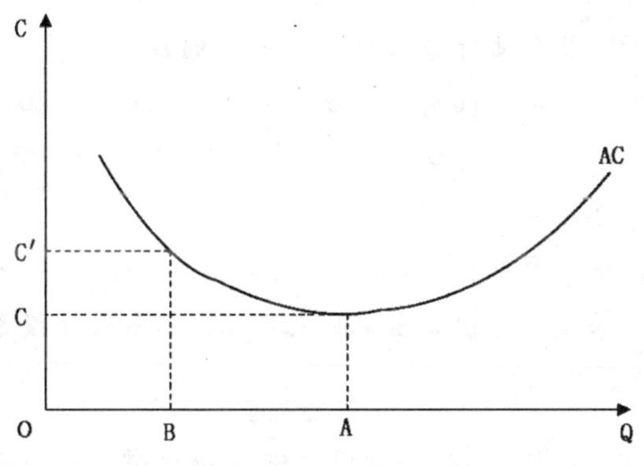

图7－5　农村基础设施服务量与其平均成本关系图

专栏3　　　　生态林非政府融资障碍

农村生态林是农村外部性比较大的公共物品，非政府融资面临的障碍也比较多，综合起来有如下几点：

1. 投资大，建设周期长，风险大。培育森林是一个需要较长时间的土地生产过程，从造林、营林投入的资金，到生产领域运行需数年后，才能实现资金形态的转化，从而获得森林资源再生产所需资金。这样长的经营周期造成生产资金占用多，资金周转时间长，投资收益见效慢。另外，由于林业生产的长周期性，很难从今天的市场信号来准确预测若干年后市场的价格、供求情况，增加了投资决策的难度和不确定性，从而增加了投资风险。

2. 林业特有的生态效益难以准确计量，其补偿机制不健全，降低了融资激励。农村生态林建设的收益是很难排他的，私人投资与生态林建设时为社会提供了净化空气、涵养水土等效益，而这些效益是不能量化分摊到每个人上的，因而不能从受益人中获得补偿。而且目前我国也没有实施这类的财政补偿。

3. 政策障碍。首先，国家对林木采伐实行计划管制，采伐限额不允许作年度间和分项限额之间进行适当调剂，限制和削弱了林业投资者对其经营成果合法占有、使用和自主处分的权利。资本一旦投入林业项目，其流动在时间和空间上都受到强烈约束。其次，全国范围内森林资源资

续

产化管理水平还很低，没有建立起完整统一的森林资源资产评估制度及完善的森林资本交易市场机制，林业资本投资的转让和退出基本失去可能性或便利性。从目前国内少数几个省制定的森林资源资产评估、抵押贷款和产权管理办法来看，程序复杂，操作不便，有的还不太公平，使得林业资产价格被极度低估，不利于资本正常流动。最后，由于林业生产周期较长，部分投资者担心国家政策变化，不敢放手投资林业。

资料来源：课题组整理。

5. 非独立的现金流。农业基础设施的市场化融资、特别是从银行或其他金融机构获得贷款，必须以投资所产生的现金流作为还款的基本保证。但是，农户或私人企业在投资农村基础设施时获得的现金流往往并不是独立的。这有两方面的表现：一方面表现为现金流的部分残缺，农村基础设施具有正的外部性，但很难获得补偿，使投资于农村基础设施的农民或企业这部分的收入流失了，也就说投资者的现金流不再是独立的，有可能成为阻碍非政府融资的一个因素，如生态林非政府融资中外部性很难获得补偿，阻碍了非政府融资（具体见专栏 3）；另一方面则表现为投资现金流的基本缺失，对于一个农户来说，其投资基础设施所获得的收益往往体现在农户的其他经济活动中，例如，农户投资水利的效益可能体现在了农作物产量的增加上。这样，投资方很难将项目投资的效益从其他经济活动的效益中分离出来，贷款机构也很难就农户水利投资的真实还款能力进行监督和评估；对于企业来说，农村基础设施建设经常作为商业项目的附属项目，基本上没有独立的现金流，很难体现独立的商业价值，很难支持商业化融资的可行性和持续性。专栏 4 所分析的，是农村大中型沼气工程商业化融资的障碍。

专栏 4　　大中型沼气工程商业化融资障碍

目前沼气工程投人往往作为企业防治污染或内部资源优化的辅助项目，由养殖场或生产企业投资建设，不仅造成投资能力不足，而且投资目的和投资效果均受到极大的弱化。由于被看作是一种内生或从属项目，缺乏独立性，使得大中型沼气工程的产业特征还没有被清楚的认识，因而很难吸引商业资金，其较高的社会效益和经济效益尚无法完全实现。

资料来源：王晓霞、王韩民和徐德徽，2004。

农村基础设施非政府融资除了以上五点主要的障碍之外，还有一些其他的障碍，如提供的农村基础设施必须不适合当地农民的实际，不是当地农民所需的，还有就是农村基础设施提供的服务大多具有政的外部性，而农民或私人企业很难获得相应补偿。总之，非政府融资微观层面的障碍产生于农户或私人企业在提供农村公共物品时产生的独立的现金流中，无论是融资，还是在经营中出现的问题，均有可能导致投资者利益受损或放弃投资，成为融资障碍。

（二）宏观层面的障碍

宏观层面的障碍主要指制度和政策环境对农村基础设施非政府融资形成的障碍，具体表现为产权、政策和公平性等方面对非政府融资形成的障碍，在本报告上文的理论模型中反映宏观层面的障碍的主要有组织成本、排他成本和阻滞成本。

1. 产权。通过界定农村基础设施的产权，能够保护非政府融资主体的利益，可以降低提供农村基础设施的排他成本。目前，我国对农村基础设施产权界定还很不完善，对于非政府提供的农村基础设施的产权界定还很少，有的就没有相关法律、法规或政策对其产权进行界定说明，没有制度和法律来保护融资者的利益，必会阻碍非政府融资的进程。例如，我国生态资源开发利用中出现的许多问题都是因为产权界定不清造成的。而清楚地界定产权则能极大地促进农户或私人企业投资农村基础设施，见专栏5。

专栏5　　　　山东省民营水利案例

1996年，山东省政府在转发省水利厅加快发展水利经济的意见中明确规定，“鼓励和提倡社会法人、农村集体经济组织以及联户、个人，经水利部门批准，投资兴办水利工程，谁投资，谁建设，谁所有，谁管理，谁受益”。通过明晰了水利设施的产权，极大地推动了非政府力量对农田水利设施的投入。截至2004年4月，山东省累计改制水利工程86.3万项，其中拍卖9.26万处，租赁5.84万处，承包24.38万处，回收资金8.95亿元，盘活资金22.23亿元；户办、联户办、股份制办各类水利工程46.83万处，吸纳社会资金12.87亿元；投资超过10万、50万、100万元的民营水利工程分别达到7 452、388、106处，其中投资100万元以上的个体水利大户21个。

资料来源：宋继峰，2004。

2. 政策。政策方面的障碍主要包括农村基础设施非政府融资市场准入障碍，以及其他相关农业政策对非政府融资的制约而形成的障碍，如林业政策（见专栏3）。目前，国家政策允许大部分农村基础设施实行非政府融资，但是在地方政府的执行中仍存在政策偏差，地方政府没有放弃传统的垄断公共领域的做法，也没有完全允许民间资本进入公共产品建设领域，从事公共产品的生产和开发（张军，2005）。在基础设施领域，任何地方民间投资的兴起，受到竞争威胁的首先是当地基础设施领域的国有企事业单位。民间投资的效率要高于政府投资，地方政府为了本部门利益自然会对基础设施非政府融资制造各种阻力，加大项目审批通过的难度。例如，成功建造了刺桐大桥的泉州名流公司，在试图投资跨海大桥时遇到了政府有关部门有形或无形的阻力。像泉州这样民营经济高度发达的城市尚且出现这样的情况，其他地方自不待言（郭励弘，2002）。此外农村的土地政策也可能会对非政府融资形成障碍，还是以农村中农民私人打机井为例，由于土地承包期较短，而投资经营周期长，两者不协调而成为制约私人打井的重要因素（具体见专栏1）。

专栏6　　金融机构放贷难以做到公平

目前金融机构放贷时难以做到公平。一是商业银行在经营中仍有所有制倾向，对不同所有制企业实行不同的贷款条件，民营企业贷款条件远比国有企业严格，有些民营企业甚至没有申请贷款资格。二是由于民营企业做过资信评估的极少，金融机构缺乏关于民营企业风险程度、资质状况的足够信息，对企业信用状况和资产运营效益评估难度很大，进一步增加了金融机构对贷款审查和监管的难度。三是商业银行强化贷款风险防范，加大信贷质量监管力度的同时，没有及时建立相关的激励机制，银行“惜贷”心理严重，对民营企业的贷款更加谨慎。

资料来源：王彦卿、孙文先，2004。

3. 公平性。在计划经济时代留下的“宁国勿民”的观念仍有市场，农村基础设施非政府融资相对于政府融资来讲存在诸多不平等待遇。一方面，农民和企业在获取银行贷款时很难获得国民待遇，从金融机构获得贷款比较困难。目前民营企业从金融机构获得贷款时存在不公平待遇（见专栏6），投资于农村基础设施的农户和私人企业在向金融机构时，不仅会受到不公平待遇，而且由于基础设施投资的风险更大获得贷款的难度更大；另一方面，通过项目审批存在更大的难度，有关部门宁愿对存在问题的国资项目放行，也不对条件更优越的民资项目开绿灯（郭励弘，2002），在一些地方某些基础设施在实际中仍然不允许民间资本进入。

4. 政府信用。基础设施吸引民间投资的基本方式，是“特许权经营”，它建立在一揽子合同、契约之上。国资、国企缺乏信用观念，自然也就缺乏合同观念。以电力行业为例，近年来已经对英国国家电力公司失信于宜昌，对西门子和以色列财团失信于日照。起因都是签订合同时电力短缺，电厂建成后电力已有富余，于是政府就不想按合同购电。对待外商尚且如此，政府与国内民间资本之间就更无契约可言，有时简直是以“招之即来，挥之即去”的态度行事，见专栏7。从某个角度来说，在农村，政府更是处于一种强势地位，由此类推，在农村基础设施非政府融资过程中，政府失信问题会更严重。

专栏7　　　　政府失信于企业的几个案例

湖北咸宁地区107国道改建，民营的谭氏公司与交通局签合同，如约投资3 000万元，过路收费由交通局负责。交通局一是从1995年起4年内拖欠分成2 600余万元；二是背着谭氏公司把路产路权卖掉且不付公司分文；三是提出诉讼，要求法院确认当初定立的不是投资关系而是借贷关系，而地方法院居然照判。

民营的厦门荣滨投资公司到长沙投资建设湘江南大桥。市政府一是修改设计，导致工程造价增加5 000万元；二是对于原来同意提供的2 800亩土地的使用权，单方面宣布作废。

民营的安徽国祯集团在阜阳市投资了多项工程。一是阜临路广场开发项目，公司于1997年初按合同先期支付150万美元，但始终未拿到土地证，至2000年初市政府却宣布“依法收回”土地，而且不退款；二是颍州路广告经营权项目，公司出资1 500万元使颍州路成为阜阳市形象路、示范路，而政府却取消了合同规定该路段的终身命名权，后又下令公司拆除所有广告灯箱；三是天然气利用项目，市政府1997年公告明确指定公司为全市惟一管道燃气经营实施单位，公司付出极大努力使阜阳跻身国家西气东输安徽境内首批开通城市，政府却突然宣布另外成立国资天然气公司，全面承办阜阳的天然气利用业务。

资料来源：郭励弘，2002。

总之，农村基础设施非政府融资微观和宏观层面的障碍对非政府融资能否变为现实具有重要影响，这些障碍如果不能得到较好的解决，必会减少非政府融资的数量和规模，减缓非政府融资的进程，从而降低非政府融资在农村基础设施建设中的作用。创造良好的政策和制度环境，将有利于消除这些障碍，降低非政府融资成本。如通过补贴政策，对农民或企业提供农村基础设施实行补贴，可以降低经营成本；通过政府号召、引导和组织，可以降低组织成本；通过界定和保护私有产权，可以降低排他成本；通过相关的配套改革，能降低阻滞成本，如改革项目审批制度和在贷款中给予适当的扶持（林万龙，2003）。

六、结论与讨论

（一）结论

城市基础设施的非政府融资和民营化趋势已日益明显。但对于农村基础设施筹资渠道的多元化问题，则讨论较少。本报告的主要目的是探讨农村基础设施非政府筹资的理论可能性和现实可行性，并且分析其障碍因素。

本报告的分析得出了以下结论：

1. 农村基础设施实行非政府融资具有理论可能性。并且由于以下原因，使得我国农村基础设施非政府筹资的可行性进一步加强：

• 原有的农村基础设施供给机制不能满足现在的需求；

• 农村居民迫切地需要农村基础设施提供的服务；

• 宏观政策环境允许农村基础设施非政府融资；

• 非政府力量（如农民、企业、村集体和国际组织等）愿意且能够为农村基础设施建设投入资金。

2. 农村基础设施实行非政府融资具有现实可行性。本报告采用的案例研究表明，在农村基础设施建设中，利用非政府资金在现实中是完全可能的。对于具有直接盈利性的农田水利等基础设施投资来说，受益农户的自我筹资或者利用银行贷款筹资都是可能的；而对于生态林业建设等具有较强外部性的农村基础设施而言，则可以通过建立适当的“外部性交易市场”（如碳排放量交易）、附加价值特许经营（如生态旅游）或吸引国际组织赠款等方式来多渠道融资，从而减轻政府筹资的压力。

对于农村基础设施的非政府融资方式，本报告予以了总结（见表7－5）。

表7－5

基础设施类别（按属性）	受益易于排他的基础设施	受益难以排他的基础设施
典型产品	水利、交通、通讯	生态、教育、卫生
可能的融资主体	私人、工商资本、银行	私人、工商资本、国际组织
可能的融资方式	自我投资、商业性投资	外部性交易、特许权经营、赠款

3. 农村基础设施的非政府融资面临着系列现实障碍。虽然农村基础设施非政府融资在理论和现实中均具有可行性，但是，在非政府融资方面仍面临许多障碍。本报告分析了这些障碍，并将之总结为微观和宏观两个方面。

微观层面的障碍主要是指阻碍微观经济组织从投资农村基础设施活动中获利的微观因素，主要有：

• 自有资金不足。由于受资金的制约，有些农户即使有投资的意愿，也无力进行投资。

• 农民收入水平低、收费征收成本高。农民的收入水平能反映农民对公共物品的购买力，从而影响农村基础设施融资者的收益。此外，农村基础设施的服务对象是分散的农户，在收费方面增加了经营成本，而且经常会出现欠费的现象。

• 市场潜力有限，难获得规模效益。农村基础设施的服务对象几乎仅限于本村或相连几个村范围内的农民，市场规模不大，对有些基础设施来说很难达到其最佳的服务量，一方面使平均成本高于最佳点的平均成本，另一方面可能使得收入流很难弥补高额的初始投资和维护成本。

• 农村基础设施固有特点。有的农村基础设施投资大，周期长，风险太大，商业化能力低，投资不足，进行非政府融资时面临的风险也比较大，降低了其商业化的能力，很难获得民间融资。

• 非独立的现金流。目前，农户或私人企业在投资农村基础设施时获得的现金流并不是独立的，因而很难体现独立的商业价值，很难支持商业化融资的可行性和持续性。

宏观层面的障碍主要指制度和政策环境对农村基础设施非政府融资形成的障碍，具体表现为：

• 产权。目前我国对农村基础设施产权界定还很不完善，对于非政府提供的农村基础设施的产权界定还很少，势必会阻碍非政府融资的进程。

•政策。目前，国家政策允许大部分农村基础设施实行非政府融资，但是在地方政府的执行中仍存在政策偏差，地方政府没有放弃传统的垄断公共领域的做法，也没有完全允许民间资本进入公共产品建设领域，从事公共产品的生产和开发；此外农村的土地政策也可能会对非政府融资形成障碍。

•公平性。一方面，农民和企业在获取银行贷款时很难获得国民待遇，从金融机构获得贷款比较困难；另一方面，在一些地方某些基础设施在实际中仍然不允许民间资本进入。

在上述方面的有针对性的政策解决方案，将有助于引导民间资本对农村基础设施的投资。

（二）讨论：农村基础设施的非政府融资与缓解农村贫困

大量研究已经证明，良好的农村基础设施是促进农村发展、缓解农村贫困的重要解释变量。目前，由于政府资金的缺乏和筹资渠道的单一，我国农村地区、特别是农村贫困地区的基础设施状况并不理想。在此情况下，积极采取政策措施促进非政府资金对农村基础设施的投资，将能充分利用民间资本，拓宽农村基础设施筹资渠道，不仅能减轻政府财政的基础设施供给压力，而且也将增强农村基础设施的投资水平，从而对缓解贫困产生积极影响。

但是，基于以下原因，农村基础设施的非政府融资对于缓解农村贫困并不具有完全的对应关系：

•公共服务本身并不会自动惠及穷人。诚如世界银行 2004 年发表的报告（世界银行，2004）所言，基础设施的改善只是缓解贫困的一个必要条件，但不构成一个充分条件。良好的基础设施，还必须配合穷人对这些基础设施的利用能力，才有可能为缓解农村贫困产生积极影响。

•在缺乏有效管制的情况下，农村基础设施的非政府融资有可能会剥夺贫困农户的基本权利，从而对缓解农村贫困产生不利影响。无论如何，穷人缺乏对基础设施付费的能力，在基础设施的政府供给的情况下，由于不存在成本回收的压力或者这方面的压力较小，这一问题可能不太突出；但是，基础设施的非政府融资必然存在成本回收甚至追求投资回报的压力，从而，在商业投资的情况下，收费制成本必然，在农户自我融资的情况下，初始投资的资金来源也成为必要。这两种情况都可能会将贫困农户排除在基础设施的受益范围之外，从而对缓解农村贫困产生不利影响。

因而，对农村基础设施非政府融资的贫困影响，必须结合多种政策措施予以分析和评估，从而，在反贫困战略的要求中，农村基础设施的非政府融资也要求配合多层面的政策措施予以设计。

参考文献

Björn Wellenius, Vivien Foster, and Christina Malmberg - Calvo, 2004, *Private Provision of Rural Infrastructure Services: Competing for Subsidies*, World Bank Policy Research Working Paper 3365, August.

Buchanan, J. M., 1968, *The Demand and Supply of Public Goods*, Chicago: Rand McNally.

Fan Shenggen and Philip G. Pardey, 1997, *Research, Productivity, and Output Growth in Chinese Agriculture*, Journal of Development Economics, Vol.53 (1997) 115 - 137.

Fan Shenggen, Zhang Linxiu and zhang Xiaobo, 2002, Growth, *Inequality and poverty in Rural China: the Role of Public Investments*, International Food Policy Research Institute (IFPRI), Washington, D.C.

Fan Shenggen, etc.1999, *Linkages between Government Spending, Growth, and Poverty in Rural India*, Research Report 110, IFPRI.

Jin Songqin and Huang Jikun, etc, 2002, *The Creation and Spread of Technology and Total Factor Productivity in China's Agriculture*, American Journal of Agricultural Economics 84 (4) (November 2002): 916 - 930.

Lin Wanlong, 2003, *Induced Innovation in China's Rural Public Goods Supply System after The Implementation of Household Responsibility System - And Discussion On its Significance to Re - build China's Rural Public Goods Supply System*, post paper for International Annual of Agricultural Economics (IAAE 2003).

Lu Wenming, Natasha Landell - Mills, Liu Jinlong, Xu Jintao, Liu Can, 2002, *Getting the Private Sector to Work for the Public Goods*, Earthprint Limited, U.K.

Nee Victor and Frank W·Young, 1990, *Peasant entrepreneurs in China's 'second economy': An institutional analysis*, Economic Development and Cultural Change, 39: 293-310.

Ostrom, E.1990, *Governing the Commons: The Evolution of Institutions for Collective Action*, New York: Cambridge University Press.

P.A.Samuelson, 1954, *The pure theory of public expenditure*, Review of Economics and Statistics, 36. (November 1954), PP387-389.

Sylvie D Emurger, 2001, *Infrastructure Development and Economic Growth: An Explanation for Regional Disparities in China?* Journal of Comparative Economics 29, 95-117 (2001).

Wang Jinxia and Jikun Huang, 2002, *Water Policy, Management and Institutional Arrangement: Fuyang Basin River in China*, Working Paper 01-E6, Central for China Agricultural Policy (CCAP).

Zhang, Linxiu, Huang Jikun and Scott Rozelle, 2002, *Employment, Recessions, and the Role of Education in Rural China*, China Economic Review, 114 (2002): 1-16.

E.S.萨瓦斯:《民营化与公私部门的伙伴关系》,中国人民大学出版社2002年版。

埃莉诺·奥斯特罗姆:《公共事务的治理之道》,上海三联书店2000年版。

大卫.N.海曼,中译本:《公共财政:现代理论在政策中的应用》,中国财政经济出版社2001年版。

郭励弘:《民间基础设施投资三大障碍》,《经济研究参考》2002年第5期。

国家计委宏观经济研究院课题组:《农村税费改革问题研究》,《经济研究参考》2001年第24期。

国务院农村税费改革工作小组办公室:《提高认识,完善政策,积极稳妥地推进农村税费改革》,《经济活页文选(理论版)》2001年第21期。

林万龙,2000:《家庭承包制的实施与农村社区公共产品供给制度变迁》,博士学位论文,中国农业大学经济管理学院。

林万龙:《中国农村社区公共产品的制度外筹资:历史、现状及改革》,《中国农村经济》2002年第7期。

林万龙：《中国农村社区公共产品供给制度变迁研究》，中国财政经济出版社 2003 年版。

毛晓梅：《2 月份居民储蓄增加 5 600 亿，存款余额 12.78 万亿》，《北京青年报》2005 年 3 月 11 日。

潘劲：《中国农村专业协会经济行为的制约因素》，《经济研究参考》1996 年第 147 期。

世界银行，1994：《1994 年世界发展报告：为发展提供基础设施》，中文版，中国财政经济出版社。

世界银行，2004：《2004 年世界发展报告：让服务惠及穷人》，中文版，中国财政经济出版社。

水利部农村水利司，2003：《小型农村水利工程管理体制改革实施意见》，水利部文件。

宋继峰：《水利建设的重大变革——关于山东民营水利的调查》，中国节水灌溉网，2004 年 4 月 15 日。

A.J. 科尔曼主编：《农业经济学前沿问题》，中国税务出版社。

涂凯彪、林万龙：《小型农村灌溉工程的民间供给：理论与实证研究综述》，2004 年中国青年农经学者年会论文集，中国农业出版社 2004 年版。

王金霞，1999：《农用水资源管理组织的演变：趋势、特征及决定因素》，博士学位论文，中国农业科学院农业政策研究中心。

王金霞和黄季焜等：《地下水灌溉系统产权制度的创新与理论解释——小型水利工程的实证研究》，《经济研究》2000 年第 4 期。

王晓霞、王韩民和徐德徽：《大中型沼气工程商业化融资的前景及对策》，《管理世界》2004 年第 7 期。

王彦卿、孙文先：《民营企业融资困境及对策》，《经济论坛》2004 年第 18 期。

冼国明等：《“三提五统”与农村新税费体系——以安徽农村税费改革试点为例》，《经济研究》2001 年第 11 期。

翟浩辉：《与时俱进　开拓创新扎实有效开展农田水利基本建设》，《翟浩辉在全国农田水利基本建设工作会议上的讲话》，2003 年 9 月 27 日。

张军：《现代产权经济学》，上海三联书店 1994 年版。

张军、何寒熙：《中国农村的公共产品：改革后的变迁》，《改革》1996 年第 5 期。

张军和何寒熙：《中国农村的公共产品供给：改革后的变迁》，《改革》1996年第5期。

张军和蒋琳琦：《中国农村公共品供给制度的变迁：理论视角》，《世界经济文汇（上海）》1997年第5期。

张军和蒋维：《改革后中国农村公共产品的供给：理论与经验研究》，《社会科学战线（长春）》1998年第1期。

中国农业年鉴编辑部：《中国农业年鉴1999》，中国农业出版社1999年版。